Vom politischen Gebrauch der Sprache

LEIPZIGER SKRIPTEN
EINFÜHRUNGS- UND ÜBUNGSBÜCHER
Herausgegeben von Irmhild Barz, Ulla Fix
und Marianne Schröder

Band 5

Frankfurt am Main · Berlin · Bern · Bruxelles · New York · Oxford · Wien

Melani Schröter/Björn Carius

Vom politischen Gebrauch der Sprache
Wort, Text, Diskurs

Eine Einführung

PETER LANG
Internationaler Verlag der Wissenschaften

Bibliografische Information der Deutschen Nationalbibliothek
Die Deutsche Nationalbibliothek verzeichnet diese Publikation
in der Deutschen Nationalbibliografie; detaillierte bibliografische
Daten sind im Internet über <http://www.d-nb.de> abrufbar.

Gedruckt auf alterungsbeständigem,
säurefreiem Papier.

ISSN 1437-529X
ISBN 978-3-631-58600-6
© Peter Lang GmbH
Internationaler Verlag der Wissenschaften
Frankfurt am Main 2009
Alle Rechte vorbehalten.

Das Werk einschließlich aller seiner Teile ist urheberrechtlich
geschützt. Jede Verwertung außerhalb der engen Grenzen des
Urheberrechtsgesetzes ist ohne Zustimmung des Verlages
unzulässig und strafbar. Das gilt insbesondere für
Vervielfältigungen, Übersetzungen, Mikroverfilmungen und die
Einspeicherung und Verarbeitung in elektronischen Systemen.

Printed in Germany 1 2 3 4 5 7

www.peterlang.de

VORWORT

Die vorliegende Einführung will Studierenden einen Einblick in die linguistische Auseinandersetzung mit dem Kommunikationsbereich Politik geben. Zum einen sollen die sprachbezogenen Ebenen, die bei der Analyse politischer Kommunikation eine Rolle spielen – Wort, Text und Diskurs –, sowie die dafür entwickelten Analyseansätze dargestellt werden. Zum anderen soll gerade durch diesen Aufbau deutlich werden, wie die kleinere sprachliche Einheit Wort, die größere Einheit Text und die umfassende Einheit Diskurs miteinander in Verbindung stehen, denn die Rolle von Wörtern in der politischen Auseinandersetzung kann schwerlich ohne Berücksichtigung des jeweiligen Textes und Diskurses, in dem sie Verwendung finden, analysiert werden. Umgekehrt können einzelne Wörter oder Metaphern für Diskurse von zentraler Bedeutung sein.

Wer Interesse an öffentlich-politischer Kommunikation hat, bringt gute Voraussetzungen für die Lektüre dieses Bandes mit. Der Band möchte am Sprachgebrauch verschiedener Gruppen verdeutlichen, wie sich Prozesse öffentlicher politischer Auseinandersetzung und Selbstvergewisserung mit Bezug auf gesellschaftlich relevante Themen nachvollziehen lassen. Linguistische Vorkenntnisse im Bereich der Text- und Stilanalyse (siehe Band 1 der Skripten zur Textlinguistik und Stilistik von Fix/Poethe/Yos, 3. Aufl. 2003) sowie der Semantik und Lexikologie sind von Vorteil.

Der Band soll Orientierung hinsichtlich der verschiedenen Ansätze der Analyse politischer Kommunikation bieten. Das Vorgehen dieser verschiedenen Ansätze bei der Analyse von politischem Sprachgebrauch wird anhand von Beispielanalysen dargestellt. Dies soll eine Anleitung zum eigenen Arbeiten geben. Das Aufzeigen möglicher Untersuchungsgegenstände soll auch Anregung bieten, in diesem Bereich eigenständig Fragen und Themen zu entwickeln.

Die Strukturierung des Bandes richtet sich nach den wichtigsten Untersuchungsgegenständen. Nach einer kurzen theoretischen **Einführung** (1.) beginnt die Darstellung mit einem Kapitel zum **Wort** (2.) im politischen Sprachgebrauch. In diesem Kapitel geht es vor allem um die Frage, ob es einen politikspezifischen Wortschatz gibt, um die Besonderheiten von Schlagwörtern in der politischen Auseinandersetzung, um Formen der öffentlichen Auseinandersetzung über Wortbedeutungen sowie um Euphemismen und Metaphern. Zahlreiche Wortbeispiele, Lektürehinweise und die Beschreibung des methodischen Vorgehens einer sprachgebrauchsbezogenen Semantik regen zur eigenen Weiterarbeit an. Das 3. Kapitel, das sich dem **Text** widmet, stellt die textlinguistisch inspirierten Ansätze zur Analyse politischer Kommunikation vor. Dabei werden Überlegungen zur Erfassung von Textsorten innerhalb des Kommunikationsbereichs Politik und zentrale Analysekategorien für politische Textsorten dargestellt. Den Rahmenbedingungen politischer Kommunikation – z.B. Massenmedialität und Adressatenheterogenität – wird besondere Aufmerksamkeit gewidmet, denn ohne deren Berücksichtigung greifen Untersuchungen politischer Kommunikation zu kurz. Beispielanalysen von Texten und Sprachstrategien sowie Lektürehinweise zeigen Möglichkeiten für eigene Untersuchungen auf. Mit dem **Diskurs** beschäftigt sich schließlich Kapitel **4**. Zunächst werden die für sprachbezogene Untersuchungen relevanten Ansätze der linguistisch-historischen sowie kritischen Diskursanalyse unterschieden und dargestellt. Anhand von Diskursen des Ein- und Ausschlusses werden die Prämissen und das Vorgehen dieser Ansätze vorgestellt. Eine Handreichung zum Verlauf diskursanalytischer Untersuchungen, Lektürehinweise und Beispielanalysen bietet auch hier praktische Orientierung und die Möglichkeit zur Entwicklung eigener Fragestellungen.

Wie immer bei dem Vorhaben einer einführenden Darstellung sollte, ausgehend von der vorliegenden Vielfalt der Herangehensweisen und Untersuchungsgegenstände, eine konsistente Darstellung erwachsen, die einerseits diese Vielfalt nicht völlig ausblendet, sich andererseits jedoch nicht im Detail oder in methodischen Abzweigungen verliert. Es musste also ein Kompromiss gefunden werden zwischen umfassender und übersichtlicher Darstellung. Wir hoffen, dass uns dies gelungen ist.

Der Band beruht auf Erfahrungen aus einem von Melani Schröter im Sommersemester 2003 am Leipziger Institut für Germanistik durchgeführten Hauptseminar zu 'Sprache und Politik' sowie auf unserem großen Interesse an der Verknüpfung von Sprache, Sprachwissenschaft und gesellschaftspolitisch relevanten, kritischen Fragestellungen sowie unserer jahrelangen Beschäftigung mit Politolinguistik und Diskursanalyse (Schröter 2004, 2006a, 2006b, 2008a, 2008b (im Druck); Carius 2004, 2007a, 2007b). Wir beide haben dabei Unterstützung erfahren durch das große Interesse von Ulla Fix an unserer Arbeit sowie durch ihre konstruktiven Anregungen. Bei ihr und den anderen Herausgeberinnen der Reihe *Leipziger Skripten*, Irmhild Barz und Marianne Schröder, möchten wir uns für den Vorschlag zum Verfassen dieses Bandes sowie für ihre hilfreiche Begleitung des Entstehungsprozesses bedanken.

Reading/Leipzig, September 2008
Melani Schröter und Björn Carius

INHALT

	VORWORT	5
1.	**EINFÜHRUNG**	9
1.1	Pragmatische Sprachbetrachtung	9
1.2	Politikverständnis	10
1.3	Methodische Überlegungen	12
2.	**WORT (Melani Schröter)**	15
2.1	Wortschatz der Politik – politikspezifische Lexik?	16
2.1.1	Wörter in der politischen Fachwelt	17
2.1.2	Wörter in der politischen Auseinandersetzung	19
2.1.3	Merkmale von Schlagwörtern	20
2.2	Politische Semantik – Wortbedeutung in der politischen Auseinandersetzung	25
2.2.1	Erscheinungsformen semantischer Konkurrenz	26
2.2.2	Indikatoren semantischer Konkurrenz: Sprachthematisierungen	30
2.2.3	Pragmatische Semantik	32
2.3	Neuere Schlagwortlexikographie	35
2.4	Euphemismen	40
2.5	Metaphern	43
2.6	Beispiel: Wörter im Migrationsdiskurs	46
3.	**TEXT (Melani Schröter)**	51
3.1	Der Kommunikationsbereich Politik – politikspezifische Kommunikationsformen	53
3.2	Textsorten im Kommunikationsbereich Politik	55
3.3	Intertextualität	59
3.4	Textbeispiel: Neujahrsansprache	63
3.5	Rahmenbedingungen politischer Kommunikation in der modernen 'Massenmediokratie'	70
3.6	Analyse und Kritik von Strategien im politischen Gebrauch der Sprache	79
3.7	Parlamentarische Kommunikation	85
3.8	Beispiel Migrationsdiskurs: Die 'Asyldebatte' im Deutschen Bundestag	90
4.	**DISKURS (Björn Carius)**	97
4.1	Theoretische Grundlagen der Diskursanalyse	97
4.2	Diskurslinguistik oder Diskurskritik?	99
4.2.1	Linguistisch-Historische Diskursforschung	100
4.2.2	Kritische Diskursanalyse (KDA)	103
4.3	Diskurse des Ein- und Ausschlusses im deutschsprachigen Raum nach 1945	107
4.3.1	Linguistisch-Historische Diskursforschung	109
4.3.2	Kritische Diskursanalyse	113
4.3.3	Zusammenfassung	121
4.4	Zum Verlauf diskursanalytischer Untersuchungen	122
4.4.1	Erkenntnisinteresse	123
4.4.2	Korpus	123
4.4.3	Analyseverfahren	124
4.5	Exemplarische Analysen	125
4.5.1	Vorwort zum Bericht der Unabhängigen Kommission 'Zuwanderung'	125

4.5.2	Programm der NPD	130
4.5.3	Zusammenfassung	134
	LITERATURVERZEICHNIS	136

1. EINFÜHRUNG

1.1 Pragmatische Sprachbetrachtung

In der Politik und auch bei der Behandlung politischer Themen durch die Medien ist es ein beliebtes Muster, auf den Gegensatz von Reden und Handeln zu verweisen. So wirft die Opposition gern der Regierung vor, nur zu reden und den Worten keine Taten folgen zu lassen. Wenn die Medien als 'Anwälte' der BürgerInnen kritisch über Politik Bericht erstatten, wird ebenfalls häufig darauf verwiesen, dass es bisher nur die Rede gab und Handlungen noch ausstehen bzw. dass nicht klar sei, ob diejenigen, die so und so reden, hinterher auch entsprechend handeln.

Die pragmatisch orientierte Linguistik sieht das anders. Aus ihrer Sicht ist auch Reden Handeln. Denn was machen PolitikerInnen eigentlich? Sie verhandeln, sie lesen und verfassen Stellungnahmen, sie geben Statements im Fernsehen ab, geben Interviews, halten Reden, hören sich Reden oder Redebeiträge anderer an, stellen und beantworten Fragen, beraten über Gesetzentwürfe, beschließen Gesetze, unterschreiben Verträge etc.

Alle aufgezählten Tätigkeiten sind sprachlich, es sind entweder mündliche (verhandeln, Statement abgeben, Rede halten, fragen, antworten) oder auf Schrifttexte bezogene (verfassen, lesen unterschreiben) sprachliche Handlungen oder Textsorten (Frage, Interview, Stellungnahme, Statement, Gesetzentwurf, Vertrag). Auch die konkreten politischen Maßnahmen der Regierung kommen nicht anders als durch mündliche Verhandlungen und Debatten auf Grundlage eines Konvoluts von Texten (Gesetz- und Vertragsentwürfe, Stellungnahmen und Berichterstattung) zustande. Politische Vorhaben münden in Texte (Gesetz, Vertrag), die wiederum weitere Texte zur Folge haben (Verordnungen und Vorschriften) und von anderen Texten begleitet werden (Kommentar, Interview, Rede). Dies alles ist nichts anderes als – politisches Handeln, im Medium der Sprache.

Vor diesem Hintergrund wird klar, warum sich – ausschließlich – eine pragmatisch orientierte Linguistik für politische Kommunikation interessiert. Pragmatisch orientierte Linguistik geht davon aus, dass mit Hilfe von Sprache nicht nur Informationen von Person A zu Person B übermittelt werden, sondern dass man handelt, wenn man sich sprachlich äußert. Für Handlungen aber ist mindestens dreierlei von großer Bedeutung:

- **Handlungsabsicht** bzw. Intention: Was will jemand mit einer Handlung erreichen? Wird dies offengelegt oder indirekt – aber erkennbar – versucht oder wird die Handlungsabsicht verdeckt?
- **Situation** bzw. Kontext: Unter welchen Bedingungen versucht jemand, seine Handlungsabsichten zu verfolgen, und inwieweit sind diese Bedin-

gungen förderlich/hinderlich dafür bzw. wie beeinflussen sie die Wahl der Mittel?
- Die **Wirkung**: Wird die Handlungsabsicht erkannt und ist diese akzeptabel für die Adressierten? Ruft sie eine beabsichtigte oder unbeabsichtigte Reaktion hervor?

Pragmatik beschäftigt sich also mit Handlungsabsichten und stellt in Rechnung, dass das, was gesagt wird, nicht identisch sein muss mit dem, was gemeint ist. Die Berücksichtigung der Situation spielt dabei eine große Rolle. Zur Situation gehören vor allem die beteiligten InteraktionspartnerInnen, die Adressierten und die RezipientInnen der Äußerungen. Es muss auch überlegt werden, ob privat, halböffentlich oder öffentlich kommuniziert wird, ob es Statusunterschiede zwischen den Interagierenden gibt. Die Kommunikationssituation lässt sich für viele Äußerungen rekonstruieren. Wenn man sie in ihrem Kontext kennt und die Äußerung in ihrem Wortlaut vorliegt, kann man meist recht zuverlässig Aussagen über die Handlungsabsichten treffen – auch wenn diese nicht offen zutage liegen. Die Wirkung einer sprachlichen Äußerung ist in den meisten Fällen nicht so leicht festzustellen. Der politische Gebrauch der Sprache vollzieht sich zu einem großen Teil öffentlich, über die Massenmedien vermittelt, und Öffentlichkeit bringt eine Heterogenität der Adressierten mit sich. Wenn es nun aber eine prinzipiell unüberschaubare Menge von Adressierten gibt, gibt es eine genauso unüberschaubare Menge an Verstehensweisen, Reaktionen und Wirkungen. Es sollte an dieser Stelle zumindest auf die Wirkung hingewiesen werden, auch wenn sie – wegen der Probleme, sie zu erfassen – in konkreten Untersuchungen als Handlungsaspekt häufig vernachlässigt wird. In vielen sprachwissenschaftlichen Untersuchungen politischer Kommunikation finden sich jedoch Hinweise auf die Wirkung, indem z.B. angenommen wird, dass bestimmte strategische Sprachverhaltensweisen der PolitikerInnen zu Politikskepsis und Politikverdrossenheit seitens der BürgerInnen führen könnten (vgl. Klein 1996b).

1.2 Politikverständnis

Wenn man sich aus sprachwissenschaftlicher Sicht für gesellschaftlich-politisch relevante Themen interessiert, spielt es für die Wahl des Untersuchungsgegenstandes und der Untersuchungsmethode eine große Rolle, ob man dabei von einem engen oder eher weiten Politikverständnis geleitet wird.
- Ein eher **enges Politikverständnis** beschränkt den Bereich vorrangig auf die – mündlichen oder schriftlichen – Äußerungen politischer FunktionsträgerInnen. Selbst bei dieser Beschränkung bleiben die möglichen Untersuchungsgegenstände noch vielfältig. So hängt es stark vom jeweiligen Amt ab, welche Kommunikationsaufgaben mit ihm verbunden sind. Die Redeaufgaben einer Bundeskanzlerin unterscheiden sich von denen soge-

nannter Hinterbänkler, also 'einfacher' Abgeordneter, deren Tätigkeit in der Medienöffentlichkeit kaum Beachtung findet. Es gibt Redeaufgaben auf internationaler, nationaler, Länder- oder kommunaler Ebene. Außerdem gibt es öffentliche Kommunikationsaufgaben (Gedenkrede, Debattenrede im Parlament, Reden vor Wirtschaftsverbänden) sowie nichtöffentliche (Redebeiträge in Sitzungen, Absprachen, Zuarbeiten für Ausschüsse). Auch mündliche (Reden, Gespräche, Verhandlungen, Fernsehstatements und -interviews) sowie schriftliche (Verträge, Gesetzentwürfe, Stellungnahmen, Korrespondenzen, Gesprächsnotiz) Kommunikationsaufgaben lassen sich unterscheiden. Schließlich gibt es Kommunikationsanlässe, bei denen die Medienaufmerksamkeit hoch ist (Regierungserklärung, Reden an nationalen Gedenktagen, große Wahlkampfveranstaltungen, Kanzlerduell) und solche, bei denen sie kaum vorhanden ist ('normale' Sitzungen von Parlamentsausschüssen, eine der zahlreichen Wahlkampfreden in der Provinz). Den Kommunikationsanlässen entsprechend werden auch unterschiedliche sprachliche Merkmale am konkreten Text auszumachen sein: Eine öffentliche Wahlkampfrede mit hoher Medienaufmerksamkeit wird viele Merkmale politischer Auseinandersetzung tragen, während sich nur wenige fachsprachliche Elemente finden werden. Eine Zuarbeit zu einem Gesetzentwurf, die in einem Ministerium angefertigt wurde, wird weniger Zeichen politischer Auseinandersetzung tragen, dafür aber mehr fachsprachliche Elemente enthalten (vgl. dazu 2.1).

- Ein **weiteres Politikverständnis** rechnet auch die öffentliche Kommunikation über Politik in den Medien hinzu. Auch hier haben wir es mit einer Vielzahl von Genres zu tun. Zum einen ist da der gesamte Bereich der Berichterstattung in den Printmedien, in Radio und Fernsehen sowie Online-Formen dieser Medien. Wesentliche Gattungen dieser Berichterstattung sind die entsprechenden Artikel in den Printmedien sowie Nachrichtensendungen und -journale im Fernsehen und im Radio. Zum anderen ist da der Bereich der Diskussion: Hierzu zählen vor allem politische Magazine, Interviews und der 'Polittalk' im Fernsehen und im Radio sowie die Kommentierung in der Presse. Außerdem, und hier weitet sich das Politikverständnis schon wieder aus, gibt es gerade in den Medien vielfache Verschränkungen von Politik und Unterhaltung, ein Phänomen, auf das sich der Ausdruck 'Politainment' bezieht. Dörner (2001) unterscheidet dabei zwischen unterhaltender Politik und politischer Unterhaltung. Zu unterhaltender Politik zählt es, wenn Politiker Unterhaltungsformate zur Verbreitung ihrer Ansichten oder zur Wahrnehmung ihrer Person nutzen, z.B. Auftritte von PolitikerInnen in Unterhaltungssendungen wie *Wetten dass...?*. Um politische Unterhaltung handelt es sich, wenn Unterhaltungsformate sich politischer Themen oder Figuren an-

nehmen, wenn z.b. in der Fernsehserie *Lindenstraße* viele gesellschaftspolitisch aktuelle Themen aufgegriffen werden.
- Ein **weites Politikverständnis** bezieht auch das Reden aller Mitglieder der Gesellschaft über Politik ein, denn in einer repräsentativen Demokratie sind volljährige Menschen grundsätzlich durch das allgemeine Wahlrecht zumindest vermittelt an politischen Prozessen im Sinne bürgerlicher Selbstverwaltung beteiligt. Hierbei könnte man noch unterscheiden nach dem Grad der Organisiertheit: Lobbyverbände führen Gespräche mit PolitikerInnen, drucken Broschüren und führen Diskussionsveranstaltungen durch. Vor allem im Bereich politischer Bildung sind Vereine tätig. Nicht organisiert ist das privat-halböffentliche Sprechen über Politik: in der Partnerschaft und im Freundeskreis, am Stammtisch oder im Weblog. Das Sprechen über Politik kann die politischen Institutionen und Akteure betreffen, in einem weiten Politikverständnis aber auch prinzipiell alles, was politisch-gesellschaftlich relevant sein könnte bzw. was als politisch relevant empfunden wird. Denn auch für die Begrenzung des Sprechens über Politik stünde man wieder vor der Notwendigkeit, zu definieren, was Politik ist.

1.3 Methodische Überlegungen

Unsere einführende Darstellung des politischen Sprachgebrauchs schließt die beiden Teildisziplinen Politolinguistik und (Kritische) Diskursanalyse ein.
- **Politolinguistik**: Die Untersuchung von Wörtern und Texten in der Politik, die ihren Blick bisher im Wesentlichen auf Äußerungen politischer FunktionsträgerInnen gerichtet hat, ist eine Domäne der von Burkhardt (1996) und inzwischen auch von vielen anderen so genannten linguistischen Teildisziplin der Politolinguistik. Burkhardt verortet die wissenschaftliche Untersuchung von Sprache in der Politik als "Teildisziplin im Grenzgebiet zwischen Linguistik und Politologie" (1996, S. 75) und schlägt für deren Benennung die Bezeichnung Politolinguistik vor. In beiden Disziplinen sei sie dem angewandten und innerhalb des angewandten dem kritischen Teilbereich zuzuordnen. Burkhardt (1996, 1998b), Klein (1998) und Girnth (2002) geben einen Überblick über Entwicklung, Themen und Methoden der Politolinguistik in Deutschland.
- **(Kritische) Diskursanalyse**: Texte werden in der (Kritischen) Diskursanalyse in der Zusammenschau als Bestandteile des Wissens in einer Gesellschaft untersucht. Dieses Wissen wird zwar auch durch politische FunktionsträgerInnen geprägt, aber ebenso in den Medien und von Menschen, die nicht in mediale oder politische Prozesse involviert sind, produziert und weitergegeben. Die Nähe der (Kritischen) Diskursanalyse zur Linguistik ergibt sich aus dem oftmals linguistischen Hintergrund ih-

rer führenden VertreterInnen und ist daran zu ersehen, dass linguistische Verfahren zur Erschließung der diskursiven Strukturen herangezogen werden. Unterschiedliches Gewicht wird innerhalb diskursanalytischer Ansätze der argumentativ fundierten Parteinahme in diskursiven Auseinandersetzungen beigemessen, so dass sich Ansätze der linguistischen und der Kritischen Diskursanalyse voneinander unterscheiden lassen.

Wir vertreten ein weites Politikverständnis, das Äußerungen aller erdenklichen Personen über gesellschaftlich-politisch relevante Sachverhalte einschließt. An Stelle eines Definitionsversuchs möchten wir anregen, die Wahl eines Untersuchungsgegenstandes und dessen gesellschaftlich-politische Relevanz jeweils im Einzelfall zu begründen. Der Titel dieses Bandes *Vom politischen Gebrauch der Sprache* ist aus diesen Überlegungen heraus entstanden. Die möglichen Alternativen lauteten:

- **Sprache und Politik** – gegen diesen Titel spricht, dass er die Vorstellung einer Trennbarkeit beider Bereiche evoziert;
- **Politische Sprache** – gegen diesen Titel spricht, dass er die Vorstellung evoziert, dass die Sprache als solche besondere Merkmale aufweist, sobald sie etwas mit Politik zu tun hat;
- **Sprache in der Politik** – gegen diesen Titel spricht, dass wir unsere o.g. Zweifel haben an der Bestimmbarkeit der Grenzen des Politischen und damit auch an der Abgrenzung zwischen prinzipiell politischer und nichtpolitischer Kommunikation. Man kann mit Sprache nicht nur Politik machen, sondern auch über Politik reden, seine politische Haltung entwickeln, seine Haltung oder Intention absichtlich kundtun bzw. unabsichtlich zu erkennen geben, seine politische Einstellung dominant setzen, sich einem politischen Klima sprachlich anpassen oder versuchen, ihm etwas entgegenzusetzen usw.

Auf diese Zweifel an der Bestimmbarkeit der Grenzen des Politischen möchten wir zumindest aufmerksam machen, auch wenn in diesem Band Äußerungen von politischen Funktionsträgern und öffentliches Reden über Politik in den Medien die größte Rolle spielen.

Abschließend wollen wir zum einen darauf hinweisen, dass sich die vorliegende Einführung lediglich auf den politischen Gebrauch der Sprache in der Bundesrepublik Deutschland bezieht. Zum anderen haben wir es für nützlich erachtet, neben den Einzelbeispielen, die im laufenden Text genannt werden, das Dargestellte am Ende eines jeden Großkapitels am Beispiel eines politischen Diskurses nochmals kurz zu exemplifizieren. Um die jeweiligen Untersuchungsgegenstände und Ansätze der drei Ebenen der Sprachanalyse – Wort, Text, Diskurs – zu verdeutlichen, handelt es sich um jeweils ein- und denselben Diskurs. Wir haben uns für den bundesdeutschen Migrationsdiskurs entschieden, weil es sich um ein in der gesamten Geschichte der Bundesrepublik anhaltend brisantes Thema handelt. Nicht zuletzt liegen Untersuchungen zu sprachbezogenen Aspekten des Migrationsdiskurses vor, auf die wir bei der Darstellung zurückgreifen konnten.

2. WORT (*Melani Schröter*)

In diesem Kapitel steht die relativ kleine sprachliche Einheit Wort im Mittelpunkt. Da es speziell um den politischen Sprachgebrauch geht, ist hier jedoch weder von Interesse, welche Eigenschaften Wörter allgemein haben, noch ist in diesem Zusammenhang jedes Wort gleich interessant. Vielmehr gilt es, die Aufmerksamkeit

- auf bestimmte Arten von Wörtern zu richten sowie
- auf bestimmte Eigenschaften von Wörtern und
- auf bestimmte Verwendungsweisen von Wörtern.

Dem Umstand, dass für die Untersuchung des politischen Sprachgebrauchs spezielle Arten von Wörtern von Interesse sind, widmet sich das erste Teilkapitel 2.1.

Es werden zunächst Überlegungen vorgestellt, die sich auf den Wortschatz der Politik beziehen. Dieser Ausdruck beinhaltet die Vorstellung, dass es innerhalb des allgemeinen Wortschatzes – als Gesamtmenge aller Wörter einer Sprache zu einem bestimmten Zeitpunkt – eine Teilmenge gibt, die speziell im Verwendungskontext der Politik gebraucht wird. Hintergrund dieser Überlegungen ist die Beobachtung, dass einige Wörter, auf die man in anderen Kontexten weniger häufig stoßen würde, in der politischen Kommunikation besonders häufig vorkommen.

Anschließend werden die für die verbale politische Auseinandersetzung besonders wichtigen und typischen Schlagwörter beschrieben. Bei den Schlagwörtern handelt es sich um eine bestimmte Art von Wörtern mit einigen besonderen Eigenschaften, z.B. Verwendungshäufigkeit und Brisanz.

Kapitel 2.2 beschäftigt sich ebenfalls vorrangig mit Schlagwörtern. Hier wird der Blick allerdings weniger auf Arten und Vorkommenshäufigkeiten von Wörtern gerichtet, sondern auf ihre Bedeutung, auf die Semantik also. Es geht darum, dass politische Gruppierungen um die Bedeutungen von Wörtern und ihren – vorgeblich – angemessenen Gebrauch konkurrieren. Politische Gruppierungen versuchen, mit Hilfe des Bedeutungsspektrums von Wörtern und mit verschiedenen Verwendungsweisen ihre Sicht auf die Welt auszudrücken und, wenn möglich, auf verbaler Ebene durchzusetzen. Solche semantischen Strategien sind Gegenstand des Kapitels. Außerdem wird dargestellt, wie man diese Strategien untersuchen kann, auf welche Aspekte sich eine Untersuchung von Wörtern im Spannungsfeld politischer Auseinandersetzung konzentriert.

Anschließend werden Schlagwörterbücher vorgestellt (2.3). In Schlagwörterbüchern bündeln sich einerseits Ergebnisse der Schlagwortforschung. Andererseits können sie ein wichtiges Hilfsmittel für die Beschäftigung mit Diskursen sein, da die Schlagwörter in ihrem diskursiven Kontext beschrieben werden und somit diskurslinguistische Ergebnisse sogar in handlicher und benutzerfreundlicher Weise aufbereitet vorliegen. Abschließend widmen sich zwei Teilkapitel jeweils einer bestimmten Art von Ausdrücken, nämlich Euphemismen (2.4) und Metaphern (2.5). Diese spielen im Zusammenhang mit politischem Sprachgebrauch eine größere Rolle und werden häufig zum Gegenstand von Sprachanalysen oder auch kritischer Diskussion.

2.1 Wortschatz der Politik – politikspezifische Lexik?

Wenn im Zusammenhang mit Sprache und Politik von politischem Wortschatz oder politischer Lexik die Rede ist, geht es um den Bestand an Wörtern, die im politischen Sprachgebrauch eine besondere Rolle spielen. Natürlich kommen in der politischen Kommunikation auch ganz unscheinbare Wörter der Alltagssprache vor, wie z.B. Artikel und Adverbien. Es sei vorangeschickt, dass diesen Wortarten in der politolinguistischen Literatur in der Regel keine Aufmerksamkeit geschenkt wird, sondern dass vor allem Substantive und Verben im Mittelpunkt des Interesses stehen. Es werden also Substantive, Verben und Adjektive – autosemantische Wörter – betrachtet, die typisch für politische Kommunikation zu sein scheinen.

☞ In der Sekundärliteratur finden sich im Zusammenhang mit diesem Thema die Bezeichnungen 'politischer Wortschatz' und 'politische Lexik'. Diese suggerieren allerdings, dass es einen mehr oder weniger festen, zählbaren Bestand an Wörtern gibt, der der politischen Kommunikation zuzuordnen wäre. Es ist jedoch fraglich, ob sich der Kommunikationsbereich Politik so abgrenzen lässt, dass ihm eine feste Teilmenge an Wörtern zugeordnet werden kann. Der Ausdruck 'politik*spezifische* Lexik' erscheint hier angemessener; Lexik wird hier synonym zu Wortschatz gebraucht. Die Formulierung 'politikspezifische Lexik' soll also die Vorstellung vermeiden, dass es ein festes Repertoire an Wörtern für politische Kommunikation gibt, sondern vielmehr ausdrücken, dass es bestimmte Wörter gibt, die typisch sind für den Verwendungskontext Politik.

Den Überlegungen zur Zusammensetzung politikspezifischer Lexik (Dieckmann 1975, Strauß 1986, Klein 1989b) liegt eine Vorstellung vom Kommunikationsbereich Politik zugrunde, die zwei wesentliche Teilbereiche voneinander abgrenzt:
- den eher von politischen Experten an politische Experten gerichteten, institutionsspezifischen und institutionsinternen Bereich – also **Wörter in der politischen Fachwelt** (2.1.1).
- die Sphäre öffentlicher politischer Kommunikation, in der politische Experten sich vor allem an politische Laien richten, um für ihre Position zu werben; mithin **Wörter in der politischen Auseinandersetzung** (2.1.2).

2.1.1 Wörter in der politischen Fachwelt

An dieser Stelle muss auf die Bemerkungen zur Rolle des zugrundeliegenden Politikverständnisses in der Einführung verwiesen werden. Es ist offensichtlich, dass ein enges Politikverständnis auch mit Blick auf die politikspezifische Lexik engere Grenzen ziehen würde als ein weites. So würde ein enges Politikverständnis eher die von politischen Funktionsträgern gebrauchte politische Fachsprache in den Vordergrund rücken. Der originäre **politische Fachwortschatz** könnte etwa aus Lexemen bestehen, die ausschließlich im politischen Kontext und zur Bezeichnung politischer Sachverhalte verwendet werden, wie *Überhangmandat, kommunal, ratifizieren, novellieren, Opposition* (Klein 1989b).

Fachsprachliche Lexik hat die Funktion, sich über spezifische (Berufs-) Bereiche präzise und differenziert verständigen zu können. Im Rahmen von Fachsprachen nehmen Wörter die Funktion von Fachwörtern ein. Das Hauptmerkmal eines Fachwortes ist, dass es eine im Fachkontext definierte Bedeutung hat, deren Inhalt man kennen muss, um das Wort als Fachwort verwenden zu können. Dadurch ist die einem Fachwort zugrundeliegende Bedeutung sehr komplex – und das Fachwort ein ökonomisches Mittel, diese komplexe Bedeutung oder einen bestimmten theoretischen Hintergrund aufzurufen, ohne dies wiederholt im Einzelnen darlegen zu müssen. Ein Fachwortschatz besteht also vornehmlich aus solchen definierten Fachwörtern oder Termini. Genauso wenig, wie man von einem festgelegten Wortschatz der Politik ausgehen kann, gibt es einen festgelegten politischen Fachwortschatz. Einen differenzierten Blick auf politische Lexik legt Busch (2005) dar. Da politische Kommunikation sich in viel größerem Maße öffentlich vollzieht als der Austausch innerhalb einer wissenschaftlichen Spezialdisziplin, kommt es hier zu einer **Mischung fach- und allgemeinsprachlicher Elemente**. Es sind eher diese Mischungsverhältnisse als einzelne Lexeme, die typisch sind für politische Kommunikation. Zumindest die folgenden Mischungsverhältnisse spielen hierbei eine Rolle:

- **Spektrum der Wortbedeutung**: Ein Wort, das eine fachsprachliche Definition hat, wird auch allgemeinsprachlich verwendet. Die allgemeinsprachliche Verwendung muss sich nicht auf die fachsprachliche Definition beziehen, aber meistens gibt es Überschneidungen. Zum Beispiel ist *Demokratie* in der Politikwissenschaft und entsprechenden Fachlexika durch verschiedene Charakteristika definiert, aber es wird auch allgemeinsprachlich verwendet. Die allgemeinsprachliche Verwendung beruht zwar auch auf einem Bündel von Merkmalen ähnlich denen der fachsprachlichen Definition, aber auch auf darüber hinausgehenden weiteren Vorstellungen und Bewertungen, die einzelne Personen(gruppen) mit *Demokratie* verbinden.
- **Spektrum des Kommunikationsbereichs**: Es gibt unterschiedliche Kommunikationsanlässe, die in mehr oder weniger fachlich-sachbezoge-

nem Kontext stehen. Eine Bierzeltrede wird weniger fachsprachliche Elemente enthalten als die schriftliche Zuarbeit zu einem Gesetzentwurf, die in einem Ministerium verfasst wird.
- **Spektrum des Sachgebiets**: Innerhalb einzelner Politikressorts gibt es starke Einflüsse der Fachsprache, die mit dem entsprechenden Sachgebiet zusammenhängen: Im Gesundheitsministerium spielt die Fachsprache der Medizin eine große Rolle, im Verkehrsministerium die Fachausdrücke des Verkehrs und der Logistik, im Verteidigungsministerium die Fachsprache und technischen Fachwörter des Militärwesens und im Umweltministerium Termini der Umwelt-, Wiederaufbereitungs- und Energietechnologien.
- **Spektrum der Fachsprachen**: Auch die Sachgebiete der Verwaltung und des Rechts haben eine Vielzahl an Fachwörtern geprägt. Da die Bundesregierung die exekutive Gewalt ausübt, zu der eben die Verwaltung gehört, und da die legislative Gewalt, also die Gesetzgebung, im Zusammenspiel von Regierung und Parlament vollzogen wird, sind Elemente beider Fachsprachen – auch sachgebietsübergreifend – im politischen Sprachgebrauch enthalten.

Über die fachsprachlichen Elemente hinaus gibt es Ausdrücke, die sich auf politische Verfahren beziehen (*Abstimmung, Legislaturperiode, Tagesordnung*), auf politische Aufgaben (*Verfassungsschutz, Finanzpolitik*), auf Institutionen (*Bundestag, Bundesrat, Fraktion, Ausschuss*), Ämter (*Bundeskanzler*) und Handlungsgrundlagen (*Grundgesetz, Gemeindeordnung, Staatsvertrag*). Solche Ausdrücke sind besonders typisch für diesen Bereich.

Busch benennt auch einen Diskurswortschatz, der "die themenbezogene Lexik zeitgenössischer Diskurse und öffentlicher Diskussionen" (2005, S. 158) umfasst. Ein Thema in der öffentlichen Diskussion ist Migration: die Aus- und Ab-, vor allem aber Zu- und Einwanderung. Wenn man 'Diskurs' als die öffentliche Diskussion über ein solches politisches Großthema versteht, kann man dies Migrationsdiskurs nennen. Die zentralen Wörter des Migrationsdiskurses fallen sicher den meisten Menschen beim Themenstichwort 'Migration' schnell ein: *Multikulturelle Gesellschaft, Gastarbeiter, Asylant, Fremdenfeindlichkeit, Integration, Kopftuchstreit, Abschiebung* usw.; das ist also Teil des entsprechenden Diskurswortschatzes.

Bei Strauß (1986) und Klein (1989) findet darüber hinaus die Beobachtung Niederschlag, dass bestimmte Lexeme – die allerdings weniger politikspezifisch sind als die oben genannten, sondern eher allgemein- oder bildungssprachlich – im öffentlich-politischen Sprachgebrauch eine große Rolle spielen. Strauß zählt dazu Wörter der fächerübergreifenden Bildungs- und Wissenschaftssprache wie *System, Substanz, Basis, Spektrum, Struktur, Prämisse, Tradition, Toleranz*. Klein zählt dazu das von ihm so genannte allgemeine Interaktionsvokabular.

Dazu gehören Bezeichnungen allgemeiner politischer Handlungen und Vorgänge (*Kompromiss, Beschluss, Kettenreaktion, Sorge, Affäre, beteiligen*) sowie politikspezifischer sprachlicher Handlungen (*vorschlagen, warnen, erklären, anregen, fordern, erörtern, debattieren, verhandeln*).

☞Auch nach Lektüre der entsprechenden Fachliteratur bestehen noch einige Unklarheiten über die genaue Art und den Umfang eines solchen Teilwortschatzes und auch darüber, wie man vorgehen müsste, wenn man diesen Teilwortschatz genauer erfassen möchte. Verschiedene Textsorten stellen sich auf lexikalischer Ebene ganz unterschiedlich dar: Ein *ministerieller Erlass* ist Teil der institutionellen Kommunikation und enthält demnach mehr Lexik der Verwaltungssprache als etwa ein *Parteiprogramm*; ein Parteiprogramm als Ausdruck der politischen Willensbildung weist mehr Ausdrücke für grundlegende politische Orientierungen auf als das *Strafgesetzbuch*; im Strafgesetzbuch als Teil der Legislative findet sich mehr Lexik der juristischen Fachsprache als in einer *Wahlkampfbroschüre* als Mittel politischer Eigenwerbung. Bisher gibt es keine systematischen Untersuchungen zu politikspezifischer Lexik anhand von Textbeispielen. Wenig bemerkt oder untersucht wurden bisher auch politikfeldspezifische Bezeichnungen konkreter politischer Handlungsstrategien (zum Beispiel *Gender Mainstreaming* als gleichstellungspolitisches Konzept, das an jede politische Maßnahme die Frage nach Geschlechtergerechtigkeit herantragen soll) sowie die Benennungen der dazugehörigen Umsetzungsinstrumente (z.B. *gleichstellungspolitischer Check von Kabinettsvorlagen, Gender-Budget*). Allerdings sind solche politischen Handlungs- und Steuerungsinstrumente weniger zeitstabil, d.h., sie ändern sich umständehalber alle paar Jahre. Es könnte dennoch interessant sein zu sehen, wie solche Bezeichnungen zustande kommen und welche Rolle internationale Organisationen, Institutionen und Vereinbarungen dabei spielen (EU-Vorgaben, UN-Konventionen).

Genauere Untersuchungen zur politikspezifischen Lexik befassen sich nicht mit dem Bestand an politiktypischen Wörtern, sondern mit Fragen der Bedeutung einzelner Wörter. Hierbei geht es aber nicht um politische Fachwörter, sondern vor allem um Wörter in der politischen Auseinandersetzung.

2.1.2 Wörter in der politischen Auseinandersetzung

Politische Auseinandersetzung wird hier ganz allgemein verstanden als die meist öffentliche verbale Auseinandersetzung über Grundorientierungen, Konzepte und Maßnahmen. Dabei kommen verschiedene Weltanschauungen, verschiedene Perspektiven auf Sachverhalte, verschiedene Problemformulierungen und

Lösungsvorschläge zur Darstellung. Es hängt wiederum vom zugrundeliegenden Politikverständnis ab, wen man sich als in die öffentliche politische Auseinandersetzung eingebunden vergegenwärtigt. Bei einem weiten Politikverständnis ist natürlich zu bedenken, dass verschiedene Personen und Organisationen über unterschiedlich gute Voraussetzungen verfügen, sich in der Öffentlichkeit eine Stimme zu verschaffen und wahrgenommen zu werden – und dass es nicht nur 'die Öffentlichkeit' gibt, sondern auch Teilöffentlichkeiten.

Es liegt nahe, dass im Bereich der öffentlichen politischen Auseinandersetzung Ausdrücke des oben so genannten Diskurswortschatzes eine größere Rolle spielen als die fachsprachlichen Begriffe. Es gibt eine bestimmte Art von Wörtern, die tragend ist für die politische Auseinandersetzung: **Schlagwörter**.

Bereits am Beginn des vergangenen Jahrhunderts erschien Ladendorfs *Historisches Schlagwörterbuch* (1906), seitdem gibt es – und das ist eine deutsche Besonderheit – eine Tradition der Schlagwortforschung (beschrieben bei Felbick 2003, S. 3-13 und Niehr 1993, S. 12-37). Schlagwörter sind insofern besonders auffällige und für linguistische Untersuchungen interessante sprachliche Einheiten, als sie über einen bestimmten Zeitraum hinweg in öffentlicher politischer Kommunikation häufig auftreten, mit ihnen oft ein ganzes politisches Programm kondensiert erfasst und gleichzeitig die positive oder negative Einstellung gegenüber dem bezeichneten Programm transportiert wird. Mit Hilfe von Schlagwörtern werden Programme, Ideen oder Beschreibungen von Sachverhalten verkürzt ausgedrückt. "Insofern haben Schlagwörter zunächst eine kognitive Funktion, indem sie komplexe Dinge sprachlich so vereinfachen, dass Kommunikation über sie möglich wird." (Felbick 2003, S. 20). Hierin ähneln sie den Fachwörtern. Zu diesem **programmatischen Gehalt** und der damit einhergehenden kognitiven Erleichterung kommt allerdings auch noch der **Meinungsgehalt**, indem die Programme, Ideen oder Sachverhalte gleichzeitig bewertet werden vor dem Hintergrund einer bestimmten Zielvorstellung. Dies unterscheidet sie wesentlich von Fachausdrücken, die gerade nicht die Funktion einer gleichzeitigen Bewertung erfüllen. Diese bewertende Komponente trägt dazu bei, für die transportierten Einstellungen Zustimmung oder Ablehnung zu erzeugen bzw. dass sie – je nach politischer Meinung – auf Zustimmung oder Ablehnung einzelner Personen treffen. Vor allem diese bewertende Komponente und die Komplexität der Wortbedeutung machen das Schlagwort so interessant für die Linguistik.

2.1.3 Merkmale von Schlagwörtern

Die folgende Darstellung beruht auf den Ausführungen Felbicks (2003), der aus der Forschungsliteratur zum Schlagwort die wesentlichen Eigenschaften von Schlagwörtern zusammenträgt. Die Merkmale **programmatischer Gehalt** und **Meinungsgehalt** wurden bereits genannt, weitere Merkmale wie **Diskursgebundenheit, Umstrittenheit, Gruppengebundenheit** und **semantischer Spiel-**

raum sollen im Folgenden anhand von bekannten Schlagwort-Beispielen beschrieben werden.

☞ Felbick nennt auch formale Merkmale, v.a. lexikalische Einheit und prägnante Form. Schlagwörter sind Lexeme, zu denen aber auch Mehrwortlexeme gehören können (z.b. *langer Marsch durch die Institutionen*). Satzwertige Ausdrücke wie Losungen oder Slogans zählen nicht zu den Schlagwörtern. Mit der prägnanten Form sind sprachliche Gestaltungsmittel gemeint, die ein Schlagwort einprägsam oder griffig machen, wie etwa Metaphern (*Eiserner Vorhang*) oder Alliterationen (*Kalter Krieg*). Dies ist kein Merkmal aller Schlagwörter (*Paragraph 218, Agenda 2010*), kann aber ihrer Verbreitung förderlich sein.

Merkmale: **Diskursgebundenheit** und **Brisanz**
Beispielpaar 1): *Einheit* und *Globalisierung*

Bei dem Beispielpaar wird klar, dass Schlagwörter an bestimmte historische Gegebenheiten und Entwicklungen gebunden sind.
Einheit ist ein Schlagwort aus der Politik der Bundesrepublik der 1950er und 1960er Jahre vor dem Hintergrund der deutschen Teilung. *Einheit* bezeichnet also einen positiv bewerteten Zustand, der herbeigeführt werden soll. Der Gebrauch dieses Schlagwortes in öffentlichen politischen Äußerungen nimmt in den 1970er Jahren ab, nachdem die Forderung nach *Einheit* der Ansicht gewichen war, dass die Teilung vorläufig nicht zu ändern und vielmehr das Beste aus ihr zu machen sei.
Globalisierung ist dagegen offensichtlich ein eher neues Schlagwort. Es steht für einen unterschiedlich bewerteten Sachverhalt. Einige politische Gruppierungen bemühen sich, die *Chancen der Globalisierung* herauszustellen, auf vielen Seiten wecken die *Gefahren der Globalisierung* jedoch Befürchtungen.
Für Schlagwörter ist es kennzeichnend, dass sie zu bestimmten Zeiten besonders häufig auftreten. In den meisten Fällen nimmt die Verwendungshäufigkeit nach einer Weile wieder ab. "Entscheidend für die Verwendung von Schlagwörtern ist, dass ein solches Thema brisant ist, d.h., dass sich eine große Anzahl von Menschen von einem Thema betroffen fühlt und den Diskurs darüber mit entsprechend großer emotionaler Beteiligung verfolgt bzw. aktiv an ihm teilnimmt." (Felbick 2003, S. 24).
Schlagwörter haben also eine große Vorkommenshäufigkeit, wenn die mit ihnen verbundenen Diskurse brisant sind; meist nimmt diese Brisanz und damit die Vorkommenshäufigkeit eines Schlagwortes nach eincr gewissen Zeit wieder ab.

Merkmal: **Diskursgebundenheit**
Beispielpaar 2): *Gastarbeiter* und *multikulturelle Gesellschaft*

Während sich die ersten beiden Beispiele auf verschiedene Diskurse beziehen, stammen diese beiden Beispiele aus dem gleichen, nämlich dem Migrationsdiskurs. *Gastarbeiter* bezieht sich auf die Arbeitsmigranten, die vor allem in den 1960er Jahren auf Grundlage von Anwerbeabkommen mit einzelnen Ländern wie Italien, Jugoslawien oder der Türkei nach Deutschland eingewandert sind. Die Gast-Metapher verweist auf die Vorstellung, dass diese Arbeiter nur für eine bestimmte Zeit in Deutschland bleiben würden. Viele von ihnen sind jedoch nicht in ihre Herkunftsländer zurückgekehrt. Im Laufe der 1990er Jahre setzte sich in der öffentlichen Diskussion die Erkenntnis weithin durch, dass Deutschland ein Einwanderungsland ist.

Das Konzept der *multikulturellen Gesellschaft* evoziert die positive Vorstellung verschiedener Kulturen, die unter Wahrung eines großen Teils ihrer Eigenarten Seite an Seite existieren und sich im Austausch gegenseitig bereichern können. Diese Vorstellung ist mehr und mehr in die Kritik geraten. Stattdessen wird die Notwendigkeit der *Integration* von Menschen mit verschiedenen kulturellen Hintergründen in die deutsche Gesellschaft betont.

Wenn Gesellschaft und Politik sich verändern, verändert sich also die öffentliche Diskussion über bestimmte Politikfelder; wie solche Diskussionen oder Diskurse sich verändern, so verändern sich auch die zentralen Schlagwörter.

Merkmal: **Meinungsgehalt/Wertung**
Beispielpaar 3): *Demokratie* und *Faschismus*

Es gibt Schlagwörter, die sich auf positiv bewertete Konzepte beziehen wie *Demokratie, Frieden* und *Freiheit*. Diese Schlagwörter werden daher auch **Hochwertwörter** genannt. Hochwertwörter zeichnen sich dadurch aus, dass sie sich auf derart positiv bewertete Konzepte beziehen, dass die Infragestellung der positiven Bewertung praktisch tabu ist. Das Gleiche gilt für ihre negative Entsprechung, die sogenannten **Unwertwörter** wie *Faschismus, Diktatur*, oder – aktuell – *Terrorismus*. Der negativen Bewertung der bezeichneten Sachverhalte lässt sich auch nicht gut widersprechen.

Schlagwörter bezeichnen also positiv oder negativ bewertete Sachverhalte.

Merkmal: **Meinungsgehalt** und **Umstrittenheit**
Beispielpaar 4): *Selbstbestimmungsrecht der Frau* und *Tötung ungeborenen Lebens*

Interessant an diesen Beispielen ist, dass beide Ausdrücke nicht nur zu einem Diskurs gehören, sondern sich sogar auf den gleichen Sachverhalt beziehen, nämlich Abtreibung. Der Ausdruck *Selbstbestimmungsrecht der Frau* drückt dabei die feministische Perspektive auf den Sachverhalt aus und konzentriert sich auf die Frau als die Hauptbetroffene. Darüber hinaus ist *Selbstbestimmungsrecht* etwas positiv Bewertetes, das herbeigeführt werden sollte. Die Bezeichnung *Tötung ungeborenen Lebens* drückt dagegen die konservative oder auch klerikale Perspektive auf den Sachverhalt aus und konzentriert sich auf den Fötus als hauptsächlich betroffen. *Tötung* ist darüber hinaus etwas negativ Bewertetes, das vermieden werden muss. Mit dem Meinungsgehalt geht oft die Gruppengebundenheit (s.u.) einher, denn die verschiedenen Perspektiven auf den Sachverhalt sind an unterschiedliche Gruppen gebunden.

Verschiedene Bezeichnungen des gleichen Sachverhalts können also verschiedene Perspektiven zum Ausdruck bringen und mit ihnen unterschiedliche Bewertungen von Sachverhalten.

Merkmal: **Gruppengebundenheit**
Beispielpaar 5): *Solidarität* und *Sicherheit*

Das Schlagwort *Solidarität* ist verbunden mit einer traditionell eher arbeitnehmernahen Politik und spielt eine größere Rolle im Sprachgebrauch und in den Parteiprogrammen der SPD und vor allem der Linkspartei/PDS als etwa bei der CDU oder FDP. *Sicherheit* ist dagegen ein Schlagwort, das enger mit konservativer Politik verbunden ist, eine Stärkung der inneren Sicherheit durch strenge Gesetzgebung, mehr Kontrolle und starke Polizeipräsenz beinhaltend.

Einige Schlagwörter sind also besonders an bestimmte politische Parteien oder Gruppen gebunden. Solche Schlagwörter, die so eng mit einem Parteiprofil verbunden sind und von einer Partei oder Gruppe zur positiven Selbstdarstellung gebraucht werden, nennt man **Fahnenwörter**.

Merkmal: **semantischer Spielraum**
Beispielpaar 6): *Freiheit* und *Demokratie*

Vor dem Hintergrund traditionell liberaler politischer Ideen ist *Freiheit* die Freiheit eines Individuums, sich zu entfalten – möglichst unabhängig von staatlicher Intervention. Aus der Sicht traditionell linker Politik kann *Freiheit* auch in einem anderen Licht gesehen werden, nämlich frei zu sein von materieller Not, was durch staatliche Intervention in Form von sozialen Sicherungssystemen erreicht wird. Auch ein Schlagwort wie *Demokratie* kann für jede politische Gruppierung eine unterschiedliche Bedeutung haben, indem unterschiedliche Vorstellungen über den Zustand sowie über Mittel zur Herstellung und Aufrechterhaltung von Demokratie der Verwendung des Ausdrucks zugrunde liegen können.

Schlagwörter haben also eine komplexe Bedeutung und einen weiten semantischen Spielraum, in dem verschiedene Implikationen Platz haben, je nach politischer Gruppe, durch die ein solches Schlagwort gebraucht wird.

Zusammenfassend lässt sich herausstellen, dass Schlagwörter gekennzeichnet sind durch
- ihr Verhältnis zu politisch-gesellschaftlich relevanten Sachverhalten;
- ihr Verhältnis zu Diskursen, mit denen sie sich verändern, von deren Brisanz ihre Vorkommenshäufigkeit abhängt und auf dem ihr programmatischer Gehalt und ihre semantische Komplexität beruhen;
- ihr Verhältnis zu Perspektiven, denn sie drücken häufig eine bestimmte Perspektive auf einen Sachverhalt aus und transportieren auch Bewertungen der entsprechenden Sache;
- ihr Verhältnis zu Gruppen, denn Schlagwörter sind häufig gruppen- und dementsprechend meinungsgebundene Ausdrücke.

Etwas näher soll noch einmal auf das Merkmal der Umstrittenheit eingegangen werden, denn es kann sich auf verschiedene Dimensionen eines Schlagwortes beziehen.
- Zum einen kann die **Sache**, auf die sich das Schlagwort bezieht, umstritten sein. Die einen betonen die Chancen, die anderen die Gefahren der *Globalisierung*; in diesem Fall wird die Sache unterschiedlich bewertet.
- Zum anderen kann die **Bedeutung** eines Schlagwortes umstritten sein, wie bei dem Beispiel *Demokratie*. Auch wenn *Demokratie* von den verschiedensten Parteien und Gruppierungen positiv bewertet wird, hinsichtlich der Bewertung der Sache also keine Differenzen bestehen, können sich jedoch große Differenzen bei der Frage nach der konkreten Erscheinungsform oder Umsetzung von *Demokratie* ergeben.
- Eine dritte Spielart der Umstrittenheit bezieht sich auf die **Bezeichnung**. Demnach ist es umstritten, mit welchem Ausdruck man sich adäquat auf ein und dieselbe Sache beziehen kann, wie eben im Falle der Abtreibung mit *Selbstbestimmung der Frau* vs. *Tötung ungeborenen Lebens*.

Mit der Umstrittenheit hängt auch die Gruppengebundenheit eng zusammen. Verschiedene Gruppen haben unterschiedliche Ansichten über die gleiche Sache, verstehen unter ein- und demselben Ausdruck Verschiedenes oder favorisieren unterschiedliche Bezeichnungen für denselben Sachverhalt. Dabei laufen die Linien jedoch nicht immer und bei jedem Schlagwort deutlich zwischen jeweils einer Pro- und einer Contra-Partei.

Die gebräuchlichsten Schlagworttypen, auf die in verschiedenen Publikationen verwiesen wird, sind Hoch- und Unwert- sowie Fahnen- und **Stigmawörter**. Hochwertwörter und Fahnenwörter sind Ausdrücke für positiv bewertete Sachverhalte, Unwertwörter und Stigmawörter sind Ausdrücke für negativ bewertete Sachverhalte. Der Unterschied liegt in der Parteilichkeit der Verwendung: Hochwertwörter und Unwertwörter beziehen sich auf Sachverhalte, die von allen Parteien positiv (*Demokratie*) oder negativ (*Terrorismus*) bewertet werden. Fahnenwörter und Stigmawörter sind dagegen gruppengebunden. Dient ein Fahnenwort zur positiven Selbstdarstellung einer Partei, so hat ein Stigmawort die umgekehrte Funktion: nämlich die, eine konkurrierende politische Partei/Gruppe negativ zu bewerten. Es dient der negativen Fremddarstellung; zum Beispiel die von der CDU in den 1990er Jahren gebrauchte Bezeichnung *rote Socken* für die Linkspartei/PDS.

☞ Ein Hinweis für die weiterführende Lektüre politolinguistischer Fachliteratur: Hier finden sich verschiedene Bezeichnungen, die sich zum Teil mit dem decken oder überschneiden, was unter Schlagwörtern im oben erläuterten Sinne verstanden wird: Fahnenwort (Panagl 1998), Symbolwort (Girnth 2001), Miranda und Anti-Miranda (≈ Hochwert- und Unwertwörter; Dieckmann 1975, Strauß 1986), politische Leitvokabeln (Böke/Liedtke/ Wengeler 1996), brisante Wörter (Strauß/Haß/Harras 1989), kontroverse Begriffe (Stötzel/Wengeler 1995), Schlüsselwörter (Herberg/ Steffens/ Tellenbach 1997) u.a.m. In den entsprechenden Publikationen wird jeweils erklärt bzw. für die eigene Fragestellung definiert, welche Lexeme mit welchen Merkmalen unter den jeweiligen Bezeichnungen erfasst werden. Teils handelt es sich um Konzepte, die sich mit Schlagwörtern überschneiden (Leitvokabeln, Schlüsselwörter, kontroverse Begriffe), teils handelt es sich um eine spezielle Art von Schlagwörtern (Fahnen- und Stigmawort, Hochwertwort, Unwertwort, Symbolwort. Bei Burkhardt (1998b) findet sich eine noch differenziertere Einteilung verschiedener Schlagworttypen). Die Terminologie ist also nicht immer einheitlich. Trotz der begrifflichen Vielfalt ist *Schlagwort* die in der Politolinguistik in diesem Zusammenhang am meisten verbreitete, weithin akzeptierte und gebräuchliche Bezeichnung.

2.2 Politische Semantik – Wortbedeutung in der politischen Auseinandersetzung

Wörter bzw. Schlagwörter spielen also eine wichtige Rolle in der verbalen politischen Auseinandersetzung. Die Funktionen – und Funktionalisierungen – solcher Schlagwörter in öffentlichem politischem Sprachgebrauch haben Auswirkungen auf ihre Verwendungsweise und auf ihr Bedeutungsspektrum sowie auf die Bewertungen, die (gruppenspezifisch) mit ihnen verbunden werden.

Wenn man sich mit 'politischer Semantik' beschäftigt, geht es also nicht um die in allgemeinsprachlichen Wörterbüchern fixierte, relativ zeitstabile Wortbedeutung. Politische Semantik befasst sich vielmehr mit der relativ zum entsprechenden Diskurs changierenden Bedeutung von (Schlag-)Wörtern im politischen Sprachgebrauch. Charakteristisch für den Umgang mit Schlagwörtern in der öffentlichen politischen Auseinandersetzung sind die Versuche politischer Gruppierungen, bestimmte Wörter als Fahnenwörter für sich selbst zu 'reservieren', die dann mit dieser Gruppierung positiv wertend in Verbindung gebracht werden sollen, oder aber Versuche, den zentralen Begriffen anderer Parteien eigene Bezeichnungen entgegenzusetzen, in denen die eigene Perspektive auf den Sachverhalt ausgedrückt wird. Außerdem versuchen politische Gruppierungen, die Bedeutung von Schlagwörtern ihren Interessen gemäß zu verändern, indem sie diese Ausdrücke z.b. nur in bestimmten Kontexten oder mit bestimmten erklärenden Zusätzen verwenden.

2.2.1 Erscheinungsformen semantischer Konkurrenz

Mit den in 2.1.3 beschriebenen Merkmalen von Schlagwörtern wurden bereits wesentliche Aspekte der politischen Semantik angesprochen.

Verschiedene Gruppierungen können sich einerseits mit verschiedenen Lexemen auf ein und dieselbe Sache beziehen, wobei durch die verschiedenen Benennungen unterschiedliche Bewertungen desselben Sachverhalts transportiert werden (vgl. das Beispielpaar *Selbstbestimmungrecht der Frau* – straffreien Schwangerschaftsabbruch befürwortend – vs. *Tötung ungeborenen Lebens* – straffreien Schwangerschaftsabbruch ablehnend). Dieses Phänomen wird **Bezeichnungskonkurrenz** (Klein 1989b) genannt. Über Bezeichnungskonkurrenz geben sich in vielen Diskursen BefürworterInnen oder GegnerInnen einer Sache zu erkennen. Die folgende Übersicht soll einige der bekannten Beispiele aufzeigen. Die dritte Spalte enthält Literaturhinweise, in denen Informationen über das Gegensatzpaar in seinem zeitgeschichtlichen Kontext zu finden sind.

BefürworterInnen der Sache	GegnerInnen der Sache	Literatur
Verteidigungsbeitrag	*Remilitarisierung*	Wengeler (1989)
Beitritt (der DDR zur BRD)	*Anschluss* (der DDR an die BRD)	Herberg/Steffens/Tellenbach (1997)
(Sicherung des) Standort(es) Deutschland	*Sozialabbau*	Stötzel/Eitz (2002)
antifaschistischer Schutzwall	*(Schand-)Mauer*	Herberg/Steffens/Tellenbach (1997)
Extremistenerlass	*Berufsverbot*	Niehr (1993)
Isolationshaft	*Isolationsfolter*	Niehr (1993)
Bodenreform	*Enteignung*	Felbick (2003)

Wer z.B., als es in den fünfziger Jahren um die höchst umstrittene Wiedereinrichtung einer Armee in der Bundesrepublik ging, von einem *Verteidigungsbeitrag* sprach, den angesichts der 'kommunistischen Bedrohung' Deutschland im Rahmen der Nato leisten müsse, der gab sich als Befürworter der Sache zu erkennen. Wer dagegen von einer *Remilitarisierung* sprach, eine Bezeichnung mit warnendem Anklang an die deutsche Vergangenheit (Präfix *Re-*, Verweis auf – negativ bewerteten – *Militarismus*), der gab sich als Gegner der Sache zu erkennen.

Andererseits kann ein und dasselbe Lexem von verschiedenen Gruppen mit unterschiedlichen **deskriptiven Bedeutungen** (*Demokratie*), aber auch mit unterschiedlichen Wertungen (*Globalisierung*) gebraucht werden. Auf diese wertende Komponente bezieht sich die politolinguistische Literatur im Anschluss an Hermanns (1989) als **deontische Bedeutung**. Mit der deontischen Bedeutung wird vermittelt, ob etwas sein darf, muss oder soll; in *Freiheit* etwa steckt der deontische Appell, dass sie sein soll, in *Ungeziefer* etwa der deontische Appell, dass es nicht sein darf (vgl. ebd., S. 74); vgl. auch im Abtreibungsdiskurs: *Selbstbestimmung* (positive Deontik; sie soll sein) vs. *Tötung* (negative Deontik; sie darf nicht sein). Hochwertwörter haben grundsätzlich eine positive Deontik, d.h. *Frieden, Freiheit* und *Menschenrechte* sollen sein; Unwertwörter haben eine unangefochten negative Deontik: *Terrorismus* und *Diktatur* sollen nicht sein.

Darauf, dass ein und dasselbe Wort gruppenspezifisch unterschiedliche Bedeutungen haben kann, bezieht sich die Politolinguistik mit der Feststellung von **Bedeutungskonkurrenz** (Klein 1989b).[1]

Gemäß der Unterscheidung von deskriptiver Bedeutung und deontischer Bedeutung nennt Klein (1991b) zwei Arten der Bedeutungskonkurrenz:

- **Konkurrieren um die deskriptive Bedeutung**, bei Klein auch als Umdeuten bezeichnet.
- **Konkurrieren um die deontische Bedeutung**; die Umwertung eines Ausdrucks.

Das Konkurrieren um die deskriptive Bedeutung kann darin bestehen, dass verschiedene politische Gruppierungen Verschiedenes meinen, wenn sie den gleichen Ausdruck verwenden, vgl. das Beispielpaar 6) (*Freiheit* und *Demokratie*) in 2.1.3. Auch das Hochwertwort *Frieden* kann gruppenspezifisch verschiedene Bedeutungen haben, mit denen unterschiedliche Maßnahmen politischen Handelns verbunden werden; grob gesagt etwa: Versucht man, *Frieden* durch Mili-

---

1 Bei einigen AutorInnen (z.B. Dieckmann 1975, S. 70ff.) findet sich auch die Bezeichnung ideologische Polysemie. Zu den beiden 'konkurrierenden' Begriffen Hermanns (1994, S. 33): "Nur ist 'ideologische Polysemie' ein rein semantischer Begriff, während Bedeutungskonkurrenz daran erinnert, daß die konkurrierenden Bedeutungen der ideologisch polysemen Wörter auf der Konkurrenz von konkurrierenden Parteien und Parteiungen beruhen, also ein pragmasemantischer [...] Begriff ist."

täreinsatz (*Friedenstruppen*) zu erreichen oder ausschließlich auf diplomatischem Wege?

In Bezug auf das Konkurrieren um deskriptive Bedeutung ist die Arbeit von Fuhs (1987) erhellend. Dieser beschäftigt sich mit den parteispezifischen Bedeutungen von Hochwertwörtern wie *Menschenwürde, Freiheit, Frieden, Demokratie, Gerechtigkeit, Gleichheit* und *Solidarität*. Anhand von Parteiprogrammen und Parteitagsreden untersucht er, ob es sich dabei um Leerformeln handelt, also inhaltsarme Worthülsen, die zwecks Erzeugung vager positiver Eindrücke und Gefühle eingestreut werden, oder ob diese Hochwertwörter für verschiedene Parteien tatsächlich unterschiedliche Bedeutungen haben und die Parteien aus diesen unterschiedlichen Bedeutungen auch unterschiedliche Ableitungen dahingehend treffen, wie etwa *Gerechtigkeit* oder *Frieden* herbeigeführt werden sollen. Fuhs kann zeigen, dass sich aus den Parteidokumenten tatsächlich solche parteispezifisch unterschiedlichen Bedeutungen herauslesen lassen – somit handelt es sich nicht um Leerformeln und somit wird auch ein Beleg für deskriptive Bedeutungskonkurrenz in Bezug auf Hochwertwörter erbracht.

Bei dem Konkurrieren um die deontische Bedeutung geht es darum, ein Wort, das von anderen Gruppen mit positiver Bewertung gebraucht wird, mit negativen Bewertungen zu belegen oder umgekehrt, einen negativ wertenden Ausdruck mit positiven Bewertungen zu versehen.

Das Konkurrieren um die deontische Bedeutung von Sozialismus wird bei Liedtke (1989) beschrieben. Er zeichnet die mit Pejorisierung einhergehende Bedeutungsentwicklung von *Sozialismus* anhand von Pressetexten und Parteidokumenten nach. Bis in die 60er Jahre hinein konnte *Sozialismus* noch ohne zwingend negative deontische Bedeutung gebraucht werden und wurde noch von der SPD zur Bezeichnung der eigenen politischen Vorstellungen verwendet, in den 1950er Jahren spielte schließlich sogar innerhalb der CDU noch das Konzept des *christlichen Sozialismus* eine Rolle. Liedtke beschreibt, wie die CDU es im Laufe der 1960er Jahre durch entsprechende Sprachgebrauchsveränderungen geschafft hat, *Sozialismus* mehr und mehr mit dem *real existierenden Sozialismus* in der DDR und mit dem Gedanken der Unfreiheit zu verbinden, so dass sich die SPD schließlich genötigt sah, von dem Gebrauch ihres ehemaligen Fahnenwortes abzusehen, weil es durch die von der CDU betriebene Verschiebung der deontischen Bedeutung bis zur Unbrauchbarkeit mit negativen Bewertungen versehen wurde. Selbst an der Zwischenlösung des Zusatzes 'demokratisch' in der Prägung *demokratischer Sozialismus* als einer ersten Reaktion auf die Negativierung von *Sozialismus* zwecks Abgrenzung vom DDR-Sozialismus mit dem Gedanken der Unfreiheit hat die SPD nicht festhalten können, wollte sie nicht das angestrebte Image als regierungsfähige Partei gefährden.

Kuhn (1991) bemerkt über das bisher Ausgeführte hinaus, dass es sich bei der semantischen Konkurrenz "auch einfach um die Frage drehen [kann], mit welchen Gruppen von SprachteilnehmerInnen, z.B. mit welcher Partei, ein bestimmter sprachlicher Ausdruck am ehesten assoziiert wird." (S. 96) Hermanns (1994, S. 37) nennt dies Zuschreibungskonkurrenz. Weitere Strategien semantischer Konkurrenz bestehen in der Begriffsprägung (Klein 1991b, Ballnuß 1996) sowie in der Verwendung lexikalisch-semantischer Varianten (Ballnuß 1996). Die Prägung eines neuen Begriffs ist nämlich eine Bedingung dafür, "daß entsprechende Sachverhalte (Referenzobjekte) in der realen Welt Existenz gewinnen" (Klein 1991b, S. 51). Klein nennt als Beispiel die Begriffsprägung *soziale Marktwirtschaft*, die "nicht nur neu als Ausdruck, sondern auch als politisch ökonomisches Konzept" (S. 52) war. Eine spezielle Art von Begriffsprägung, praktisch eine Gegenprägung, liegt mit der Verwendung lexikalisch-semantischer Varianten vor, d.h. die "Konkurrenzpartei etabliert einen Gegenbegriff, indem sie den sprachlichen Ausdruck, mit dem auf das strittige Thema Bezug genommen wird, variiert, ihn aber so verwendet, daß der Bezug zum anderen Begriff deutlich ist" (Ballnuß 1996, S. 33). Ein Beispiel hierfür wäre die Verwendung des Begriffs *Chancengerechtigkeit* von Seiten der CDU in der Absicht, sich von dem durch die SPD verwendeten Begriff der *Chancengleichheit* abzugrenzen.

Wie sich semantische Konkurrenz in Diskussionen innerhalb konkreter politischer Teilbereiche niederschlagen kann, macht über die bereits beschriebenen Beispiele hinaus z.B. der Aufsatz von Haß (1991), bezogen auf die Umweltdiskussion, deutlich. Haß stellt zum einen dar, wie 'grüne' Fahnenwörter (*Kreislauf* der Natur, ökologisches *Gleichgewicht*) von anderen Parteien in anderen Zusammenhängen verwendet wurden und ihre Bedeutung innerhalb des Umweltdiskurses damit ausgenutzt und verschoben wurde (Brennstoff*kreislauf*, *Gleichgewicht* zwischen Ökologie und Ökonomie). Zum anderen zeichnet sie nach, wie in der Fachkommunikation geprägte Fachwörter der Umweltdiskussion Eingang in den politischen Sprachgebrauch fanden, wobei sie Bedeutungsverschiebungen dahingehend erfuhren, dass von problematischen Aspekten möglichst abgelenkt und das Augenmerk auf Problemlösung verlegt werden sollte. Haß beschreibt die sprachlichen Strategien, welche darauf abzielen, diese Verharmlosung wieder außer Kraft zu setzen: Eine Strategie bestand in der Einführung von Konkurrenzausdrücken bzw. Gegenprägungen, z.B. wurde der Ausdruck *Sondermüll* als verharmlosend empfunden und durch Giftmüll ersetzt, um die Gefährdung von Mensch und Natur wieder in den Blickpunkt zu rücken. Eine weiteres Beispiel war die strategische Thematisierung der dem Ausdruck zugrundeliegenden 'eigentlichen' Wortbedeutung (*Entsorgung* = der Sorgen entledigen? oder: *Restrisiko* = Risiko, das uns den Rest gibt).

2.2.2 Indikatoren semantischer Konkurrenz: Sprachthematisierungen

Woran lässt sich erkennen, dass zwischen bestimmten Wörtern im politischen Gebrauch der Sprache semantische Konkurrenz besteht? Ein Erkennungszeichen semantischer Konkurrenz sind die sogenannten **Sprachthematisierungen.** Eine Sprachthematisierung besteht darin, dass die von der eigenen Partei oder von anderen Gruppen verwendeten Ausdrucksweisen selbst zum Gegenstand von Äußerungen werden. Es handelt sich um eine Art der Metakommunikation, also der Kommunikation über Kommunikation bzw. des Redens über Sprache. Diese Ausdrucksweisen können dabei je nach Anliegen problematisiert, verteidigt, verurteilt, bekräftigt, verändert und erweitert werden.

> Wenn ein Ausdruck bzw. Ausdruckskomplex selbst zum Thema gemacht wird, handelt es sich um eine explizite *Sprachthematisierung.* Die häufigsten Fälle stellen wohl diejenigen dar, bei denen der eigene Sprachgebrauch als 'adäquat' und der gegnerische als unangemessen präsentiert wird. Hierbei handelt es sich um Sprachnormierungsversuche, die auf die allgemeine Durchsetzung eines bestimmten Wortgebrauchs gerichtet sind. (Böke 1996, S. 46, Hervorh. im Original)

So kommt es in der öffentlichen Auseinandersetzung häufig vor, dass politischen Gegnern mangelnde/schlechte Argumente vorgeworfen werden, mangelnde Präzision in der Aussage, der Hang zur Beschönigung von Sachlagen oder zum Verbergen von Informationen. In der öffentlichen politischen Auseinandersetzung geschieht dies meist mit dem Ziel, die eigene Sicht auf den Sachverhalt mittels Sprachregelung durchzusetzen.

> Heterogener Sprachgebrauch als Bezeichnungskonkurrenz [...] oder als Polysemie [...] verweist ebenso wie die explizite Thematisierung auf die bewußte oder nichtbewußte Tendenz sozialer Gruppen, mit Hilfe von zunächst gruppenspezifischem Sprachgebrauch ihre Interpretation von Problemverhalten oder ihr Verständnis von bestimmten Ausdrücken als allgemein akzeptierte Norm durchzusetzen. (Stötzel/Wengeler 1995, S. 11)

Solche Sprachnormierungsversuche entsprechen den bei Niehr (2002) genannten **strategisch-präskriptiven Sprachthematisierungen.** Diese finden sich in den folgenden, hier auch mit Niehrs Beispielen belegten Ausprägungen:
Die Verwendung eines negativen oder neutralen Wortes wird nahegelegt gegenüber einem positiv wertenden. Ein relativ bekanntes Beispiel für die Bevorzugung eines negativen Begriffs ist die Bezeichnung *Kriegsminister* statt *Verteidigungsminister.* Als Beispiel für die Bevorzugung eines neutralen Begriffs gegenüber einem positiven kann das folgende aus einer Rede Schröders gelten: "Wir sagen ausdrücklich '*Maßnahmen*' und nicht '*Reform*', denn die Reform liegt noch vor uns." (Bulletin 74 (1998), S. 909; Hervorh. M.S.)

- Die Verwendung eines positiven oder neutralen Ausdrucks wird gegenüber einem negativen für angebracht erklärt. Demnach ist beispielsweise die Kapitulation Deutschlands am 8. Mai 1945 als *Befreiung* durch die Alliierten zu sehen, nicht als *Niederlage* der Kapitulierenden.
- Die Verwendung eines negativen oder positiven Ausdrucks gegenüber einem neutralen wird für richtig erklärt. Als Beispiel für den Anspruch auf den negativen Ausdruck statt eines neutralen findet sich bei Niehr (S. 89) die folgende Äußerung einer SPD-Politikerin aus einer Bundestagsdebatte: "Die geplante *Absenkung des Rentenniveaus* – wie Sie das schönfärberisch nennen; real wird sich das als *Kürzung der Renten* auswirken." [Hervorh. im Original] Das folgende Beispiel aus einer Rede Brandts kann als Beleg für die Bevorzugung eines positiven Ausdrucks gegenüber einem neutralen gelten: "Bei allen Meinungsverschiedenheiten [...] ist im übrigen [...] n i c h t umstritten gewesen, daß die einzelnen Stationen und Elemente unserer *Ost-West-Politik* – oder wie ich auch sage: unserer *Politik der aktiven Friedenssicherung* – im Zusammenhang miteinander gesehen werden müssen. (Bulletin Nr. 18 (1973), S. 157f.; Sperrung im Original, Kursive M.S.)

Strategisch-präskriptive Sprachthematisierungen sind Anzeichen für Bezeichnungskonkurrenz (s. 2.2.1), da für den jeweils gleichen Sachverhalt verschiedene Ausdrücke genannt werden, wovon aber einer der Ausdrücke für angemessen, der andere dagegen für unangemessen erklärt wird. An Sprachthematisierungen lässt sich also auch zeigen, "daß sich die Linguistik der politischen Sprache nicht ihre Untersuchungsobjekte selber produziert, sondern tatsächlich bestehende kommunikative Konflikte betrachtet, die die Sprachgemeinschaft von sich aus zum Thema macht." (Böke 1996, S. 46)

Auf Bedeutungskonkurrenz (s. 2.2.1) weisen die von Niehr genannten **deskriptiven Sprachthematisierungen** hin: "Im Wesentlichen geht es bei diesem Typ von Sprachthematisierung darum, Wörter zu erläutern oder zu definieren bzw. ihre Verwendung zu begründen." (Ebd., S. 92) Bei Böke (1996) wird diese Art von Sprachthematisierung 'Definition' genannt. Hier erklären die verschiedenen Gruppen, was sie unter Begriffen verstehen, die auch von anderen Gruppen bzw. in anderen Kontexten verwendet werden. Solche deskriptiven Sprachthematisierungen weisen häufig auf Bedeutungskonkurrenz hin, wie in den folgenden Beispielen, die Klein (1991b, S. 58) aus einem Aufsatz Heiner Geißlers zitiert:

> Gerechtigkeit ist für uns nicht die Gleichbehandlung der Menschen ungeachtet ihrer verschiedenen Anlagen und unterschiedlichen Bedürfnisse, sondern die Chance für alle Menschen, sich ihrer Unterschiedlichkeit entsprechend zu entfalten...

In der Betonung, dass nicht Gleichbehandlung gemeint sei, liegt eine Abgrenzung zur Konkurrenzpartei SPD. Ebenso liegt im nächsten Beispiel in der Betonung, dass es nicht um die Durchsetzung eigener Interessen gehe, eine Abgrenzung zur SPD – und eine diese Partei abwertende obendrein, indem unterstellt wird, Solidarität äußere sich bei der SPD in der Durchsetzung eigener Interessen.

> Solidarität ist für uns nicht der Kampfaufruf, mit Gleichgesinnten die eigenen Interessen durchzusetzen, sondern die Aufforderung, füreinander einzustehen.

☞ Bei Niehr und Böke finden sich neben den genannten auch weitere Typen von Sprachthematisierungen, die jedoch nicht unmittelbar auf Bezeichnungs- oder Bedeutungskonkurrenz hinweisen und deswegen hier nicht eingehend beschrieben, sondern nur genannt werden sollen, um einen Eindruck von der Vielfalt und Relevanz solcher Sprachthematisierungen zu vermitteln: Böke nennt die Verwendung von Distanzierungszeichen durch Anführungsstriche oder Zusätze wie 'sogenannt', die Remotivierung der 'eigentlichen' Wortbedeutung, die Titulierung als Schlagwort und Aufforderungen zur Vermeidung eines Wortes. Niehr nennt außerdem die Thematisierung der Wortwahl ohne Änderungsvorschläge, Thematisierung 'der Sprache' allgemein (z.B. der Vorwurf der Sprachverwirrung) sowie die Thematisierung von Argumenten. Interessant sind in dem Zusammenhang auch die Aufsätze von Jung (1996) und von Wengeler (1996). Jung nennt verschiedene Dimensionen, nach denen Sprachthematisierungen beschrieben werden können, z.B. ob sich eine Sprachthematisierung auf ein Wort, einen Satz oder etwa den Stil von Äußerungen bezieht, ob der Sprachgebrauch von Gruppen oder von Individuen thematisiert wird, an wen die Sprachthematisierung gerichtet ist und welche Funktion sie hat. Wengeler (1996) ordnet Sprachthematisierungen ebenfalls danach, auf welchen Aspekt von Sprache sie sich beziehen, untersucht dies aber vor allem mit Blick auf deren argumentative Funktion.

2.2.3. Pragmatische Semantik

Für die Beschäftigung mit den Bedeutungen von Wörtern in der politischen Auseinandersetzung – also von Schlagwörtern – ist es wichtig, sich den Unterschied zwischen lexikalischer Semantik und pragmatischer Semantik zu vergegenwärtigen. Grob gesagt handelt es sich dabei um folgenden Unterschied: Vor dem Hintergrund lexikalischer Semantik soll die allgemeine, von gruppenspezifischen Gebrauchsvarianten unabhängige Bedeutung von Wörtern erfasst werden – etwa für ihre Beschreibung im Wörterbuch. Auch im allgemeinsprachlichen Wörterbuch wird durchaus angegeben, wenn Wörter in verschiedenen

Kontexten mit unterschiedlichen Bedeutungen gebraucht werden. Meinungs- und gruppengebundene Bedeutungsunterschiede, die typisch sind für die öffentliche politische Auseinandersetzung, werden in allgemeinsprachlichen Wörterbüchern in der Regel nicht aufgeführt (s. das Beispiel *Pille* in 2.3). Pragmatische Semantik bedeutet im Unterschied zur eher sprachgebrauchsabstrakten Bedeutungsbeschreibung in allgemeinsprachlichen Wörterbüchern, dass man sich ansieht, wie und mit welcher Bedeutung Wörter in welchen Kontexten mit welcher Häufigkeit von welchen Gruppen verwendet werden, welche Funktionen sie dabei für die verschiedenen Gruppen erfüllen und welche Wertungen sie transportieren. Das klingt erst einmal nach einem sehr aufwändigen Untersuchungsprogramm. Wie soll man das so einfach herausfinden? Richtig ist, dass man sich für die Analyse der pragmatischen Wortbedeutung meist viele Texte und Äußerungen ansehen muss, in denen das betreffende Wort gebraucht wird. Für die Analyse, mit der man dann mehr über die pragmatische Bedeutung herausfinden kann, lässt sich eine Methode beschreiben, bei der folgende Untersuchungsaspekte eine wichtige Rolle spielen:

- **Verwendungskontext**: Zunächst müssen die Textsorten, in denen Schlagwörter bevorzugt auftauchen, berücksichtigt werden. Schlagwörter werden etwa in ministeriellen Erlässen weniger als in öffentlichen Äußerungen politischer Funktionsträger (Rede, Interview, Talkshow) sowie in Parteidokumenten (Partei- und Wahlprogramm, Wahlwerbematerial) zu finden sein. Zur Berücksichtigung des Verwendungskontextes ist es wichtig, die öffentlich-werbende Kommunikationssphäre zu beachten, mit der nicht zuletzt die Merkmale der Brisanz und Umstrittenheit einhergehen.
- **Verwendungshäufigkeit**: Interessiert man sich für den Stellenwert, den ein Schlagwort für eine bestimmte politische Gruppierung besitzt – entweder im Vergleich zu anderen Gruppierungen oder im Vergleich zu anderen Schlagwörtern – kann man die Häufigkeit der Verwendung anhand eines geeigneten Korpus von Beispieltexten untersuchen.
- **Kollokationen**: Will man den Komponenten der komplexen Semantik eines Schlagwortes nachgehen, lohnt es sich, die Kollokationen anzusehen; also Wörter, die häufig im Umfeld eines Schlagwortes bzw. direkt mit ihm zusammen, etwa in Gestalt eines Attributes, auftreten.
- **Metaphorisierung** (s. 2.4) Teilweise werden Schlagwörter in metaphorische Konzepte eingebunden, die viel über die Vorstellung des mit dem Schlagwort benannten Sachverhalts aussagen können. Auch die Erschließung dieser metaphorischen Konzepte hilft bei der Erschließung der Semantik eines Schlagwortes.
- Schließlich verraten die oben behandelten **Sprachthematisierungen** (s. 2.2.2) etwas über die Merkmale der Gruppengebundenheit, über Umstrittenheit und Brisanz (s. 2.1.3) von Schlagwörtern.

Als Beispiel für die Berücksichtigung dieser Analysekategorien kann der Aufsatz von Spieß (2006) über das Hochwertwort *Solidarität* angeführt werden. Bei *Solidarität* handelt es sich um ein 'Grundwertelexem' (vgl. Fuhs 1987), das in seiner Verwendungsweise weniger zeitlich beschränkt ist als andere, stärker themengebundene Schlagwörter. Da Spieß sich für das Bedeutungsspektrum von *Solidarität* mit Blick auf die Verwendung durch verschiedene politische Parteien interessiert, nimmt sie die Untersuchung anhand von Grundsatzprogrammen der politischen Parteien vor. Dies betrifft also den **Verwendungskontext**. Anhand von Grundsatzprogrammen lässt sich zum Beispiel analysieren, welchen Stellenwert *Solidarität* für das Selbstverständnis der jeweiligen Partei hat und welche Vorstellungen über die Herbeiführung von *Solidarität* überwiegen. Würde man sich z.B. für die Rolle interessieren, die *Solidarität* in aktuellen öffentlichen politischen Auseinandersetzungen spielt, würde man wohl eher aktuelle Äußerungen von PolitikerInnen und/oder Texte der politischen Tagespresse untersuchen.

Mit Blick auf die **Vorkommenshäufigkeit** stellt Spieß fest, dass Solidarität als Substantiv am häufigsten im Parteiprogramm der CDU auftaucht und am zweithäufigsten bei der SPD. Das Adjektiv *solidarisch* spielt dagegen im Parteiprogramm der PDS die größte Rolle, gefolgt wiederum von der SPD. Betrachtet man sich den engeren Kontext der Verwendung von *Solidarität* und die **Kollokationen,** so wird deutlich, dass die Parteien Verschiedenes unter Solidarität verstehen: Die CDU hebt *Eigenverantwortung, Freiwilligkeit* und *Subsidiarität* hervor und verlagert *Solidarität* vor allem in die private Sphäre der BürgerInnen *(Solidarität* in der Familie) sowie in den Bereich von Verbänden. Entsprechend der Vorstellung, dass die Familie tragende Grundeinheit der Gesellschaft ist, finden sich bei der CDU **Metaphorisierungen** mit den Konzepten von FUNDAMENT (Solidarität als Grundlage von Ehe und Familie) sowie BALANCE (Solidarität als Ausgleich).[2] Spieß beschreibt dies als "eine relativ statische, ausgleichende Konzeptualisierung von Solidarität, die den fundamentalen Charakter dieses Wertes unterstreicht und Stabilität impliziert" (2006, S. 155). Der Staat beruht also eher auf solidarischem Handeln der Bürger untereinander, als dass er für Solidarität zu sorgen hat. Bei der SPD sind die vorwiegenden Kollokationen von *Solidarität Gleichheit, Gerechtigkeit* und *Freiheit.* Die Verwirklichung von *Solidarität* ist im Grundsatzprogramm der SPD Aufgabe staatlichen Handelns. Demnach sind auch die Metaphorisierungen anders, es "treten vorwiegend dynamisch konzeptualisierte Metaphern wie etwa KAMPF-, WEG-, ZIEL-, LEBENS- und BAU-Metaphern auf, die Tatkraft und Entschlossenheit transportieren." (Ebd., S. 157)

---

2 Metaphorische Konzeptualisierungen werden in der Literatur zum Metapherngebrauch häufig durch Schreibung in Großbuchstaben hervorgehoben, vgl. 2.5.

☞ Zusätzlich zu dem hier vorgesellten Analysevorgehen finden sich bei Jung (1997) allgemeinere Hinweise für das Auffinden von und den Umgang mit Quellen für Wortbelege sowie für das Vorgehen bei Belegsammlung und mögliche Auswertungsschritte je nach Belegquelle. All diese Hinweise beziehen sich auf Analysen von Wörtern in der politischen Auseinandersetzung; also, wenn man so will, von Wörtern in Diskursen.

2.3 Neuere Schlagwortlexikographie

Die Schlagwortforschung – und auch die Erfassung von Schlagwörtern in Schlagwörterbüchern – geht, wie oben bereits erwähnt, zurück auf Ladendorfs *Historisches Schlagwörterbuch* aus dem Jahr 1906. Viele weitere, mehr oder weniger linguistisch reflektierte oder polemische Schlagwörterbücher bzw. Schlagwortsammlungen sind seither entstanden.

☞ Wer sich für die Entwicklung der Schlagwortlexikographie und für ältere Schlagwörterbücher interessiert, findet entsprechende Darstellungen bei Niehr (1993) und Felbick (2003). Populärwissenschaftlich-polemische Schlagwortsammlungen und linguistisch nicht reflektierte Schlagwörterbücher, die z.T. aus anderen Disziplinen als der Sprachwissenschaft hervorgegangen sind, werden bei Niehr (1993) beschrieben.

Wer sich für deutsche Schlagwörter aus vergangenen Epochen interessiert, kann auf folgende Arbeiten der neueren Schlagwortlexikographie zurückgreifen: Honecker (2004) beschäftigt sich mit vorreformatorischen Schlagwörtern, Diekmannshenke (1994) mit den Schlagwörtern der Radikalen der Reformationszeit (1520-1536), Wolter (2000) mit Schlagwörtern zur Zeit des Dreißigjährigen Krieges. Schottmann (1997) behandelt den Zeitraum von 1929-1934 und Schmitz-Berning (2000) das Vokabular des Nationalsozialismus.

Vor der Beschreibung einiger Schlagwörterbücher soll anhand eines Beispiels der Nutzen von Schlagwortlexikographie als Ergänzung zu allgemeinsprachlichen Wörterbüchern dargestellt werden. Außerdem soll deutlich werden, inwieweit sie als Hilfsmittel zur wissenschaftlichen Arbeit im Zusammenhang mit sprach- und gesellschaftswissenschaftlichen Themenstellungen dienen können. Dies soll anhand des zunächst politisch unverdächtigen Ausdrucks *Pille* verdeutlicht werden. Im *Großen Duden-Wörterbuch* (1994, Bd. 5, S. 2553) sind zu *Pille* in der entsprechenden Bedeutung als Verhütungsmittel folgende Angaben zu finden:

(o. Pl. meist mit best. Art.) (ugs.) kurz für ↑ Antibabypille: die P. nehmen, absetzen; sich die P. verschreiben lassen; die P. nicht vertragen; die P. für den Mann; die P. danach.

Demgegenüber enthält der Artikel über *Pille* im Schlagwörterbuch von Stötzel und Eitz (2002) folgende Elemente:
- eine kurze Beschreibung der medizinischen Entwicklung der Pille und ihres ersten Erscheinens auf dem pharmazeutischen Markt;
- Informationen zum historischen Hintergrund: Die Prüderie der 1950er Jahre und der brisante Charakter der neuen Verhütungsmethode;
- eine Skizze der Debatte über die Pille, welche sich mehr um die moralischen Implikationen als um ihre medizinische Wirkung drehte; die Beschreibung folgt den zentralen Ausdrücken, die zur Bezeichnung dieses Verhütungsmittels zunächst im Gebrauch waren; demnach wird die Entwicklung von *Anti-Baby-Pille* (negativ wertend, die Ablehnung des Babys betonend) über den Versuch, mit *Wunschkindpille* einen positiv wertenden Gegenbegriff zu schaffen, der betont, dass Kinder geplant und gewollt sein sollten, bis hin zur – eher neutralen – *Pille* beschrieben;
- viele Zitate aus Texten, die mit der Debatte im Zusammenhang stehen, meistens aus Zeitungsartikeln, die im gesamten Wörterbuchartikel als Belege fungieren.

Zusammenfassend kann man sagen, dass Schlagwörterbücher Folgendes leisten:
- Sie beschreiben die 'Kulturgeschichte' solcher gesellschaftlich-politisch relevanten Ausdrücke.
- Sie beschreiben die Diskurse, die den Hintergrund der Schlagwörter bilden, und die Zusammenhänge, die durch Schlagwörter aufgerufen werden.
- Sie können demnach als ein linguistischer Beitrag zur allgemeinen Geschichtsschreibung bzw. als Gesellschaftsgeschichte aus linguistischer Sicht betrachtet werden; sie haben außerdem einen dokumentarischen Wert durch die Textbelege. Auch aus der Sicht einer Beschäftigung mit deutscher Geschichte und zentralen politischen Debatten – und nicht 'nur' aus sprachwissenschaftlicher Sicht – haben solche Lexikonprojekte also einen Wert.

Im Folgenden sollen einige der neueren schlagwortlexikographischen Projekte aus der Linguistik (ab 1990) vorgestellt werden. Dazu ist zu bemerken, dass es sich nicht bei allen beschriebenen Wörterbüchern um dezidierte Schlagwörterbücher handelt; nur bei Niehr und Felbick ist dies der Fall. Diese beiden stellen dem Wörterbuchteil einen Theorieteil voran mit einem Forschungsüberblick, einer Auseinandersetzung mit dem Begriff 'Schlagwort' sowie einer Ableitung theoretischer Prämissen und Anforderungen an Schlagwortlexikographie. Die anderen Wörterbücher geben lediglich Einführungen, die den Aufbau und die Stichwortauswahl des Lexikonteils begründen, und beschränken sich nicht auf genau definierte Schlagwörter. Strauß/Haß/Harras stellen ihrem Lexikonteil allerdings noch einführende Bemerkungen zum Kommunikationsbereich Politik bzw. zu ideologisch geprägtem Sprachgebrauch voran. Gemeinsam ist den Wörterbüchern, dass sie sich als Ergänzungen zu den allgemeinen Wörterbüchern des Deutschen verstehen. Bei der chronologischen Vorstellung der einzelnen Publikationen sollen jeweils einige Beispiele für Wörter, die dort nachgeschlagen werden können, erwähnt werden. Damit geht keinerlei Gewichtung einher. Die Aufzählung soll lediglich

- andeuten, wie viele verschiedene öffentlich-politisch relevante Wörter es gibt,
- anregen, die in diesen Nachschlagewerken enthaltenen lexikographischen Dokumentationen öffentlich-politischer Auseinandersetzungen als Hilfsmittel bei der wissenschaftlichen Arbeit zu benutzen.

Gerhard Strauß/Ulrike Haß/Gisela Harras: *Brisante Wörter von "Agitation" bis "Zeitgeist". Ein Lexikon zum öffentlichen Sprachgebrauch* (1989)

Die AutorInnen nehmen 'brisante Wörter' in den Blick, also umstrittene oder unscharfe Wörter. Dazu werden auch Wörter gezählt, die vielen SprachbenutzerInnen als erklärungsbedürftig erscheinen könnten. Schwierigkeiten können bestehen in Bedeutungskonkurrenz, im euphemistischen Charakter von Wörtern, in der Bedeutungsvagheit von Modewörtern, in dem semi-fachsprachlichen Status einiger Wörter, in dem Prestigeanspruch bildungssprachlicher Ausdrücke sowie in dem für das Erfassen einiger Wörter erforderlichen Welt- und Kontextwissen (vgl. ebd., S. 9). Der Lexikonteil gliedert sich in drei Bereiche: Politik und Ideologie; Umwelt; sowie Kultur und Bildung. Daneben gibt es Rahmen- und Gruppenartikel, etwa zu Wörtern, die auf *-ismus* enden, und Metaphern. Innerhalb der genannten drei Bereiche des Lexikonteils finden sich in alphabetischer Ordnung die einzelnen Wörterbuchartikel, z.B. zu Stichwörtern wie *Anarchismus, Antisemitismus, Asylant, Atom-/atom-, Bio-/bio-, Demagogie, Entsorgung, Feminismus, konservativ, Mitläufer, Neonazi, Öko-/öko-, Populismus, Restrisiko, Sympathisant, Terrorismus, Totalitarismus, Umwelt-/umwelt-, Zeitgeist.*

Thomas Niehr: *Schlagwörter im politisch-kulturellen Kontext. Zum öffentlichen Diskurs in der BRD von 1966-1974* (1993)

Wie erwähnt, stellt Niehr dem Lexikonteil einen Theorieteil zur Schlagwortforschung voran mitsamt methodischer Reflexion über Anforderungen an Schlagwörterbücher, die er mit Kaempfert (1990) in den folgenden Punkten sieht: Es sollen Varianten aufgeführt werden. Es soll angegeben werden, in welcher Zeit das Schlagwort bzw. der dazugehörige Diskurs brisant war, wenn möglich mit Erstbelegen für die Verwendung des Schlagwortes. Der politische und ideelle Horizont des Schlagwortes soll skizziert und die Umstrittenheit aufgezeigt werden. Nach Abklingen der Brisanzphase werden Schlagwörter nur noch plakativ verwendet, auch diese Phase der Sinnentleerung bis hin zum Verschwinden eines Schlagwortes soll nachgezeichnet werden. Mit der Darstellung der Themen, die in Schlagwörtern Niederschlag finden, muss und soll gleichzeitig die Sache beschrieben werden, auf die sich das jeweilige Schlagwort bezieht, außerdem sollen Literaturangaben zu dem jeweiligen Thema oder Schlagwort folgen. Als Textkorpus für die Belegstellen dienen Niehr in erster Linie Zeitungsartikel. Niehr beschränkt sich auf Schlagwörter aus dem Zeitraum von 1966-1974. Es finden sich beispielsweise Einträge wie *Außerparlamentarische Opposition, Bildungskatastrophe, Demokratisierung, Entspannung, Gastarbeiter, Isolationsfolter/-haft, Kriegsdienstverweigerer, Mitbestimmung, Notstandsgesetze, Ostverträge, Paragraph 218, Staatsbürger in Uniform, Umweltschutz, Vietnamkrieg, Watergate.*

Dieter Herberg/Doris Steffens/Elke Tellenbach: *Schlüsselwörter der Wendezeit. Wörter-Buch zum öffentlichen Sprachgebrauch 1989/90* (1997)

Das zugrundeliegende Textmaterial stammt aus dem Bereich öffentlich-politischer Kommunikation sowie aus Zeitungstexten der Wendezeit (Mitte 1989 bis Ende 1990) aus West- wie auch aus Ostdeutschland. Die Kapitel widmen sich nicht einzelnen Lexemen, sondern Gruppen von Lexemen, die sich entweder auf den gleichen Gegenstand beziehen, zum gleichen thematischen Rahmen gehören oder eine bestimmte Einstellung ausdrücken. So gibt es ein Kapitel über Bezeichnungen im Rahmen des Themas " Das Verlassen der DDR durch DDR-Bürger als eine Massenerscheinung der frühen Wendezeit", ein Kapitel über Bezeichnungen, mit denen eine kritische Einstellung zum Beitritt der DDR zur BRD ausgedrückt wird und ein Kapitel, das sich mit Bezeichnungen für die Institution des Staatssicherheitsdienstes und der dort Tätigen beschäftigt. Innerhalb des letztgenannten Kapitels werden z.B. Lexeme beschrieben wie *Ministerium für Staatssicherheit, Stasi, die Firma, VEB Guck, Horch und Greif* bzw. *inoffizieller Mitarbeiter, IM, Informant, Führungsoffizier.* In den Kapitel werden zunächst die Stichwörter genannt, die anschließend interpretiert werden. Es folgen ein Resümee und Belege. Außerdem finden sich Angaben zu Kollokationen, Wortbildungen und Verwendungskontexten.

Georg Stötzel/Thorsten Eitz (Hrsg.): *Zeitgeschichtliches Wörterbuch der deutschen Gegenwartssprache* (2002)

Die Autoren verweisen in der Einleitung auf gesellschaftliche Auseinandersetzungen und den damit einhergehenden konkurrierenden Sprachgebrauch in Diskursen. Dieser konkurrierende Sprachgebrauch und die "versteckten Interpretationen der Welt im deutschen Wortschatz" (S. 5) sollen in dem Wörterbuch im Sinne "gesellschaftlicher Selbstaufklärung" (ebd.) beschrieben werden. Das Interesse gilt "zeitgeschichtlich besonders aufschlussreichen" Schlüsselwörtern (S. 3), wobei es sich häufig auch um die Ausdrücke handelt, "mit denen die gesellschaftlichen Diskurse auch öffentlich tituliert werden (z.b. *Aids*, *Berufsverbot* [...])" (S. 11; Hervorh. im Original). In den Wörterbuchartikeln werden nur die Phasen beschrieben, in denen das Schlagwort brisant war (S. 10). Die Quellen für die Belege stammen weitestgehend aus Presse und Internet. Es finden sich hier Stichwörter wie *Abtreibung, Aids, Anti-Baby-Pille, Behinderte, Deutsche Leitkultur, Einwanderungsland, Fixerstuben, friedliche Revolution, Gastarbeiter, Homo-Ehe, Konzentrationslager, Lauschangriff, Mauer, Neue Mitte, Pornographie, Rechtschreibreform, Senioren, Standort Deutschland, Waldsterben, Wende*.

Dieter Felbick: *Schlagwörter der Nachkriegszeit 1945-1949* (2003)

Felbick trägt theoretische Bemerkungen zum Schlagwort und zur Entwicklung der Schlagwortlexikographie zusammen. Es schließen sich Ausführungen zu Schlagwort-Varianten an, die zum Teil auf die oben beschriebenen Formen semantischer Konkurrenz zurückgehen. Felbick begrenzt sich auf den Zeitraum der vier unmittelbaren Nachkriegsjahre, also auf die Besatzungszeit vor der Gründung der BRD bzw. DDR. Es finden sich Stichwörter wie *Blockade, Bodenreform, christlicher Sozialismus, Demontage, Entnazifizierung, Föderalismus, Humanismus, Junker, Kollektivschuld, Lastenausgleich, Marshall-Plan, Nationale Front, Planwirtschaft, Speckdänen, Umerziehung, Währungsreform, Wiedergutmachung, Zentralismus.*

Die Lexika sind also – mit Ausnahme der 'Schlüsselwörter der Wendezeit' und mit Einschränkungen bei den 'Brisanten Wörtern' – alphabetisch organisiert, und die Lexikoneinträge sind im Wesentlichen nach dem folgenden Muster angelegt: Bei allen finden sich zunächst Bemerkungen oder Definitionen zur Bedeutung des Lexems als Schlagwort, z.T. auch zur Etymologie sowie Angaben zu Synonymen, Varianten oder verwandten Ausdrücken und z.T. Kollokationen. Den Kern der Wörterbuchartikel bilden Beschreibungen des Diskursthemas sowie der Einbindung des jeweiligen Lexems in den entsprechenden Diskurs und ggf. der Gruppengebundenheit des Schlagwortes. Alsdann wird (außer bei Stötzel/

Eitz) die Phase des Abklingens der Schlagwortfunktion bzw. des Gebrauchs des jeweiligen Lexems als Schlagwort beschrieben. Den Schluss der Wörterbuchartikel bilden Belege in Form von Textstellen, zumeist aus Zeitungstexten, so dass Verwendungskontexte der Schlagwörter anhand von Beispielen deutlich werden. Bei Niehr und Felbick gibt es außerdem Literaturhinweise zum jeweiligen Diskursthema.

2.4 Euphemismen

Bei der Thematisierung, Untersuchung und vor allem bei der auch Kritik öffentlichen politischen Sprachgebrauchs spielt die Diskussion um Beschönigungsabsichten und deren sprachliche Umsetzung in Gestalt von Euphemismen eine große Rolle. Meist stehen dabei einzelne Lexeme zur Diskussion, es sind aber auch andere bzw. komplexere (z.b. syntaktische) Arten euphemistischen Formulierens denkbar (vgl. Forster 2005, S. 202; Burkhardt 2004, S. 111ff.).

Das vorliegende Kapitel beschränkt sich auf den Euphemismus auf lexikalischer Ebene – dieser spielt auch in der Sekundärliteratur die größte Rolle. Dabei ist zunächst auf die Unterscheidung zweier genereller Funktionen und damit zweier Arten von Euphemismen hinzuweisen, nämlich auf
- verhüllende Euphemismen und
- verschleiernde Euphemismen (s. Forster 2005, S. 197ff.).

Bei **verhüllenden Euphemismen** handelt es sich um solche, "die einen Sachverhalt, der einem der Sprachteilnehmer bzw. beiden Sprachteilnehmern unangenehm ist, mildernd darstellen. Euphemismen in verhüllender Funktion umgehen also in der Regel ein individuelles oder gesellschaftliches Tabu und tragen den Normen und Konventionen Rechnung, die in einer Gesellschaft gelten" (Zöllner 1997, S. 110). Solche Euphemismen, die sich auf tabuisierte Themenbereiche wie Tod (z.b. *aus dem Leben scheiden*, *ins Gras beißen*) oder Sexualität (z.b. *mit jemandem ins Bett gehen*, *"es" tun*) beziehen, sind bei der Beschäftigung mit politischem Sprachgebrauch zu vernachlässigen.

Verschleiernde Euphemismen "zielen hingegen darauf ab, die Aufmerksamkeit der Hörer auf die Teile eines Sachverhalts zu lenken, von denen der Sprecher annimmt, daß sie sein Anliegen in einem günstigen Licht erscheinen lassen. Verschleiernde Euphemismen sollen etwas besser darstellen, als es in Wirklichkeit ist. Sie sind handlungstaktisch orientiert." (Zöllner 1997, S. 110; vgl. Forster 2005, S. 197f.)

Für die Analyse und Kritik euphemisierenden Formulierens in der öffentlichen politischen Kommunikation sind also die Euphemismen mit verschleiernder Absicht von besonderem Interesse. Schlosser (2000) hat ein aus der jährlichen Aktion 'Unwort des Jahres' hervorgegangenes *Lexikon der Unwörter* herausgegeben, in dem sich viele Euphemismen des politischen Sprachgebrauchs in verschleiernder Funktion finden. Die Beispiele in diesem Kapitel wurden dem *Lexikon der Unwörter* entnommen. Inwieweit verschleiernde Euphemismen etwas besser darstellen wollen, als es ist, soll die folgende Gegenüberstellung verdeutlichen:

aufenthaltsbeendende Maßnahmen	*Abschiebung*
Schutzbehauptung	*Lüge*
unordentliche Zeugung	*Vergewaltigung*
freisetzen	*entlassen*
entmieten	*vor die Tür setzen*
Entsorgungspark	*Atommüllendlager*
Steuervergünstigungen abbauen	*Steuern erhöhen*

Die in der Tabelle gegenübergestellten Ausdrücke zeigen, dass der Gebrauch dieser verschleiernden Euphemismen verbunden ist mit dem Interesse, ethisch, emotional und sozial problematische Aspekte möglichst auszublenden. Die Beispiele in der Tabelle zeigen, dass vor allem negative Auswirkungen politischer Maßnahmen mit Hilfe euphemistischen Formulierens verschleiert werden. Dort, wo Menschen durch eine politischen Maßnahme benachteiligt oder gar geschädigt werden, wird euphemisiert. Dabei werden nicht unbedingt 'schönere' Vorstellungen evoziert, sondern es wird vor allem ethisch-emotionale Neutralität suggeriert, um zugrundeliegende ethisch-emotionale Problemlagen zu verdecken. Es geht also um die Vermeidung von negativen Vorstellungen, ohne dass diese Vermeidung unbedingt die Ersetzung durch positive Vorstellungen erfordert. Euphemismen im politischen Gebrauch der Sprache sind demnach nicht unbedingt be-schönigend, sondern vor allem ent-problematisierend.

Der gegenseitige Vorwurf politischer Gruppierungen, sich in manipulativer Absicht beschönigender Ausdrücke zu bedienen, wenn es eigentlich um negativ bewertete Sachverhalte geht, ist ein beliebtes Streitargument – mithin eine beliebte Sprachthematisierung (s. 2.2.2) – in der politischen Auseinandersetzung. Heringer (1990) betont dagegen, dass Euphemismen nicht einfach als manipulative Sprachpraktiken bewertet werden können. Dass Ausdrücke die Interessen und Sichtweisen ihrer Verwender widerspiegeln, ist an sich nicht verwerflich. Schon eher problematisch ist der Versuch, Interessen und Sichtweisen der Diskussion zu entziehen, denn Euphemismen "stellen ihre implizite Charakterisierung und Wertung nämlich nicht offen zur Diskussion, sondern transportieren sie unterschwellig mit" (Heringer 1990a, S. 56).

Allerdings gehören zum Vorgang der Manipulation auch diejenigen, die sich manipulieren lassen. Bei vielen Euphemismen ist jedoch einer großen Zahl der SprachteilnehmerInnen klar, dass es sich um einen Versuch der Ausblendung problematischer Aspekte handelt – gleich, ob es sie dann stört oder nicht, sie diesen Ausdruck als ihrer Sichtweise entsprechend gar übernehmen oder nicht. Häufig werden euphemistische Ausdrücke auch in der Presse als solche kritisiert, z.B. der Ausdruck *Kollateralschaden* im Zusammenhang mit der Bombardierung Serbiens durch die Nato während des Kosovo-Krieges 1999. Die Bombardierung richtete sich planmäßig zwar gegen die Infrastruktur (Brücken, Kraftwerke u.ä.) und nicht auf Menschen (Wohngebiete), aber auch bei solchen *chirurgischen Bombardements* kamen Menschen um. Da sich auch bei der Bombardierung von Infrastruktur die Tötung von Menschen kaum vermeiden lässt, wurde dies *Kollateralschaden* genannt – eine Bezeichnung, die dann schnell wegen ihrer Fixierung auf die operativen Aspekte Ziel-Ablauf-Ergebnis unter Ausblendung der ethischen Aspekte kritisiert wurde.

Es besteht im Meinungsstreit außerdem stets die Möglichkeit, einem als euphemistisch empfundenen Ausdruck einen der eigenen Ansicht nach weniger beschönigenden entgegenzusetzen (z.B. *Kriegs-* statt *Verteidigungsministerium*).[3] Die Wahl eines je nach Perspektive mehr oder weniger beschönigenden Ausdrucks verweist demnach auch auf die Standpunktgebundenheit bzw. die als Merkmal der Schlagwörter erwähnte Gruppengebundenheit politischen Sprechens.

☞ Wenn man sich länger damit beschäftigt, tauchen bald folgende Fragen auf, die zu dem Thema gehören, hier aber nicht mehr diskutiert, sondern nur als Gedankenanstoß genannt werden können:
- Gibt es eigentlich eine 'neutrale', nicht wertende Grundstufe sprachlicher Ausdrücke, durch die wertende und beschönigende oder verhüllende und verschleiernde Ausdrücke ersetzt werden könnten?
- Wenn solche 'neutralen' Ausdrücke denkbar sind (z.B. *Militärministerium*); sind sie auch gebräuchlich? Wenn nicht, könnten oder sollten sie gebräuchlich gemacht werden?
- Können sich nicht auch 'neutralere' Ausdrücke im Laufe der Jahre im Sprachgebrauch so verändern, dass mit ihnen dann doch irgendwann Möglichkeiten des Verschleierns oder Wertens einhergehen?

Zum Abschluss sollen noch einige formal-semantische Aspekte der Bildung von Euphemismen angesprochen werden. Zöllner (1997, S. 129-159) nennt verschiedene sprachliche Realisationsformen von Euphemismen. Von den genannten Bildungsarten finden sich unter den Euphemismen im *Lexikon der Unwörter* folgende besonders häufig:
- **Oxymora**; diese entstehen aus der Verbindung von semantisch-logisch widersprüchlichen Elementen; im Falle der bei Zöllner als Beispiel genannten *sozialen Marktwirtschaft* können durch die Verbindung von eigentlich weit auseinanderliegenden Elementen heterogene Gruppen ange-

---

3 Die Aspekte der gewollten Beschönigung und der gewollten Demaskierung empfundener Beschönigung können also auch Bezeichnungskonkurrenz hervorbringen (s. 2.2.1).

sprochen werden. Die Beispiele, die sich bei Schlosser (2000) finden, dienen wohl eher dazu, eben die enthaltenen Widersprüche zu verdecken oder zu leugnen: *Ein-Eltern-Familie, Industrierückbau, Null-* bzw. *Negativwachstum.*

- Euphemismen können entstehen durch die **Verwendung von Fremdwörtern** beim Bezug auf ethisch problematische Sachverhalte: *Kollateralschaden, Mehrlingsreduktion.*
- Euphemismen können ebenso entstehen durch **Untertreibung**, also "euphemistische Wirkung durch Abschwächung. Der eigentlich gemeinte Ausdruck wird ersetzt durch einen weniger intensiven oder emotionsgeladenen Ausdruck" (Zöllner 1997, S. 136). *Diätenanpassung* statt *-erhöhung, unordentliche Zeugung, Schalterhygiene* (bezieht sich auf die Unternehmenspolitik von Banken, Einkommensschwachen die Eröffnung eines Kontos zu verweigern).
- Euphemisierung kann auch durch **Umschreibung** erreicht werden, wozu die bei der Untertreibung genannten Beispiele *unordentliche Zeugung* und *Schalterhygiene* gezählt werden können; ebenso sind die Umschreibungen *Schutzbehauptung* (Lüge), *Krisenreaktionskräfte* (Militär), m.E. gleichzeitig Untertreibungen. Die Überschneidung kommt vielleicht dadurch zustande, dass die beiden Merkmale auf verschiedenen Ebenen liegen: Untertreibung ist ein inhaltliches, Umschreibung ein formales Merkmal. Eine weitere Euphemisierung durch Umschreibung ist der Ausdruck *aufenthaltsbeendende Maßnahme* (Abschiebung).
- Euphemismen können durch **Hinzufügung** gebildet werden: *schlanke Produktion* als Produktion mit möglichst wenig Arbeitskräften unter Inkaufnahme der bekannten sozialen Folgen, *chirurgische Bombardements* (vgl. obige Erläuterungen zu *Kollateralschaden*).

2.5 Metaphern

Das Kapitel über Metaphern steht am Ende des Teils, der sich mit Wörtern im politischen Sprachgebrauch beschäftigt. Dies ist insofern folgerichtig, als Metaphorik ein sprachliches Phänomen ist, das eigentlich nicht auf der lexikalischen Ebene zu verorten ist. Zwar handelt es sich bei den meisten Metaphern um einzelne Wörter, und die metaphorische Bedeutung ist in vielen Fällen ein relativ fester Teil der Wortbedeutung, der im Bereich der Wortsemantik beschrieben werden kann, wenn man das Wort isoliert betrachtet.

Das, was die Metapher für die Analyse politischen Sprachgebrauchs interessant macht, ist aber vor allem die Übertragungsbeziehung zwischen zwei verschiedenen Vorstellungs- oder Gegenstandsbereichen, die jeder Metapher zugrunde liegt. Für die Analyse politischen Sprachgebrauchs ist vor allem die Verbindung zwischen diesen beiden Bereichen interessant bzw. die Frage danach, aus welchem Vorstellungsbereich der metaphorisierte Ausdruck stammt und welche Aspekte eines Sachverhalts durch die Metaphorisierung *hervorgehoben* bzw. *ausgeblendet* werden.

> Durch die Metapher werden einige Aspekte des metaphorisierten Gegenstandes hervorgehoben, andere ausgeblendet. Die entscheidende Frage bei jeder Metapher ist aber immer die nach dem, was ausgeblendet wird [...]: Die Gorbatschowsche Metapher vom 'Haus Europa' z.b. stiftet einen Zusammenhang gemeinsamen Wohnens, von Freundschaft und Nachbarschaft. Über soziale, politische und andere Verschiedenheit zwischen den Wohnungsnachbarn sagt sie nichts. Und doch ist es ein erheblicher Unterschied, ob jemand in der Belle Etage oder im Souterrain wohnt. (Burkhardt 2003, S. 370)

Es geht also vor allem um das Hervorheben und Ausblenden durch metaphorische Konzeptualisierungen – und diese metaphorischen Konzeptualisierungen sind eigentlich kein lexikalisches Phänomen.

☞ Solche Konzeptualisierungen (Herkunftsbereich einer Metapher bzw. Spenderkonzept sowie Zielbereich einer Metapher bzw. Empfängerkonzept) werden in der Literatur zum Metapherngebrauch, die sich auf diese konzeptuellen Übertragungen konzentriert, durch Schreibung in Großbuchstaben hervorgehoben. Mit Großbuchstaben arbeitet auch ein großer Teil sprachhandlungstheoretischer Literatur bei der Kennzeichnung von Sprachhandlungen (s. 3.2).

Bei der Beschäftigung mit Metaphern im politischen Sprachgebrauch geht es nicht so sehr darum, ob in dem politischen Gebrauch der Sprache mehr oder weniger Metaphern als in anderen Bereichen vorkommen, sondern um die Beobachtung, dass bestimmte Metaphern*felder* oder bestimmte metaphorische Konzeptualisierungen politiktypisch zu sein scheinen. Vor diesem Hintergrund interessieren sich politolinguistische Untersuchungen vor allem für *vorherrschende* Metaphern*felder*, deren zugrundeliegende metaphorische Übertragung etwas über die mit dem Gegenstand *verbundenen* Vorstellungen und Einstellungen *verrät*.

Für diese Beobachtung muss zunächst die Vorstellung *über Bord geworfen werden*, dass es sich bei Metaphern um einen zusätzlichen Rede*schmuck* handelt, um eine besonders *elegante* Weise, etwas zu sagen, was man auch anders, *nüchterner* sagen könnte. Vielmehr liegt der politolinguistischen Sichtweise auf Metaphern die Auffassung von Lakoff und Johnson (1980) zugrunde, die herausstellen, wie sehr unsere Alltagssprache von Metaphern *durchdrungen* ist, wie ganze Vorstellungsbereiche metaphorisch *strukturiert* sind.

In diesem Kapitel wurden bis hierhin zur Verdeutlichung einige Ausdrücke durch Kursivdruck hervorgehoben – sie beruhen auf einer metaphorischen

Übertragung. Diese wird meist nicht mehr bewusst wahrgenommen, weil die Metapher *verblasst* ist.

> Es ist sehr schwierig, eine 'neutrale Varietät' oder 'Nullstufe' einer Sprache zu isolieren, von der poetische oder rhetorische Varietäten sekundär abgeleitet werden könnten. [...] Sehr häufig sind Metaphern und andere Stilfiguren nicht durch 'eigentliche' Ausdrücke ersetzbar, da solche Ausdrücke nicht (mehr) existieren, weil die figurativen Ausdrücke elementare Bestandteile des Wortschatzes geworden sind (Kienpointner 1999, S. 67).

Wenn also die Rede davon ist, dass ganze Vorstellungsbereiche metaphorisch strukturiert sind, liegt dem die Erkenntnis zugrunde,

> dass die Einzelmetapher meist Teil und Ausprägung einer metaphorischen Grundbeziehung zwischen umfassenderen Konzepten – genauer: einem Spender- und einem Empfängerkonzept – ist und im Rahmen dieser Konzepte mit einer mehr oder weniger großen Anzahl anderer Einzelmetaphern vernetzt ist (Klein 2002, S. 222).

Eine solche metaphorische Übertragung, die umfassendere Konzepte betrifft, ist zum Beispiel die Vorstellung von VERBALER AUSEINANDERSETZUNG (Empfängerkonzept) ALS KAMPF (Spenderkonzept) mit *Schlagabtausch*, *Siegern* und argumentativ *Niederogungen*, *feigen* Ausreden, Bemerkungen *hinterrücks*, *Totschlag*argumenten.

Die metaphorische Konzeptualisierung EUROPA bzw. DIE EUROPÄISCHE UNION (Empfängerkonzept) IST EIN HAUS (Spenderkonzept) hat vor allem seit 1989 eine beachtenswerte Ausdifferenzierung erfahren (vgl. dazu Bachem/Battke 1991, Schäffner 1993, Musolff 2004). Allein in den wenigen folgenden Beispielen aus politischen Reden hat dieses 'Haus' ein *Fundament*, *Bewohner*, *Wohnungen*, *Zimmer* und *Vorhänge*. Es hat ein wetterfestes *Dach* und kann als *Trutzburg* fungieren, man kann darin *Wohnrecht* erhalten oder nicht und es gibt eine *Hausordnung*, die das Zusammenleben regeln soll.

> Auf dieses Fundament soll die europäische politische Gemeinschaft gegründet werden. Auf das Haus, in dem die Nationen unseres Kontinents in Frieden miteinander wohnen können. Zugleich aber soll dieses Haus auch eine Trutzburg sein gegenüber allen Gefahren, die seinen Bewohnern von außerhalb drohen können. (Adenauer, Bulletin 169/1953, S. 1417)
> Wir brauchen Europa als ein wetterfestes Haus mit einem stabilen Dach, in dem alle europäischen Völker je nach ihren Bedürfnissen eine Wohnung finden, und mit einem dauerhaften Wohnrecht für unsere amerikanischen und kanadischen Freunde. (Kohl, Bulletin 83/1995, S. 807)
> Deshalb bauen wir jetzt ein Haus Europa. Wir bauen ein Haus, das groß genug ist, damit die Völker Europas, die dies wünschen, darin einen Platz finden, und mit einer Hausordnung, nach der unvermeidliche Streitigkeiten friedlich ausgetragen werden können. (Kohl, Bulletin 21/1998, S. 245)

Ich habe mich sehr darüber gefreut, dass Sie sagen, wir sind überzeugte Europäer und das Haus Europa ist eines, das auch Zimmer haben muss für diejenigen, die früher hinter dem Eisernen Vorhang wohnten und leben mussten. (Schröder, Bulletin 70-4/2000, S. 11)

Burkhardt (2003) nennt verschiedene politiktypische metaphorische Konzeptualisierungen, etwa
- POLITIK (Empfängerkonzept) IST EIN GEBÄUDE/THEORIEN SIND GEBÄUDE (Spenderkonzept) (*Grundpfeiler* sozialer Ordnung, *Fundament* der Gesellschaft, *Aufbau* von Institutionen),
- DER STAAT (Empfängerkonzept) IST EIN SCHIFF (Spenderkonzept) (*Wendemanöver, Kurs hal*ten),
- (WIRTSCHAFTS-)KRISEN (Empfängerkonzept) SIND KRANKHEITEN (Spenderkonzept) (*Kollaps, Wiederbelebung* der Konjunktur, *Gesundung* von Finanzen),
- STAATEN (Empfängerkonzept) SIND PERSONEN (Spenderkonzept) (Staatsober*haupt, Arm* des Gesetzes, anderen Staaten die *Hand* reichen),
- POLITIK (Empfängerkonzept) IST DAS ZURÜCKLEGEN EINES WEGES/EINE REISE (Spenderkonzept) (Reform*schritte*, Reform*hürden, am Ziel ankommen, Schritte in die richtige/falsche Richtung*).

Mit dem zuletzt genannten Konzept von WEG und BEWEGUNG beschäftigt sich Klein (2002), der Elemente nennt, die sowohl mit dem Spenderkonzept der 'Bewegung im Raum' als auch mit der Empfänger-Domäne 'Politik' verbunden werden können. Dazu gehören mit Blick auf eine projektive Intention die Einzelmetaphern des *Ziels* oder der *Richtung* von Politik, mit Blick auf die Akteure die *Vorläufer, Nachzügler* oder *Schrittmacher* im politischen Prozess, mit Blick auf günstige Umstände die Rede von *Rückenwind* oder *Windschatten* bzw. mit Bezug auf ungünstige Umstände von *Hindernis, Hürde* oder *Blockade* sowie mit Blick auf politische Alternativen die Einzelmetaphern *Scheideweg, Dritter Weg* oder *Irrweg* (vgl. ebd. S. 234). Es zeigt sich also, dass die grundlegende Konzeptualisierung von Politik als WEG und BEWEGUNG eine Vielzahl von geläufigen, zum Teil auch bereits verblassten Einzelmetaphern hervorgebracht hat, so dass, um es wiederum metaphorisch auszudrücken, ein Metaphern*feld* oder Metaphern*netz* entstanden ist.

2.6 Beispiel: Wörter im Migrationsdiskurs

In diesem letzten Teilkapitel sollen die bisher zu Wörtern in der politischen Auseinandersetzung zusammengetragenen Überlegungen an Beispielen aus dem bundesdeutschen Migrationsdiskurs kurz noch einmal nachvollzogen werden. Damit soll im (thematischen) Zusammenhang dargestellt werden, wie sich die beschriebenen sprachlichen Phänomene auf lexikalischer Ebene innerhalb eines bestimmten Diskurses darstellen. Gleichzeitig verweist diese Darstellung im thematischen Zusammenhang bereits auf die Diskursebene (vgl. 4.) und macht deutlich, wie die Ebene des Diskurses und die Ebene der einzelnen (Schlag-) Wörter miteinander verbunden sind und bei der Untersuchung politischen Sprachgebrauchs im Zusammenhang betrachtet werden sollten.

Wengeler (1993, 1995, 1997, 2003 u.a.), Böke (z.B. 1996, 1997, 2002 u.a.), Jung (1997, 2003 u.a.) und Niehr (1997, 2003 u.a.) haben in zahlreichen Publikationen die *Sprache des Migrationsdiskurses* – so der Titel eines von Jung, Wengeler und Böke 1997 herausgegebenen Sammelbandes – untersucht. Darunter finden sich viele Beiträge, die sich mit Wörtern und Metaphorik im Migrationsdiskurs beschäftigen, außerdem ist aus ihrer Arbeit am Thema ein *diskurshistorisches Wörterbuch zur Einwanderung* unter dem Titel *Ausländer und Migranten im Spiegel der Presse* hervorgegangen (Jung/Niehr/Wengeler 2000), in dem viele Belege für Verwendungsweisen migrationsbezogener Schlagwörter in Zeitungstexten zu finden sind.

Der folgende Abriss beschreibt auf der Basis der Veröffentlichungen der o.g. AutorInnen einige Schlagwörter des Migrationsdiskurses v.a. mit Bezug auf die öffentliche Diskussion über *Gastarbeiter*, *Asylanten* und *Integration* unter Aussparung der (früheren) Diskussion um *Vertriebene* und *Flüchtlinge* aus der DDR den Ostblockstaaten.

Hiermit ist bereits auf die Schlagwortmerkmale **Diskursgebundenheit** und **Brisanz** verwiesen, denn mit der Veränderung der politischen Gegebenheiten durch die rasche Integration der *Flüchtlinge* und *Vertriebenen* der Nachkriegszeit ließ die diesbezügliche Brisanz nach. Mit der Einwanderung von *Gastarbeitern* lag der Fokus des Migrationsdiskurses in diesem Bereich (v.a. 1970er und 1980er Jahre); mit den politisch-gesellschaftlichen Gegebenheiten veränderte und verlagerte sich der Migrationsdiskurs, und diese Veränderungen zeigten sich auch auf der Ebene des Wortschatzes in den entsprechenden Schlagwörtern. Im weiteren Verlauf (80er und 90er Jahre) schob sich der Asyldiskurs als Teil des Migrationsdiskurses, der den Migrationsdiskurs in lexikalischer Hinsicht um einige – meist bedenkliche – Bezeichnungen (*Scheinasylanten*, *Asylmissbrauch*) erweitert hat, in den Vordergrund. Seit ca. 2000 steht vor allem die Diskussion um Notwendigkeit von und Maßnahmen der *Integration* im Vordergrund. *Integration* hat in diesem Zusammenhang eine **komplexe Semantik**, also programmatischen Gehalt und semantischen Spielraum. Einerseits kann darunter die politische Maßnahme der *Einbürgerung* von Ausländern oder aber die Einforderung von *Integrationsleistungen* (z.B. Erwerb von Deutschkenntnissen) an deren Adresse verstanden werden – oder auch beides im Zusammenspiel; fraglich ist dann die Reihenfolge.

> Einbürgerung nach gelungener INTEGRATION [ist] der richtige Weg. Wir haben hierfür in Deutschland bereits das liberalste Einbürgerungsrecht, das ich mir vor-

stellen kann. (Bundesinnenminister Kanther in *Die Zeit*, 01.07.1994; zitiert nach Jung/Niehr/Wengeler 2000, S. 128; Hervorh. u. Erg. im Original)

Alles kann anders werden durch einen 2. Paß glauben die Befürworter der neuen Regelung [...]. Die doppelte Staatsbürgerschaft werde INTEGRATION erst möglich machen. (*Süddeutsche Zeitung*, 20.01.1999; zitiert nach Jung/Niehr/Wengeler 2000, S. 129; Hervorh. im Original)

Hierin liegt auch eine Spielart der **Umstrittenheit**, nämlich gruppengebundene **Bedeutungskonkurrenz**; von linker Seite wird die Voraussetzung für *Integration* eher in der Gewährung von (doppelter) Staatsbürgerschaft gesehen, von rechter Seite eher in den zu erbringenden *Integrationsleistungen* der Betroffenen.

Eine – zumindest partielle – **Bezeichnungskonkurrenz** besteht zu *Assimilation* auf der einen Seite und *multikulturelle Gesellschaft* auf der anderen. Das Ensemble dieser drei Bezeichnungen bezieht sich auf den gleichen Sachverhalt, nämlich auf das Maß, in dem in Deutschland lebende Ausländer sich deutsche 'Lebensart', Kultur und Grundwerte aneignen. Sie unterscheiden sich allerdings in dem Maß dieser Aneignung, auf das sie sich beziehen; *Assimilation* geht dabei von einer größtmöglichen Aneignung aus. *Integration* geht von einem mittleren Maß der Aneignung von Sprache und Grundwerten unter Wahrung einiger kulturell-religiöser Eigenarten aus. *Multikulturelle Gesellschaft* evoziert die Vorstellung eines 'bereichernden Nebeneinanders' verschiedener Kulturen, die ihre Eigenarten weitgehend auch im anderen Land leben können. Die erklärten GegnerInnen der Idee einer *multikulturellen Gesellschaft* fürchten dagegen ein mindestens 'chaotisches' oder aber 'gefährliches Durcheinander', bei dem soziale Konflikte vorprogrammiert sind.

Im Zusammenhang mit den Anschlägen auf türkische Einrichtungen befürchtet der CDU-Bundestagsabgeordnete Heinrich Lummer eine "MULTI-KONFLIKT-GESELLSCHAFT" in Deutschland. Lummer teilte mit, alle Befürworter der "sogenannten MULTIKULTURELLEN GESELLSCHAFT" müssten ihre Positionen bedenken. Lummer forderte eine "kontrollierte Zuwanderung". (*Frankfurter Rundschau*, 02.08.1995; zitiert nach Jung/Niehr/Wengeler 2000, S. 175; Hervorh. im Original)

Multikulturelle Gesellschaft ist dabei ein **Fahnenwort** ihrer BefürworterInnen, während die GegnerInnen dieses Konzeptes die Notwendigkeit einer *Integration* betonen. Die Kurzwortbildung *Multikulti* fungiert mittlerweile als **Stigmawort** auf Seiten der GegnerInnen dieses Konzepts. Die Forderung nach *Integration* wurde wiederum von den BefürworterInnen der *multikulturellen Gesellschaft* als *Assimilation*sbestreben ausgelegt. Inzwischen ist der Konsens, dass es eine irgendwie geartete *Integration* geben soll, so breit geworden, dass es sich praktisch um ein **Hochwertwort** des Migrationsdiskurses handelt. Dass dieses Wort zum Hochwertwort werden konnte, setzt die Einsicht voraus, dass Deutschland ein Einwanderungsland ist und dass es nicht darum geht, ob es Zuwanderung geben soll, sondern welche Art von Zuwanderung und wie diese geregelt werden soll. *Integration* ist deontisch positiv, sie soll also sein; die Frage ist eben nur, was genau man jeweils unter *Integration* versteht und wie sie zu erreichen wäre (**semantischer Spielraum**).

Zahlreiche **Sprachthematisierungen** beziehen sich auf die Personengruppen-Bezeichnung *Gastarbeiter*.[4] Vor allem als kritischer Hinweis auf die realen Lebens- und Arbeitsbedingungen der *Gastarbeiter* in Deutschland wurde der (metaphorische) Ausdruck *Gast* problematisiert, denn die Lage von Gastarbeitern unterschied sich vom Zustand des Zugastseins.

> Mißverständlich ist schon der Ausdruck "GASTARBEITER": Die AUSLÄNDISCHEN ARBEITNEHMER sind schließlich hier, um Geld zu verdienen, und sie sind uns willkommen, weil sie helfen, unsere Produktion zu erhöhen. Sie übernehmen willig jene schweren und schmutzigen, Arbeiten, die getan werden müssen, für die aber bei uns niemand mehr zu finden ist. (*Die Zeit*, 07.05.1965, zitiert nach Jung/Niehr/Wengeler 2000, S. 58; Hervorh. im Original)

Es zeigt sich auch, dass der Ausdruck *Gastarbeiter* als **Euphemismus** betrachtet wurde, also als ein Ausdruck, der etwas (in ethischer Hinsicht) weniger problematisch darstellt, als es für die Betroffen ist. Dabei wurde kritisiert, dass *Gast* positive Assoziationen wecke, die angesichts der wirklichen Behandlung der 'Gäste' fehl am Platze seien. Der ausländerfeindlichen Tendenz des Migrationsdiskurses wurde der Ausdruck *ausländischer Mitbürger* entgegengesetzt, dem die implizite Forderung nach Staatsbürgerrechten für Ausländer zugrunde liegt. Dies wurde wiederum von rechter Seite unter Verweis auf den *Gast*-Status von Ausländern zurückgewiesen. Zuvor wurde 'Gast' als Euphemismus kritisiert, weil der Status des Gastes mehr Zuvorkommenheit der Gastgeber impliziert, als sie den in Deutschland lebenden Ausländern gegenüber an den Tag gelegt wird. Nun wird eine andere Assoziation des Gast-Konzeptes aufgerufen, nämlich dass der Aufenthalt von Gästen – im Gegensatz zu Mitbürgern – in der Regel zeitlich begrenzt ist.

Im Zusammenhang mit Migration hat vor allem die WASSER-**Metaphorik** eine zweifelhafte Karriere im öffentlichen Sprachgebrauch gemacht. Die Zuwanderung von Menschen wird als ein *Zustrom* konzeptualisiert; die vor allem im Zusammenhang mit dem Asyldiskurs zu beobachtende Radikalisierung der WASSER-Metaphorik durch das Aufkommen des Teilbereichs *Flut/Schwemme* war also schon angelegt.

---

4   An dieser Stelle sei einmal darauf hingewiesen, dass es auch eine große Zahl an Gastarbeiterinnen gab.

Wolfgang Schäuble hat sich mit seiner Forderung, das Grundgesetz zu ändern, um die ASYLANTENFLUT zu stoppen, plötzlich an die Spitze der so brisant gewordenen Diskussion gestellt. [...] Deutschland wird ÜBERSCHWEMMT von Scheinasylanten. (*Welt*, 08.08.1991; zitiert nach Jung/Niehr/Wengeler 2000, S. 151; Hervorh. im Original)

Diesem Bedrohungsszenario zufolge stand die *Überflutung* oder *Überschwemmung* Deutschlands durch Menschen/*Asylanten* bevor; die Errichtung oder *Abdichtung* von *Dämmen* oder *Schleusen* sollte dann als folgerichtig gelten. Die WASSER-Metaphorik war und ist wohl auch noch kennzeichnend für den Migrationsdiskurs; vor allem im Zusammenhang mit ihrer Radikalisierung und Überstrapazierung im Asyldiskurs wurde sie auch häufig sprachkritisch thematisiert (Das *Boot* ist voll; vgl. Jung/Niehr/Wengeler 2000, S. 157).

Mit der Variation des immer gleichen – die WELLE, die uns ÜBERSCHWEMMT, das Boot, das bereits bis an den Rand gefüllt sei [...] – entfachte die CDU im Schlepptau von Reps und anderen Rechtsradikalen eine Kampagne, der die SPD schon bald nichts mehr entgegenzusetzen hatte. (*Die Tageszeitung*, 26.05.1993; zitiert nach Jung/Niehr/Wengeler 2000, S. 152; Hervorh. im Original)

Mit diesem abschließenden Beispielkapitel sollte deutlich werden, dass sich die in der theoretischen Einführung vorgestellten wortbezogenen und diskurstypischen Phänomene auch innerhalb eines Diskurses finden lassen. Darüber hinaus sollte deutlich werden, dass Schlagwörter in Diskursen nicht vereinzelt auftauchen, sondern dass Diskurse meistens ein zusammenhängendes Ensemble von Schlagwörtern herausbilden, die verschiedene Perspektiven und verschiedene politische Ziele zum Ausdruck bringen.

3. TEXT (*Melani Schröter*)

Pragmatisch orientierte Linguistik versteht kommunikatives und damit vor allem sprachliches Handeln als eine bewusste und zielgerichtete Tätigkeit. Texte werden dabei als das zentrale Instrument sprachlichen Handelns verstanden, als grundlegende Form, in der diese Tätigkeit vollzogen wird. Texte sind also Grundeinheiten sprachlicher Tätigkeit, die immer mit allgemeineren Handlungszielen verbunden ist. Die Produktion und Rezeption von Texten wird darüber hinaus durch vielerlei soziale (z.b. Anzahl, Status, Bekanntheitsgrad der Interaktionspartner) und situative Rahmenbedingungen (z.b. institutioneller oder privater Rahmen, gelenktes oder freies Gespräch, medial vermittelt oder face to face) beeinflusst.

Texte werden also als Instrument zielgerichteter sprachlicher Handlung unter bestimmten gesellschaftlichen Bedingungen verstanden, und dieser sprachpragmatische Zugang zu Texten stellt sogleich eine Brücke zur Beschäftigung mit Texten im Kommunikationsbereich Politik her. Im politischen Gebrauch der Sprache werden meistens mehr oder weniger konkrete, mehr oder weniger offen dargelegte oder eingestandene Handlungsziele verfolgt, beispielsweise um Zustimmung werben und konkurrierende Gruppen abwerten. Es ist außerdem kaum möglich, den politischen Gebrauch der Sprache mit angemessenen Kategorien zu analysieren oder gar zu beurteilen, ohne die Rahmenbedingungen politischer Kommunikation in Rechnung zu stellen. Diese Rahmenbedingungen ergeben sich zum einen aus dem politischen System und der politischen Kultur, zum anderen aus den Determinanten von Kommunikationsprozessen, z.B. aus Art und Ausmaß der medialen Vermittlung politischer Kommunikation.

Des Weiteren bietet sich ein Zugang zu Texten im politischen Gebrauch der Sprache an, der Texte als Teil größerer Einheiten begreift:
 a) Zum einen ist ein konkreter Text unweigerlich ein Exemplar einer bestimmten Textsorte bzw. enthält er Elemente etablierter Textsorten.
 b) Zum anderen sind Texte häufig Teil(e) von entweder institutionell, funktional oder thematisch bestimmten Textnetzen. Textnetze im thematischen Zusammenhang werden vor allem im theoretischen Rahmen von Diskurs und Diskursanalyse betrachtet und untersucht (s. 4.).

Zu a): Texte lassen sich aufgrund von gemeinsamen Merkmalen zu Textsorten zusammenfassen als "in einer Kommunikationsgemeinschaft herausgebildete (und somit kulturspezifische) globale sprachliche Muster zur Bewältigung von spezifischen kommunikativen Aufgaben in bestimmten Situationen" (Fix/ Poethe/Yos 2003, S. 220). Ein Teil des Interesses am politischen Gebrauch der Sprache bezieht sich auf die Textsorten, die in politischer Kommunikation zum Einsatz kommen, sowie auf die Isolierung politikspezifischer Textsorten wie etwa Regierungserklärung, Parteitagsrede oder Wahlplakat. Mit der Erfassung des Spektrums politischer Textsorten kann ein Überblick über den Kommunikationsbereich Politik verbunden werden. Mit der Beschreibung der Funktionen dieser Textsorten lässt sich ein Überblick über kommunikative Intentionen politischer Akteure gewinnen. Eine genauere Analyse von Struktur, Stil oder Inhalt 'politischer' Textsorten kann unter Umständen Aufschluss über Rahmenbedingungen des politischen Gebrauchs der Sprache bieten. Wenn man auch etwas über die Konventionen weiß, die für einzelne Textsorten gelten, kann man Abweichungen von solchen vorgegebenen Mustern bewerten.

☞ Zum Beispiel gibt die Textsorte Gedenkrede bestimmte Sprechhandlungen vor und schließt andere aus. Ein berühmtes Beispiel, bei dem die Erwartungen der Realisation solcher vorgegebener Muster enttäuscht wurden, ist die Rede des damaligen Bundestagspräsidenten Philipp Jenninger vom 9.11.1988 zum 30. Jahrestag der nationalsozialistischen Pogrome gegen die jüdische Bevölkerung. Die Rede zog einen solchen Skandal nach sich, dass der Redner kurz darauf von seinem Amt zurücktrat und in der Folge mehrere linguistische Aufsätze und Dissertationen dazu verfasst wurden. Vgl. dazu v.a. Krebs (1993), Linn (1991), Girnth (1993), Laschet/Malangre (1989), von Polenz (1989), Hoffman/Schwitalla (1989), Heringer (1990b).

Zu b): Einzelnen Texten oder Textsorten kommt im komplexen Prozess größtenteils massenmedial vermittelter politischer Kommunikation in der modernen Massendemokratie kaum noch großer Stellenwert zu – von einigen historischen, meist bundespräsidialen 'Ausnahmereden' einmal abgesehen.[1] Daher ist es wichtig, sich zu vergegenwärtigen, in welchen größeren Zusammenhängen einzelne Texte oder Textsorten stehen und auf welche Art und Weise sie mit anderen Texten verbunden sind.

☞ Um ein einfaches Beispiel zu nehmen: Eine wichtige öffentliche politische Rede etwa eines Bundeskanzlers steht nie für sich. Sie wird zuvor z.B. angekündigt durch den Regierungssprecher, es folgen Spekulationen über Redeinhalt und -situation in Presse und Fernsehberichterstattung. Das Redeereignis selbst wird in den Medien vollständig oder ausschnittweise zitiert bzw. gesendet oder reformuliert und schließlich kommentiert. Noch Tage später, nach eigener ausführlicher Rezeption des gesamten Redetextes etwa, können sich verschiedene Gruppen öffentlich-medial zu Wort melden und auf Teile der Rede kritisch oder affirmativ beziehen. Es ist sogar davon auszugehen, dass die mediale Rezeption – und auch die in der Regel nur ausschnittweise – das Einzige ist, was bei größeren politischen Redeereig-

---

1   Die Rede des damaligen Bundespräsidenten Richard von Weizsäcker zum 40. Jahrestag des Kriegsendes 1985 gilt als eine solche Ausnahmerede, auch die 'Ruck'-Rede seines Nachfolgers Roman Herzog vom 26.04.1997.

nissen – von den kleineren ganz abgesehen – überhaupt wahrgenommen wird.

Die meisten Adressaten sind also nicht vor Ort, sondern erfahren abends aus den Nachrichten, daß der Bundespräsident mal wieder irgendeine Rede gehalten und dabei vor X gewarnt und zu Y ermuntert haben soll. Am Tag danach gibt es dann in den Zeitungen die entsprechende Meldung unter einer Überschrift, die von einem Journalisten stammt, der im Zweifel auch nicht dabei war, sondern nur das vorabverteilte Rede-Manuskript gelesen hat, mitunter nicht mal das. Trotzdem ist es eine Überschrift, die jetzt präjudiziert, ob und wo Herzogs Rede im Bewußtsein der Leser dieser Zeitung einschlägt: 'Herzog liest Managern die Leviten' klingt ganz anders als 'Bundestagspräsident um Standort Deutschland besorgt'. (Jochum 1999, S. 144)[2]

Unter Bezug auf a) gibt das Teilkapitel 3.1 einen Überblick über den politischen Kommunikationsbereich und 3.2 über die Erfassung politikspezifischer Textsorten und ihre Zuordnung zu übergreifenden Aspekten.

Unter Bezug auf b) beschäftigt sich Teilkapitel 3.3 unter der Überschrift "Intertextualität" mit Texten als Teilen von größeren Einheiten, mit Textzusammenhängen bzw. Textnetzen in politischen Kommunikationsprozessen.

In 3.4 werden die bis dahin beschriebenen Textmerkmale am Beispiel der Analyse einer Neujahrsansprache von Angela Merkel verdeutlicht. 3.5 widmet sich Überlegungen zu den Rahmenbedingungen politischer Kommunikation, die seitens der Politolinguistik angestellt wurden. In 3.6 werden Prämissen für die Analyse und Kritik von Strategien im politischen Sprachgebrauch erläutert. 3.7 beschäftigt sich mit parlamentarischer Kommunikation und verdeutlicht an diesem Beispiel auch, wie sich die Rahmenbedingungen politischer Kommunikation in diesem Bereich auswirken. Das letzte Teilkapitel 3.8 widmet sich wieder dem Beispiel des Migrationsdiskurses und verstärkt in der Überleitung zum Kapitel über Diskurs(analyse) den Blick auf Textzusammenhänge und Analysemöglichkeiten.

3.1 Der Kommunikationsbereich Politik – politikspezifische Kommunikationsformen

Analog zum Kapitel über das Wort (2.), das mit den Überlegungen zur Erfassung des Bestands politikspezifischer Lexik begann, soll dieses Kapitel mit Überlegungen zur Erfassung des Bestands politikspezifischer Kommunikationsformen beginnen. Es geht um verschiedene politikspezifische Sprachverwen-

---

2   Im Anschluss daran finden sich bei Jochum (1999) Beispiele, die verdeutlichen, wie sehr sich die Wirkungen der Redesituation selbst und die im Anschluss an das mediale Echo unterscheiden können und wie sehr die Rezeption von Reden auch von anderen Begleitereignissen abhängig werden kann. (S. 144-147)

dungskontexte, in denen verschiedene Sprachhandlungen und Sprachstile vorkommen. Dem Ausdruck 'Kommunikationsformen' begegnet man dabei in der politolinguistischen Literatur kaum. Er wurde hier gewählt, um die verschiedenen Bezeichnungen (Sprachspiele, Sprachstile, Funktionssprache, Meinungssprache usw., s.u.) zusammenzufassen.

Die Aufsätze von Dieckmann (1975), Grünert (1983) und Burkhardt (1996) werden bei den Überlegungen zur Einteilung des Kommunikationsbereichs Politik häufig zitiert. Ähnlich den Überlegungen zu politikspezifischer Lexik ist den Ansätzen dieser Autoren gemeinsam, dass sie einen eher politik- bzw. institutionsinternen Bereich von einem nach außen gerichteten, öffentlichen Bereich abgrenzen. Bei Burkhardt umfasst die **Politiksprache** sowohl **Politikersprache** als auch die **Sprache in der Politik** als "unterschiedliche situations- und adressatenspezifische Sprechweisen politischer Funktionsträger" (1996, S. 80). **Sprache in der Politik** bezieht sich auf den Sprachgebrauch innerhalb politischer Institutionen. **Politikersprache** bezeichnet die vornehmlich medial vermittelte und an die BürgerInnen gerichtete, "auf Außenwirkung berechnete 'Meinungssprache'" (Burkhardt 1996, S. 80).

Analog zu Burkhardts Unterteilung von Politiksprache in die Sprache in der Politik sowie Politikersprache lässt sich Dieckmanns (1975) Unterscheidung von **Funktionssprache** und **Meinungssprache** verstehen. Funktionssprache entspricht der Sprache in der Politik, Meinungssprache der Politikersprache.[3]

Grünert (1983) geht von **politischen Sprachspielen** aus. Mit der Bezeichnung 'Sprachspiel' sollen das "Bedingungsfeld eines Textes, seine kommunikative Vorgeschichte und Intention, seine Handlungsbeteiligten und Handlungsbetroffenen, individual- und sozialpsychische Bedingungen, Situation, soziales Umfeld und allgemeine Herrschaftsbedingungen" (S. 44) erfasst werden. Der Politikersprache bei Burkhardt bzw. Meinungssprache bei Dieckmann entspricht das **informativ-persuasive Sprachspiel**, das sich auf die nach außen gerichtete, öffentliche und werbende politische Kommunikation bezieht und das zur Meinungssteuerung dient. Eine weitere Spielart des informativ-persuasiven Sprachspiels dient nach Grünert der Vorbereitung regulativer Sprachspiele. Diese beiden entsprechen dem Bereich der Sprache in der Politik bei Burkhardt bzw. der Funktionssprache bei Dieckmann. Das regulative Sprachspiel markiert die Beziehungen zwischen Regierenden und Regierten und schlägt sich in Texten wie Verfassung und Gesetz nieder.[4] Das informativ-persuasive Sprachspiel zur

---

3 Dieckmann fächert die Funktionssprache weiter auf in vier Sprachstile: Sprache des Gesetzes, Sprache der Verwaltung, Sprache der Verhandlung und Sprache der Überredung.

4 Es umfasst also die bei Dieckmann genannte Sprache des Gesetzes und Sprache der Verwaltung.

Vorbereitung regulativer Sprachspiele bezieht sich auf institutionsinterne Meinungsbildungs- und Entscheidungsprozesse.[5]

Neben der grundlegenden Gemeinsamkeit dieser Ansätze, einen eher institutionsinternen von einem öffentlichkeitsgerichteten Bereich politischer Kommunikation abzugrenzen, gibt es auch Unterschiede. Bei Grünert findet sich zusätzlich das **instrumental-begehrende Sprachspiel**, in dem sich die Regierten den Regierenden gegenüber ausdrücken; dieses Sprachspiel äußert sich zum Beispiel in Petitionen. Das **integrative Sprachspiel** ist Ausdruck der "Notwendigkeit, Solidarität zu erzeugen, Gemeinschaften des Glaubens, Denkens, Handelns zu schaffen. Herrschaft braucht Integration" (S. 53). Es äußert sich in Texten wie Parteiprogrammen, Gemeinschaftsliedern und Gedenkreden.

Bei Burkhardt finden sich ebenfalls zwei zusätzliche Kommunikationsformen, nämlich einerseits die **politische Mediensprache** in Gestalt des politischen Journalismus (im Sinne eines weiteren Politikverständnisses), andererseits auch das private oder halböffentliche **Sprechen über Politik** (im Sinne eines weiten Politikverständnisses, s. 1.2).

3.2 Textsorten im Kommunikationsbereich Politik

Der Ansatz von Strauß (1986) versucht einerseits ebenso wie die obengenannten Ansätze, den Kommunikationsbereich Politik einzuteilen, andererseits werden diesen Teilbereichen auch einzelne Textsorten und diesen Textsorten wiederum typische Textmerkmale zugeordnet. Es handelt sich also um ein Modell mit mehreren Ebenen. Diese Ebenen sind von einer allgemeineren, übergreifenden Ebene hin zu konkreteren, detaillierteren sprachlichen Merkmalen angeordnet. Die Ebenen in dem Modell von Strauß sind die folgenden:
- Sprachspiel (Makro- und Mikrosprachspiel),
- Kommunikative Verfahren (Makro- und Mikroverfahren),
- Textsorten und pragmatischer Textgehalt.

Auf der obersten, alles Weitere umfassenden Ebene in Strauß' Modell findet sich das **Makrosprachspiel politische Willensbildung in der Bundesrepublik Deutschland**. Dies ist sozusagen der Rahmen, der die gesamte politische Kommunikation in der Bundesrepublik Deutschland umfasst. Diesem Makrosprachspiel werden die folgenden **Mikrosprachspiele** zugeordnet: **Meinungs- und Willensbildung in Institutionen, öffentlich-politische Meinungsbildung, politische Werbung, Meinungs- und Willensbildung in Parteien/Gruppen** und **politische Bildung, Aufklärung und Belehrung**.

---

5   Es umfasst also die bei Dieckmann genannte Sprache der Verhandlung und der Überredung.

Der Begriff des Sprachspiels hebt bei Strauß stärker auf die konkreten gesellschaftlichen Bedingungen und Handlungsbedingungen ab als bei Grünert, der "gerade das gesellschaftssystem- und epochenübergreifende an ihnen heraus[arbeitet]" (Strauß 1986, S. 7). Auf der Ebene der Mikrosprachspiele sind die Parameter 'Name des Mikrosprachspiels', 'Handlungsziel', 'Kommunikationspartner' und 'beteiligte Institutionen/Instanzen' zu beschreiben. Das Handlungsziel im Sprachspiel **politische Werbung** besteht demnach darin, zu werben, WählerInnen zu überzeugen bzw. zu überreden. Beteiligte Institutionen oder Instanzen sind dabei vor allem Parteien, Interessengruppen und Verbände. Aktiv beteiligt als Kommunikationspartner sind politische Parteien oder Gruppen, passiv auch die Massenöffentlichkeit, also die BürgerInnen bzw. Teilöffentlichkeiten.

Das Handlungsziel im Sprachspiel **gruppenbezogene/parteiinterne politische Willensbildung**, um ein weiteres Beispiel zu nennen, besteht in der Stabilisierung und Integration dieser Gruppen bzw. Parteien sowie in der Herstellung von Konsens. Beteiligte Institutionen/Instanzen, die auf das Sprachspiel einwirken, sind auch hier Parteien und Interessenverbände. Kommunikationspartner sind die Angehörigen der Partei bzw. Gruppe. Sekundär ist wieder die gesamte Öffentlichkeit beteiligt, wenn die Partei auch in ihrem Willensbildungsprozess für ihre Positionen wirbt.

Den so erfassten Mikrosprachspielen können dann sowohl kommunikative Verfahren als auch einzelne Textsorten zugeordnet werden. Die kommunikativen Verfahren, die bei den jeweiligen Sprachspielen zum Einsatz kommen, lassen sich wiederum in Makro- und Mikroverfahren unterteilen. Dem Sprachspiel **politische Werbung** kann das kommunikative Makroverfahren AKTIVIEREN zugeordnet werden, das je nach Textsorte ergänzt werden kann um Mikroverfahren wie LEGITIMIEREN, WERBEN, ÜBERREDEN.

Dem Sprachspiel **gruppenbezogene/parteiinterne politische Willensbildung** ordnet Strauß das Makroverfahren SOLIDARISIEREN/INTEGRIEREN zu sowie die Mikroverfahren NORMEN/WERTE ETABLIEREN, HANDLUNGSPLÄNE ENTWICKELN.

Als Textsorten, die dem Sprachspiel **politische Werbung** zuzuordnen sind, nennt Strauß Wahlprogramm/Wahlplattform, politische Wahlrede, Wahlanzeige/Anzeigenserie, Wahlslogans und -parolen, Parteibroschüren und -zeitungen, Streitschriften/Pamphlete (S. 53-57). Zum Sprachspiel **gruppenbezogene/parteiinterne politische Willensbildung** gehören zum Beispiel Parteiprogramme, (interne) Grundsatzpapiere, Fraktionssitzungen, Leitlinien, Parteitagsreden und -beschlüsse.

Nach der Zuordnung der Textsorte zum Sprachspiel schlägt Strauß weiterhin zur konkreteren Erfassung von Textmerkmalen die Beschreibung des pragmatischen Textgehaltes vor. Dazu gehören die dominierende Absicht des Textproduzenten, die beabsichtigte Textwirkung, die dominierende Sprechereinstellung und der Kontakt- bzw. Beziehungsaspekt.

Klein (2000) entwickelt einen weiteren Ansatz zur Klassifikation von Textsorten im Bereich politischer Institutionen. Im Unterschied zu Strauß findet hier eine Beschränkung auf den Bereich politischer Institutionen statt, womit das Sprachspiel politischer Bildung ausgeklammert wird. Allerdings sind hier auch Texte externer Emittenten, die sich an politische Institutionen richten und dem instrumental-begehrenden Sprachspiel bei Grünert entsprechen, mit berücksichtigt. Die bei Klein genannten Klassifikationskriterien sind unmittelbar textbezogen, also nicht textübergreifend wie die bei Strauß vorgesehenen Ebenen des Sprachspiels und der kommunikativen Verfahren. Aber auch die bei Klein genannten Kriterien sind unterschiedlich im Grad ihrer Allgemeinheit bzw. Konkretheit und auch unterschiedlich gewichtet. Klein nennt

- pragmatische Kategorien (Emittent, Adressat, Textart, Grundfunktion, Texthandlungsmuster, Geltungsmodus, Textsorten-Intertextualität),
- semantische Kategorien (Thema, Lexik),
- grammatische Kategorien (Syntax, Verbkategorien, Personenbezug),
- rhetorische Kategorien (Bauform, Themenentfaltung, rhetorische Figuren/Tropen).

Allgemeiner und für die Klassifikation besonders wichtig sind die **pragmatischen Kategorien** Emittent, Adressat, Textart und Grundfunktion. Hauptkriterium zur Klassifizierung der Textsorten ist die Kategorie Emittent aufgrund der folgenden Überlegung:

> Politische Systeme unterscheiden sich vor allem in Verteilung und Kontrolle von Macht. Kommunikationstheoretisch gewendet, bedeutet dies die Frage danach, wer unter welchen Bedingungen und in welchem Maße welchen Adressaten gegenüber die Möglichkeit hat, adressatenbindende TS [Textsorten, M.S.] mit direktiv-regulativer Grundfunktion u./o. meinungsbetonte TS mit evaluativ-appellativer Grundfunktion zu emittieren. [...] Die Funktionen, die dieses System zuweist, manifestieren sich in hohem Maße in der ausschließlichen oder dominanten Zuständigkeit als Emittent bestimmter TS. (Klein 2000, S. 734)

Als sekundäres Einteilungskriterium nennt Klein die Kategorie Adressat und weist darauf hin, dass zwar aufgrund des hohen Maßes an Öffentlichkeit Emittenten mit einem kaum bestimmbaren Adressatenkreis rechnen müssen, dass sich aber aus den meisten politischen Textsorten primäre Adressierungen herauslesen lassen. Als Beispiel dafür kann die Parteitagsrede genannt werden: Primärer Adressat ist die eigene Partei, die Rede soll zur innerparteilichen Konsensbildung und Integration beitragen. Es gilt dabei allerdings auch die sekundär adressierte Öffentlichkeit zu bedenken, mit Blick auf diese soll die Parteitagsrede auch für die eigenen Positionen werben. Es gibt also für die verschiedenen Adressatenkreise auch verschiedene Textfunktionen.

Die dritte zentrale Kategorie besteht in der Textart: Handelt es sich um einen schriftlich oder mündlich geäußerten Text, um face to face oder medial vermittelte Kommunikation? Das nächste Kriterium ist die kommunikative Grundfunktion, die, wie eben gesehen, je nach Adressatenkreis verschieden sein kann.

Mit Hilfe dieser Kriterien grenzt Klein die folgenden Gruppen von Texten voneinander ab:

1. **Von Volksvertretungen emittierte Textsorten**
a) außenadressiert: Verfassung, Gesetz, Entschließung
b) binnenadressiert: Geschäftsordnung, Ausschussbericht, Enquête
2. **Von Regierungen emittierte Textsorten**
a) außenpolitisch: Staatsvertrag, Note, Kriegserklärung
b) parlamentadressiert: Gesetzentwurf, Regierungsbericht, Antwort auf parlamentarische Anfrage
c) verwaltungsadressiert: Rechtsverordnung, Verwaltungsverordnung
3. **Von Parteien/Fraktionen emittierte Textsorten**
a) außengerichtet
- wählergerichtet: Wahlspot, Wahlplakat, Wahlprogramm, Leistungsbilanz
- parteiengerichtet: Koalitionsvertrag
b) parteiintern gerichtet: Parteiprogramm, Parteitagsbeschluss, Rechenschaftsbericht
c) fraktionsemittierte Texte: Große Anfrage, Kleine Anfrage
4. **Von PolitikerInnen emittierte Textsorten**
a) schriftlich: Abgeordnetenfrage, Rücktrittserklärung, Ernennung
b) mündlich
- formelle Sprechakte: Sitzungseröffnung, Redneraufruf, Zwischenfrage, Amtseid
- politische Reden: Debattenrede, Wahlrede (dissensorientiert), Gedenkrede (konsensorientiert)
5. **Politikadressierte Textsorten externer Emittenten**: Expertengutachten, Pressekommentar, Verfassungsgerichtsurteil, Protestparole, Volksbegehren, Stellungnahme von Interessengruppen

☞ Für die Erfassung und Beschreibung von Textsorten im Kommunikationsbereich Politik gibt es also verschiedene Ansatzpunkte: Strauß versucht die Erfassung politischer Textsorten durch die Einbettung in den Gesamtprozess politischer Kommunikation, wobei allerdings außenpolitische Kommunikationsprozesse ganz ausgeblendet werden. Kleins Klassifikationskategorien verzichten auf eine solche umfassende Einbettung auf der Grundlage solcher verschiedenen Ebenen zugunsten einer textnahen Beschreibung politischer Textsorten und zugunsten einer Zuordnung von unmittelbareren Textmerkmalen.[6] Allerdings wird nicht immer ganz klar, welches Erkenntnisinteresse mit den Zuordnungs- und Kategorisierungsversuchen verfolgt wird:

- Sollen alle Textsorten genannt und erfasst werden, die zu politischer Kommunikation gehören? Hierzu fehlt wiederum eine Definition/Eingrenzung des Kommunikationsbereichs 'Politik' (zum Problem s. 1.).
- Soll ein Merkmalskatalog dazu dienen, für eine beliebige Textsorte entscheiden zu können, ob sie zu 'Politik' gehört oder nicht? (Eigentlich nehmen wir solche Einschätzungen doch eher aufgrund unseres Kontextwissens vor und nicht erst nach einer Textanalyse).
- Stellen die Merkmalskataloge nicht eher mögliche Beschreibungskategorien für Textsorten dar, von denen wir schon wissen/annehmen, dass sie zu 'Politik' gehören?
- Was haben wir gewonnen, wenn wir es geschafft haben, einen konkreten Text mit jeder der bei Strauß genannten Ebenen 'durchzudeklinieren'? Haben wir über eine gewisse Systematik in der Beschreibung hinaus noch etwas Neues über den Text herausgefunden? Würde nicht praktisch jede/r anhand eines konkreten Textes zu anderen Ergebnissen kommen bei der Zuordnung von Makro- und Mikrosprachspielen?

3.3 Intertextualität

Bei der Beschäftigung mit politischem Sprachgebrauch sollte man sich die Komplexität politischer Kommunikationsprozesse stets vor Augen halten. Es ist wichtig zu sehen, dass die genannten Texte und Textsorten im politischen Sprachgebrauch nicht als einzelne Kommunikationsereignisse isoliert im Raum stehen, also nicht ohne Beziehung zu vorausgegangenen oder nachfolgenden Kommunikationsereignissen zu betrachten sind. Diesem grundlegenden Aspekt der Intertextualität, also dem Umstand, dass ein vorliegender Text immer auf andere Texte verweist, wenden wir uns nun zu, indem wir uns zunächst ver-

---

6 Auch die Arbeiten von Tillmann (1989) und Simmler (1978) beschäftigen sich mit Textsorten im politischen Sprachgebrauch. Simmler beschränkt sich allerdings auf das Parlament (s. 3.6). Tillmann beschränkt sich auf 'parteiliches Sprechen', zu dem er z.B. nicht außenpolitische Kommunikation oder eine bundespräsidiale Gedenkrede rechnet. Übrig bleiben bei Tillmann 20 Textsorten (v.a. politische Reden und Erklärungen, Koalitionspapier, Gesetzentwurf, Wahlaufruf, Wahlslogan), die mit Blick auf strategisches Sprachhandeln beschrieben werden. Tillmann geht von einem Oberziel politischer Kommunikation aus, das in Machtgewinn bzw. Machterhalt besteht. Die Verfolgung dieses Ziels äußert sich in parteilichem Sprechen und den von ihm abgeleiteten Textsorten parteilichen Sprechens.

schiedene Arten von Intertextualität vergegenwärtigen. Fix (2000) unterscheidet drei Arten von Textbeziehungen:
- Text-Textwelt-Beziehungen,
- Text-Textmuster-Beziehungen,
- Text-Text-Beziehungen.

Text-Textwelt-Beziehungen beruhen auf einem sehr umfassenden Verständnis von Intertextualität, wie es vor allem die Literaturwissenschaftlerin Julia Kristeva vertritt. Demnach ist ein Text nicht das originale Produkt eines einzelnen Autors, sondern vielmehr ein Mosaik von Zitaten des Schon-Gesagten. Mit allem, was man sprachlich tut, bewegt man sich also in einer schon bestehenden Textwelt, man bedient sich sozusagen aus der Summe aller hervorgebrachten Äußerungen und Muster, die den Hintergrund der sprachlichen Sozialisation bilden. Intertextualität ist demnach konstitutiv für sprachliches Handeln an sich und auch für Textualität. Diese theoretischen Prämissen lassen sich jedoch nur schwer und nicht unmittelbar in die konkrete Analyse von Textbeziehungen überführen.

Leichter und konkreter anhand von Textmerkmalen nachweisbar sind dagegen die **Text-Textmuster-Beziehungen.** Text-Textmuster-Beziehungen beruhen auf denjenigen Merkmalen und Gemeinsamkeiten von Texten, aufgrund derer man sie zu Textsorten oder Genres zusammenfassen kann. Exemplare einer Textsorte wie Packungsbeilage oder Werbeslogan bzw. eines literarischen Genres wie Ballade oder Stationendrama haben also Gemeinsamkeiten und beziehen sich darin auch aufeinander. Diese Gemeinsamkeiten lassen sich vor allem anhand der folgenden Textmerkmale feststellen (vgl. Holthuis 1993):
- Aufbau/Struktur,
- Stil,
- Inhalt und Funktion.

Bezüglich dieser Merkmale besteht ein allgemeines Wissen über Textsorten und damit bestehen auch bestimmte Erwartungen an Texte. Das trifft auch auf die Textsorten politischer Kommunikation zu. Zum Beispiel würde man von einer Regierungserklärung beim Antritt einer neuen Regierung erwarten,
- dass sie sich zunächst in einem einleitenden Teil an die Adressierten wendet und einige allgemeinere Worte zur Situation findet, dann zu einem berichtenden Mittelteil übergeht und sich zum Abschluss wieder den Adressierten und der Redesituation zuwendet;
- dass sie im sachlich-neutralen bis gehobenen allgemein-bildungssprachlichen Stil formuliert ist;
- dass sie zunächst einige Worte zum Wahlausgang/zur vorausgegangenen Regierung sagt, ihre Ziele eingebettet in die aktuelle Situation allgemein formuliert, um dann konkret und inhaltlich gegliedert auf die geplanten

Schwerpunkte der Regierungsarbeit für die kommende Legislaturperiode einzugehen. Am Schluss der Erklärung sollte ein Ausblick auf die Erfolgsaussichten stehen.

Bei der Frage nach Intertextualität sind im Rahmen einer konkreten Textanalyse jedoch die mehr oder weniger unmittelbaren **Text-Text-Beziehungen** meist vom größten Interesse. Es geht also um Beziehungen konkreter Textexemplare untereinander bzw. Anspielungen aufeinander, um Zitation eines Textes durch einen anderen usf. Es gibt dabei wiederum verschiedene Erscheinungsweisen; die Art und Weise, in der ein Text auf einen anderen anspielt, kennt vielfältige Formen und Direktheitsgrade (vgl. z.B. Helbig 1996). Für konkrete Text-Text-Beziehungen ist mit Blick auf politische Kommunikation vor allem das Phänomen von Textnetzen bzw. Textclustern interessant, das zudem bereits ein Stück weit auf die später behandelte Diskursanalyse vorausweist (s. 4.), da einer Diskursanalyse praktisch auch immer ein Cluster vorwiegend thematisch zusammenhängender Texte zugrunde liegt; Diskursanalyse interessiert sich allerdings nicht primär für die Form oder den Charakter dieser Textbeziehungen. Der Ausdruck Textnetz oder -cluster deutet darauf hin, dass es zwischen verschiedenen Texten Querverbindungen gibt, wobei die Texte durch einen gemeinsamen Rahmen als ein zusammengehörendes Ensemble gesehen werden können. Dieser Rahmen kann verschiedener Art sein, v.a.
- institutionell (Beispiel Gesetzgebungsverfahren),
- funktional (Beispiel Wahlkampagne),
- thematisch (Beispiel Diskurs).

Klein hat sich in einem Aufsatz (1991a) mit intertextuellen Bezügen politischer Textsorten sowohl im institutionellen als auch im funktionalen Rahmen beschäftigt. Als Beispiel für ein **Textnetz im institutionellen Rahmen** kann das von ihm beschriebene Gesetzgebungsverfahren gelten. In einer Übersicht (S. 254-259) stellt Klein die üblicher- bzw. möglicherweise an einem solchen Verfahren beteiligten Texte in der verfahrensgemäßen Abfolge dar. Grob zusammengefasst gibt es also die Geschäftsordnung des Bundestages, die das Verfahren regelt, einen ersten Entwurf zum Gesetz, Stellungnahmen dazu aus den verschiedenen Ministerien, dann eine Beratung im Kabinett, bei der ein Regierungsentwurf beschlossen wird, der dann an den Bundesrat geht. Der Bundesrat verfasst eine Stellungnahme, dann wird der Entwurf in den Fraktionen beraten, woraufhin eine Lesung im Bundestag mit anschließender Debatte folgt. Wenn keine Einigung erzielt wird, kann – wiederum unter Einsatz zahlreicher Einzeltexte – der Vermittlungsausschuss tätig werden. Schließlich erfolgt ein Beschluss im Bundestag und Bundesrat, danach kann es aber auch noch zu Änderungsanträgen und Eingaben kommen.

Zum gesamten Kommunikationsprozess über ein solches Gesetzgebungsverfahren ist natürlich noch die mediale Berichterstattung über Entwurf, Verfahren und politische Auseinandersetzung hinzuzunehmen inklusive der ebenfalls medial aufgegriffenen Stellungnahmen einzelner Gruppen oder Organisationen. Das wäre dann allerdings ein anderer, thematischer Zusammenhang: der Diskurs über ein neues Gesetz.

Ein **Textnetz im funktionalen Rahmen** stellen die ebenfalls bei Klein (1991a) behandelten Texte einer Wahlkampagne dar. Die Texte einer Wahlkampagne dienen der politischen Eigenwerbung der Parteien mit dem konkreten Ziel, ein möglichst gutes Wahlergebnis zu erreichen und bestenfalls am Ende (mit-)regieren zu können. Der Wahlkampf ist auch insofern ein Ausnahmezustand, als die Texte im Rahmen einer Wahlkampagne durchaus direkter und massiver für die betreffende Partei werben als die zeitlich zwischen den Wahlkämpfen produzierten Texte zur werbenden Selbstdarstellung der Parteien. Es gibt in Wahlkampfzeiten auch eine Häufung von entsprechenden Kommunikationsanlässen und Redeauftritten meist prominenter PolitikerInnen. Die verschiedenen Textsorten im Rahmen einer Wahlkampagne sind v.a.: Wahlwerbespots für das Fernsehen, Werbeanzeigen in der Presse, Beilagen für Presseerzeugnisse, Wahlzeitungen, Wahlbroschüren, Prospekte und Faltblätter, Handzettel und Flugblätter, Wahlplakate und die entsprechenden Wahlslogans. Neben den Texten, die Parteien selbst produzieren, nutzen sie aber auch andere Texte zur Verbreitung der Wahlwerbung, wie Interviews und Fernsehdiskussionen; zunehmend werden auch Unterhaltungsformate wie Talk- und Spielshows, Vorabendserien und Daily Soaps genutzt (vgl. Dörner 2001). Klein weist darüber hinaus auf zwei spezielle, für den Wahlkampf kennzeichnende Arten von Textbeziehungen hin, nämlich die parasitäre und die Kostümier-Beziehung. Eine parasitäre Textbeziehung liegt dann vor, wenn 'unverdächtige' Textsorten wie Kalender oder Ansichtskarte oder auch Gebrauchsgegenstände wie Kugelschreiber mit Werbeelementen wie Partei- oder Firmenlogo versehen werden. Eine Kostümier-Beziehung liegt vor, wenn ein reiner Werbetext sich als eine andere Textsorte ausgibt. Beispielsweise werden zu Wahlkampfzwecken auch illustriertenähnliche Hefte mit Beiträgen hergestellt, die sich an journalistische Textmuster und journalistische Bild-Text-Relationen anlehnen, sogenannte Wahlillustrierte. In Wahlkämpfen üblich sind auch Serienbriefe, die an Haushalte verteilt werden, in denen sich die unterzeichnenden Kandidaten vorstellen und um die Stimme des Empfängers bitten. Hier 'kostümiert' sich Wahlwerbung also als Brief.

Girnth (1996) beschäftigt sich mit den **Textbeziehungen im thematischen Rahmen** des Diskurses über den – später fallengelassenen – CDU-Kandidaten zur Wahl des Bundestagspräsidenten 1993, Steffen Heitmann. Die Texte, die Girnth diesem Diskurs zuordnet, bestehen zunächst in dem Beschluss des Parteivorstands, der sich auf diesen Kandidaten festlegt, sowie Nachrichten darüber in der Presse. Kurz darauf wurde auch ein Interview mit Heitmann veröffentlicht, in dem er sich fremden- und frauenfeindlich äußerte, weshalb es in der Folgezeit in den Medien weitere Kommentare und auch Aufsätze gab, die zum großen Teil Kritik an der Person Heitmanns enthielten. Am Ende gab Heitmann eine Presserklärung ab, mit der er seine Kandidatur zurückzog, worüber wiederum berichtet wurde. Girnth geht es in seinem Aufsatz um die Beschreibung des textuellen Beziehungsgeflechts, der Position und Funktion der einzelnen Texte innerhalb dieses Diskurses. So unterscheidet er initiale, prozessuale und terminale Texte; bei dem Beschluss des Parteivorstands und der ersten Nachricht darüber handelt es sich um die diskursinitiierenden Texte, bei den weiteren Kommentaren und dem Interview um prozessuale Texte; diskursterminal ist die Presseerklärung Heitmannns über seinen Rücktritt von der Kandidatur. Außerdem unterscheidet Girnth zwischen Primär- bzw. Objekttext und Sekundär- bzw. Metatext. Um einen Objekttext handelt es sich etwa bei dem Parteibeschluss über die Kandidatur; dieser Text wird zum Objekt von Metatexten, also der Nachrichtentexte, die über diesen Beschluss berichten bzw. ihn kommentieren. Mit Blick auf ihren inhaltlichen Stellenwert für den Verlauf eines Diskurses nennt Girnth diskurstranszendente Texte (solche, die mehr als einem Diskurs zugerechnet werden können), diskursimmanente Texte (solche, die nur einem bestimmten Diskurs zuzuordnen sind), diskursperiphere und dominierende Texte. Alle Texte innerhalb eines Diskurses sind intradiskursiv, wobei die Beziehungen der intradiskursiven Texte untereinander noch genauer untersucht werden können; zum Beispiel dahingehend, ob ihnen im Rahmen von institutionellen Verfahren (wie etwa Gesetzgebung) eine bestimmte Position in der Abfolge zugedacht ist und wie sie semantisch oder mit Blick auf ihre Funktion mit den anderen Texten verbunden sind. Metadiskursiv sind schließlich solche Texte, die den Diskurs oder Diskursverlauf als solchen thematisieren.

3.4 Textbeispiel: Neujahrsansprache

Im Folgenden soll das bisher Dargelegte anhand eines Textbeispiels verdeutlicht werden. Als Beispiel wurde eine Neujahrsrede ausgewählt, weil Neujahrsansprachen (im Folgenden NA abgekürzt) zum einen eine überschaubare Länge haben, zum anderen zu den bekannteren Typen politischer Rede gehören und man sich das Szenario vorstellen kann. Eine NA hat man vielleicht eher schon einmal im Fernsehen verfolgt als eine Bundestagsdebatte oder eine Politikerrede 'live' vor Ort, die gar nicht medial übertragen wurde. So knüpft vielleicht auch die Beschreibung der Textsorte an ein wenig Vorwissen/ Erfahrung an. Als Beispiel wurde die Ansprache von Bundeskanzlerin Merkel zum Jahreswechsel 2006/07 gewählt. In die Analyse wird auch ein Aufsatz Hollys (1996) einbezogen, der sich mit Neujahrsansprachen beschäftigt.

Hier zunächst einmal das Textbeispiel.[7]

Neujahrsansprache 2007 von Bundeskanzlerin Dr. Angela Merkel am 31. Dezember 2006 über Hörfunk und Fernsehen

Liebe Mitbürgerinnen und Mitbürger,
I.
vor einem Jahr habe ich in meiner ersten Neujahrsansprache gesagt: Überraschen wir uns damit, was möglich ist! Das Jahr 2006 hat gezeigt, dass das keine bloße
5 Redewendung sein muss.
Überraschen wir uns damit, was möglich ist! Sie wie ich denken dabei sicher zuerst an die sportlichen Höhepunkte, besonders an die Leistung von Jürgen Klinsmanns Fußballnationalmannschaft. Die hat allen Pessimisten zum Trotz eine großartige WM gespielt. Sie und viele andere haben 2006 gezeigt, was mit Fleiß, mit Zielstre-
10 bigkeit und dem Glauben an die eigenen Stärken möglich ist.
Und die Welt war in diesem Sommer wahrlich zu Gast bei Freunden. Wir Deutschen haben das Mitreißende von schwarz-rot-gold gespürt. Wir haben damit ein neues, ein schönes Bild von Deutschland in die Welt getragen. Und das trägt weiter - auch über die Wochen des Sommermärchens hinaus.
15 Denn ein klares Bekenntnis zu unseren Werten und Wurzeln und ein friedliches und tolerantes Zusammenleben - das sind keine Gegensätze, das geht zusammen. Auf dieser Grundlage hat die Bundesregierung sich vorgenommen, einen Integrationsplan für die bei uns lebenden ausländischen Mitbürgerinnen und Mitbürger zu erarbeiten. Sie hat auch zum ersten Mal einen ernsthaften Dialog mit Vertretern der
20 Muslime begonnen. Nur wer zu sich selbst steht, kann Respekt von anderen erwarten.
Überraschen wir uns damit, was möglich ist! Unser deutscher Astronaut Thomas Reiter hat fast sechs Monate auf der internationalen Raumstation ISS gelebt und gearbeitet. Deutsche und europäische Wissenschaftler - sie sind Pioniere der For-
25 schung und sie sind international spitze!
Und genauso haben die Jugendlichen Großes geleistet, die der Deutsche Industrie- und Handelskammertag als "Unsere Besten" ausgezeichnet hat. 212 Auszubildende in 182 Berufen haben in vorbildlicher Weise gezeigt, was in ihnen steckt.
Überraschen wir uns damit, was möglich ist! Auch politisch. Die Arbeitslosigkeit
30 ist in diesem Jahr um fast eine halbe Million Menschen zurückgegangen. Die Zahl der offenen Stellen steigt. Das Wirtschaftswachstum ist doppelt so hoch wie 2005. Immer weniger Unternehmen gehen pleite, und 2007 werden wir die geringste Neuverschuldung seit der Wiedervereinigung haben.
II.
35 Auch außenpolitisch hat Deutschland an Ansehen gewonnen. Wir sind ein geachteter und verlässlicher Partner in Europa und der Welt. "Europa gelingt gemeinsam" - das ist das Motto unserer morgen beginnenden europäischen Ratspräsidentschaft. Und ich füge hinzu: Europa gelingt nur gemeinsam. Nur ein einiges Europa kann die Herausforderungen von Globalisierung, also weltweitem Handel, aber
40 auch von Gewalt, Terror und Krieg annehmen. Ein gespaltenes Europa ist zum

---

7 Textquelle: http://www.bundesregierung.de/nn_1514/Content/DE/Bulletin/2007/01/01-1-bk-neujahr.html, 18.07.2007.

Scheitern verurteilt.
Verantwortung zu übernehmen - zu Hause, in Europa und der Welt - das ist am Ende immer sehr konkret. Ich danke deshalb allen Helferinnen und Helfern, ich danke den Polizistinnen und Polizisten, den Sanitätskräften, und ich danke unseren
45 Soldatinnen und Soldaten, die im Augenblick auch unter Einsatz ihres eigenen Lebens fern der Heimat helfen, Frieden und Stabilität zu sichern.
Europa gelingt gemeinsam, und Europa gelingt, wenn alle zu Hause im eigenen Land ihre Hausaufgaben machen. Wir müssen uns also 2007 schlichtweg doppelt anstrengen - für Fortschritte in Europa und vorneweg für die Fortsetzung des wirt-
50 schaftlichen Aufschwungs in Deutschland.
Wir wollen ihn nachhaltig und dauerhaft machen. Gäben wir uns jetzt mit den ersten Erfolgen zufrieden, dann bliebe die wirtschaftliche Belebung, wie schon in der Vergangenheit viel zu oft erlebt, wieder nur ein Strohfeuer. Und alles würde nur noch schwieriger werden. Genau das wollen wir verhindern.
55 Dabei weiß ich sehr wohl, welche Belastungen mit manchen Entscheidungen für Sie verbunden sind, liebe Mitbürgerinnen und Mitbürger. Auch ist der Erfolg von Reformen nie sofort zu spüren. Doch die guten wirtschaftlichen Zahlen jetzt, ganz besonders die sinkende Arbeitslosigkeit, sie zeigen, dass sich die Anstrengungen und Härten nach einiger Zeit auszahlen. Das jetzt mit dem Aufschwung ganz kon-
60 kret zu erfahren, das kann uns auf dem weiteren Reformweg nur ermutigen - bei der Rente mit 67 oder bei der zurzeit hart umkämpften Gesundheitsreform, auch bei der Reform der Pflegesicherung, der Unternehmenssteuerreform oder bei weiteren Arbeitsmarktmaßnahmen. Sie alle sind unverzichtbar. Sie alle werden ihre positive Wirkung nicht schon am Tag des Inkrafttretens der Gesetze entfalten. Aber
65 nach einiger Zeit werden sie sie bringen.
Deutschland wandelt sich - Schritt für Schritt.
Wir können das nach wie vor drängendste Problem unseres Landes, die Arbeitslosigkeit, weiter in den Griff bekommen. Sie abzubauen, steht auch im kommenden Jahr im Zentrum aller Bemühungen der Bundesregierung. Wir wollen die Schul-
70 denlasten der öffentlichen Haushalte weiter senken. So schaffen wir neue Spielräume. Für Bildung, Forschung und Entwicklung - also für Lebenschancen und damit für Arbeitsplätze. Dazu gehört auch, dass wir unsere Energieversorgung effizienter machen und den Klimaschutz vorantreiben. Das beginnt beim energiesparenden Bauen und reicht bis zu internationalen Initiativen.
75 Wir wollen mehr Chancen am Arbeitsmarkt insbesondere auch für die eröffnen, die es schwerer als andere haben: die Älteren, die geringer Qualifizierten, die Langzeitarbeitslosen.
Wir wollen die Erziehungskraft der Familien stärken. Dabei dürfen wir unsere Augen nicht davor verschließen, dass eine immer größer werdende Zahl von Familien
80 heute nicht mehr allein ihre Erziehungsverantwortung wahrnehmen kann. Schicksale wie das des kleinen Kevin in Bremen zeigen das. Fassungslos haben wir sie in diesem Jahr verfolgt. Jeder einzelne von uns, aber auch der Staat - wir dürfen nicht zur Tagesordnung übergehen oder wegschauen! Wir müssen uns einmischen!
Liebe Mitbürgerinnen und Mitbürger, wir sollten uns für das kommende Jahr wie
85 für das zurückliegende Jahr wieder vornehmen: Überraschen wir uns damit, was möglich ist!
Das beginnt übrigens bei jedem von uns ganz persönlich: zum Beispiel mit einem Gespräch, einem ausgedehnten Spaziergang, einem Besuch oder indem wir mal das

Handy ganz bewusst ausschalten, auch wenn dies manchem, wie zum Beispiel auch
90 mir, zunächst einmal ungewohnt erscheinen mag. Sie werden sehen, wie gut all das
für das Miteinander ist.
Und so wünsche ich Ihnen allen ein gutes, ein erfülltes und ein gesegnetes neues
Jahr 2007.

Legt man die Einteilungen des Kommunikationsbereichs Politik von Burkhardt (1996) und Dieckmann (1975) zugrunde, kann man damit zunächst einmal die NA der **Politikersprache** bzw. der **politischen Meinungssprache** zuzuordnen. Bei den von Grünert (1983) beschriebenen Sprachspielen lässt sich die NA dem **integrativen Sprachspiel** zuordnen, das der "Notwendigkeit, Solidarität zu erzeugen, Gemeinschaften des Glaubens, Denkens, Handelns zu schaffen" (S. 53), entspringt. Das Modell von Strauß (1986), das mehrere Ebenen vorsieht, lässt folgende Zuordnungen zu:

- **Sprachspiel**

Das alle politischen Kommunikationsformen umfassende **Makrosprachspiel** ist Strauß zufolge politische Willensbildung in der Bundesrepublik Deutschland. Das betreffende **Mikrosprachspiel** wäre in der öffentlich-politischen Meinungsbildung zu sehen; es geht um ein Resümee und um die Bewertung des zurückliegenden Jahres aus Sicht der Bundesregierung. Die NA enthält darüber hinaus aber auch Züge der politischen Werbung, indem meist ein positives Resümee gezogen wird. Mit dieser positiven Bewertung soll ein gutes Licht auf die Bundesregierung geworfen werden.

- **kommunikative Verfahren**

Unter den kommunikativen Verfahren, die bei Strauß aufgeführt werden, sind für die NA die **Makroverfahren** des Sprachspiels 'öffentlich-politische Meinungsbildung' zu nennen, nämlich SOLIDARISIEREN und INTEGRIEREN, aber auch das Makroverfahren des Sprachspiels 'politische Werbung', AKTIVIEREN; auch Holly zufolge

> lässt sich die Neujahrsabsprache zunächst grob dem Interaktionsrahmen "politische Werbung von Parteien" zuordnen, auch wenn der Kanzler hier nicht als Parteisprecher in einem aktuellen Wahlkampf auftritt, sondern – im Zusammenhang mit der ständig zu leistenden Legitimationsarbeit, im "permanenten Wahlkampf" – für seine Regierung(skoalition) und seine Person wirbt. (S. 317)

Es fällt also nicht ganz leicht, konsequent nur in einer der von Strauß (1986) vorgesehenen Kategorien zu bleiben. Bei den kommunikativen **Mikroverfahren** der NA wäre an erster Stelle das RESÜMIEREN zu nennen. Dies ist ein Merkmal der gesamten Textsorte, obwohl es auch einige Stellen gibt, an denen dies besonders deutlich wird (Z. 4, 12f., 35f.). Neben der Rückschau enthält die NA auch Elemente der Vorausschau auf die Zukunft/das folgende Jahr, also das Verfahren PROGNOSTIZIEREN (Z. 13f., 32f., 64f.). Konstitutiv für die Textsorte

NA sind auch die beziehungsorientierten Verfahren LOBEN (Z. 8f., 26ff.), DANKEN (Z. 43ff.) und WÜNSCHEN (Z. 92f.). Der Bezug auf die adressierte Gesamtöffentlichkeit der bundesdeutschen StaatsbürgerInnen zeigt sich am deutlichsten in den Verfahren APPELLIEREN (Z. 22, 83ff.), MAHNEN (Z. 81f.) und ERMUTIGEN (Z. 67ff.). Am deutlichsten auf politische Werbung bzw. auf Selbstdarstellung der Regierung und die Pflege des eigenen Images verweist das Verfahren LEGITIMIEREN im Sinne von 'Rechenschaft ablegen' für die vergangene und künftige Arbeit der Bundesregierung (Z. 17-21, 29-33, 57-63).

Folgt man dem Modell von Strauß weiter, wäre noch die **dominierende Sprecherabsicht** zu nennen, die vor allem in politischer Eigenwerbung, aber auch im Integrieren besteht. Die **beabsichtigte Textwirkung** besteht im Erzeugen von Zugehörigkeitsbereitschaft. Durch die Vermittlung eines positiven Bildes der Gemeinschaft (mit der für jede NA typischen Attitüde: 'wir sind gut'; 'wir schaffen es') soll der Text integrativ wirken. Der/die Einzelne soll in der Zugehörigkeit bestärkt werden und auch darin, im Sinne der Gemeinschaft – des 'Gemeinwohls' – zu handeln. Die **dominierende Sprechereinstellung** wäre demnach sowohl evaluativ (etwas für gut/schlecht, wünschens-/ablehnenswert halten) also auch voluntativ-deontisch (etwas wollen, wünschen, befürchten, hoffen und sollen). Der **Kontakt- bzw. Beziehungsaspekt** kann Strauß zufolge anhand der Produzenten- und Adressaten-Konstellation erfasst werden (Bundesregierung über Fernsehen/Radio an die gesamte Öffentlichkeit; medienvermittelte, zeitversetzte Interaktion ohne direkte Reaktionsmöglichkeit, hierarchische Konstellation). Daneben kann der Kontakt- und Beziehungsaspekt auch anhand von Textmerkmalen beschrieben werden (Image-Pflege der Regierung, integrative Kontakt-Rituale; Konstitution und Behauptung einer Wir-Gruppe aller StaatsbürgerInnen (Deutschland = wir; Z. 18, 35) mit ähnlichen Empfindungen (Z. 11f.), Sorgen und Hoffnungen.

Mit Hilfe der Kategorisierungen von Strauß lässt sich die Textsorte NA also zum einen in den Kommunikationsbereich 'Politik' – wenn auch nicht immer ganz eindeutig in eine der vorgeschlagenen Ober- und betreffende Unter-Kategorien – einordnen, die wesentlichen Textmerkmale lassen sich mit den bei Strauß vorgeschlagenen Aspekten beschreiben. Weiter ins (Text-)Detail reichen die von Klein (2000) zur Einteilung und Beschreibung von Textsorten im Kommunikationsbereich Politik vorgeschlagenen Kategorien hinein: pragmatische, semantische, grammatische und rhetorische Kategorien. Holly (1996) geht auf die meisten der bei den jeweiligen Kategorien genannten Unterpunkte ein. Zu den **pragmatischen Kategorien** gehören zunächst einmal Emittent und Adressat – Holly geht vom Kommunikationsrahmen der Regierungspropaganda aus, bei der sich Regierungsmitglieder und -institutionen als 'Emittenten' über die Medien 'öffentlich-monologisch' an das Volk als Wähler ('Adressat') richten. 'Autor' ist augenscheinlich ein einzelner, der Kanzler, tatsächlich arbeitet er mit einem Team von Redenschreibern und Beratern zusammen. (S. 315)

Weitere pragmatische Kategorien sind Textart, Grundfunktion, Texthandlungsmuster, Geltungsmodus, Textsorten-Intertextualität. Zur Textart ist zu bemerken, dass es sich um einen schriftlich verfassten, aber mündlich vorgetragenen Text handelt (auf Grundlage des Schrifttextes, vorliegend in Papierform oder vom Teleprompter abgelesen), der nach dem mündlichen Vortrag wiederum auch in Schriftform von der Bundesregierung distribuiert wird. Als Grundfunktion geht Holly weniger von Integration als von politischer Werbung aus, dementsprechend ordnet er der NA auch folgende Texthandlungsmuster zu:

(1) Der Kanzler GIBT RECHENSCHAFT und WIRBT, indem er an Vergangenes ERINNERT und es BEWERTET. (2) Der Kanzler ORINTIERT und WIRBT, indem er VORAUSSAGT und VERSPRICHT, EINSTELLUNGEN VORGIBT und APPELLIERT. (3) Der Kanzler SOLIDARISIERT und WIRBT, indem er GEDENKT, DANKT, GRÜSST und GUTE WÜNSCHE äußert. Daneben und zugleich spielt natürlich die SELBSTDARSTELLUNG wie in allen werbenden Texten eine besondere Rolle. (S. 318)

Die meisten der genannten Texthandlungen wurden mit Strauß bereits aufgeführt; bei Holly werden sie als Texthandlungsmuster zueinander ins Verhältnis gesetzt. Jedes Muster enthält hier die Absicht politischer Eigenwerbung. Der Geltungsmodus bezieht sich Klein (2000) zufolge auf das Maß an Verbindlichkeit, das durch einen Text geschaffen wird – die Verbindlichkeit von Gesetzen und Verträgen ist hoch, die Verbindlichkeit der in einer NA vorgenommenen, allgemeinen Wertungen ist ziemlich niedrig. Auch auf die angekündigten politischen Maßnahmen und Ziele (Z. 17ff., 57ff.) würde man die Bundesregierung nicht ausgerechnet anhand einer NA festlegen – dazu taugen eher Regierungserklärungen im Bundestag. Textsorten-Intertextualität im Sinne der Text-Text-muster-Beziehungen besteht zumindest mit allen vorhergehenden Neujahrsansprachen, in deren Tradition sich jede weitere automatisch stellt und deren etablierte Texthandlungsmuster sowie deren etablierter Stil meist Jahr für Jahr reproduziert wird. Auch die NA Merkels ist ein insofern typisches Exemplar der Textsorte, als sie die vorgegebenen Handlungsmuster und Stilzüge realisiert. Eine Text-Text-Beziehung wird von Merkel selbst hergestellt, indem sie auf ihre eigene Neujahrsansprache aus dem vergangenen Jahr verweist (Z. 3). Als Teil eines Textnetzes im institutionellen, funktionalen oder thematischen Rahmen lässt sich die NA nicht gut beschreiben. Für den institutionellen Rahmen käme nur die 'Bundesregierung' in Frage, die aber für sich genommen keine Institution im engeren Sinne ist; für den funktionalen Rahmen ist der Verweis auf politische Eigenwerbung oder Integration zu allgemein, um von einem Textnetz zu sprechen, das m.E. etwas enger umrissen sein sollte; dementsprechend ist auch die Themenbehandlung so allgemein, dass sich die Neujahrsrede nicht lediglich z.B. aufgrund der Z. 35-49 dem Europa-Diskurs oder aufgrund der Z. 57-63 dem Arbeitsmarktdiskurs zurechnen lässt.

Zu dem **semantischen Kategorien** zählt Klein Thema und Lexik. Mit Bezug auf das Thema in Neujahrsreden schreibt Holly:

> 'Thema' ist die politisch-wirtschaftliche Lage, wie sie aufgrund der Ereignisse des abgelaufenen Jahres entstanden ist, ihre vorhersehbare Entwicklung und die Folgerungen, die für das Handeln von Regierenden und Bürgern daraus zu ziehen sind. (S. 317)

Zur Lexik einer NA gehören nach Holly vor allem wertende Lexeme (z.B. Z. 8 *großartig*, Z. 25 *spitze*), Schlagwörter, insbesondere Hochwertwörter (z.B. Z. 15f.; *friedlich, tolerant*, Z. 46 *Frieden und Stabilität*), vor allem aber voluntative Komponenten (z.B. Z. 78 *wollen, dürfen*, Z. 83 *müssen*, Z. 84 *sollten*, Z. 92 *wünsche*)

Mit Blick auf die bei Klein genannten **grammatischen Kategorien** äußert sich Holly zu für die NA typischer Syntax dahingehend, dass diese zwar geschriebensprachlich geprägt sei, dass sie jedoch in der Satzlänge "fernsehüblich auf die Hörersituation eingestellt" (S. 317) sei. Der Personenbezug kann sowohl konfrontierend (*ich/Sie*; vgl. Z. 55f.) als auch integrierend (*wir*; vgl. Z. 11f.) sein; "in jedem Falle wird auf die Kommunikationspartner explizit Bezug genommen" (S. 318). In der NA – und auch bei Merkel – dominiert allerdings üblicherweise der integrierende Personenbezug.

Zu den **rhetorischen Kategorien** zählt Klein die Bauform, Themenentfaltung sowie rhetorische Figuren/Tropen. Die Themenentfaltung wird von Holly als "sowohl beschreibend-bewertend und berichtend als auch erklärend und argumentativ" (S. 317) beschrieben, wobei bei Merkel die ersten drei Entfaltungsarten gegenüber den letzten beiden klar dominieren. Die Ausführungen Hollys zur Bauform gelten weitestgehend auch für die NA von Merkel:

> Als 'Bauform' liegen einfach gegliederte Strukturen vor: nach einer kurzen Eingangspassage, die meist den Anlaß und die dabei üblichen Schritte des Bilanz-Ziehens und Vorausschauens thematisieren, folgen – in der Regel nach Politikfeldern (Wirtschaft, Innenpolitik, Sicherheits-/Außenpolitik) gegliederte – kurze Abschnitte mit Lagedarstellungen und Berichten einerseits, Prognosen mit Absichtserklärungen und Aufforderungen an die Wähler andererseits; am Schluß stehen in der Regel die guten Wünsche; fakultativ können Passagen mit Grüßen und/oder Gedanken an einzelne Gruppen eingestreut sein. (S. 317)

In der NA ist mit Bezug auf die rhetorischen Figuren und Tropen prinzipiell "das ganze Spektrum, das in persuasiven Texten üblich ist" (Holly 1996, S.

318), zu finden. Bei Ottmers (1996) sind die im Folgenden genannten Figuren und Tropen genauer beschrieben. In Merkels Rede finden sich unter den Figuren die Wiederholungsfigur Diakope (Z. 66 *Schritt für Schritt*), unter den semantischen Figuren zur Gedankenzuspitzung finden sich Antithese (Z. 82f. Wir dürfen nicht *[...] wegschauen!* Wir müssen uns *einmischen!* Z. 38-41 Nur ein *einiges* Europa kann [...]. Ein *gespaltenes* Europa ist [...]) und Klimax (Z. 42 zu *Hause*, in *Europa* und der *Welt*). Unter den Tropen findet sich bei der Metonymie vor allem 'Land für Bewohner' (Z. 13, 18, 35). In Merkels NA finden sich die üblichen, politiktypischen metaphorischen Konzeptualisierungen (vgl. 2.5): WIRTSCHAFT als ORGANISMUS (Z. 31 Wirtschafts*wachstum*, Z. 52 wirtschaftliche *Belebung*), POLITIK als WEG (Z. 49 *Fortschritte*, Z. 60 Reform*weg*, Z. 73 Klimaschutz *vorantreiben*), POLITISCHE AUSEINANDERSETZUNG als KAMPF (Z. 61 *hart umkämpften* Gesundheitsreform).

3.5 Rahmenbedingungen politischer Kommunikation in der modernen 'Massenmediokratie'

Analysen von Texten im Kommunikationsbereich Politik favorisieren pragmatische Gesichtspunkte, d.h., sie fragen nicht nur nach der Struktur, sondern vor allem nach der Funktion von einzelnen Texten, Textsorten oder Kommunikationsereignissen im Gesamtzusammenhang politischer Kommunikation. Welche Ziele verfolgen die Handlungsbeteiligten und wie tragen die Texte, die dabei zum Einsatz kommen, zur Verfolgung dieser Ziele bei? Frühe Arbeiten zu politischer Kommunikation (Zimmermann 1969, Betz 1977) sind zum Teil vereinfachend davon ausgegangen, dass das Ziel politischer Kommunikation in der Manipulation der BürgerInnen bestehe. Diese Manipulation werde von den PolitikerInnen bewusst zum Selbstzweck des Machtgewinns betrieben. Der größte Teil der BürgerInnen sei diesen Manipulationstechniken in der Regel ausgeliefert. Aufgabe einer Sprachanalyse sei es, diese Manipulationstechniken auf sprachlicher Ebene aufzudecken und darüber aufzuklären.

Der Blick auf politischen Sprachgebrauch ist jedoch vor allem in den 90er Jahren differenzierter geworden. Noch immer besteht zwar das Interesse an der Funktion einzelner Kommunikationsereignisse im Sinne der Handlungsziele der Beteiligten, was aber kaum ohne mindestens eine zusätzliche Frage auskommt: Welche Mechanismen, Spielregeln und Rahmenbedingungen politischer Kommunikation muss man dabei in Rechnung stellen?

☞ Wenn man sich heutzutage etwa gründlich mit einer Textsorte wie dem Wahlslogan beschäftigen möchte, sollte man nicht nur entsprechende Texte zusammentragen und mit Blick auf ihre Klassifizierung in Typen (Aktivierungsslogans, Polarisierungsslogans u.a., vgl. Toman-Banke 1996), ihre Funktion für das Parteiimage sowie auf ihre sprachlichen Besonderheiten

untersuchen, sondern z.b. auch folgende Rahmenbedingungen berücksichtigen:
- Für Wahlkampagnen werden Werbeagenturen beauftragt, die auch an der Entwicklung von Slogans beteiligt sein dürften.
- Demoskopische Umfragen über politische Themen und ihre Relevanz könnten die Auswahl der zentralen Slogans bzw. ihrer Thematik beeinflussen.
- Der Verlauf des betreffenden Wahlkampfes bzw. dessen unmittelbare Vorgeschichte könnte es mit sich bringen, dass Slogans auf Äußerungen, Standpunkte oder Vorwürfe des politischen Gegners 'antworten'.
- Der Stellenwert von Slogans im wahlkämpferischen Kommunikationsgeschehen ergibt sich auch daraus, inwieweit oder wie oft sie in Verbindung mit anderen Texten wie Fernsehstatements oder Interviews, in Wahlprogrammen und auf Wahlplakaten auftauchen.

Allgemein haben in politolinguistischen Arbeiten mit Bezug auf die Rahmenbedingungen politischen Sprachgebrauchs bisher vor allem die folgenden drei Aspekte eine Rolle gespielt:
- Massenmedialität: Unter dem Stichwort werden Überlegungen zu den Auswirkungen der medialen Vermittlung politischer Kommunikation zusammengefasst. Neben der Beobachtung wechselseitiger Beeinflussung von Politik und Medien hat man sich vor allem mit dem Phänomen der Adressatenheterogenität und der Inszeniertheit von politischer Kommunikation beschäftigt.
- Gesellschaftliche Rahmenbedingungen: Einige Überlegungen beschäftigen sich mit der Reichweite politischer Kommunikation in der modernen pluralistischen, funktional ausdifferenzierten Massendemokratie.
- Politikerprofil: Hier sind Überlegungen zum Rollengeflecht und zum teilweise in sich widersprüchlichen kommunikativen Anforderungsprofil von PolitikerInnen angesprochen.

Der Faktor **Massenmedialität** kann bei der Beschäftigung mit dem politischen Gebrauch der Sprache kaum unterschätzt werden. Hier können nur die wichtigsten Aspekte angerissen werden, bei konkreten Untersuchungen gäbe es je nach Untersuchungsgegenstand sicher noch weitere zu bedenken. Ein ganz wesentlicher Faktor ist die **wechselseitige Beeinflussung von Politik und Medien**:

> Politik und Medien tendieren zu einer Symbiose, in der beide Seiten zum gemeinsamen Nutzen ihre Interessen vertreten können. Die Politik braucht und gebraucht das Mediensystem zur Vermittlung ihrer Positionen; die Medien suchen die Nähe zur Politik, um überhaupt Informationen zu erlangen oder abstrakte Politik interessant und einigermaßen verständlich darstellen zu können. (Kamps 1998, S. 37)

Die wechselseitige Beeinflussung von Politik und Medien ist vor allem ein Thema in der Politikwissenschaft, aber auch für die Beschäftigung mit politischem Sprachgebrauch ist es wichtig, einige der medienspezifischen Bedingungen für politische Kommunikation bzw. auch für Politikvermittlung in Rechnung zu stellen. Die folgenden Bemerkungen beziehen sich vor allem, aber nicht ausschließlich, auf das Medium Fernsehen. Das Fernsehen und vor allem Fernsehnachrichten spielen eine herausragende Rolle als Quelle von Informationen über Politik. Politikberichterstattung im Fernsehen unterliegt zum einen dem Zwang zur Aktualität, zum anderen dem zur Kürze der Meldungen. Das heißt, dass punktuelle Ereignisse Vorrang haben vor der Darstellung längerfristiger Entwicklungen und dass PolitikerInnen, wenn sie im O-Ton zu hören sind, häufig nur eine sehr knapp bemessene Sendezeit für die Darstellung ihrer Positionen zur Verfügung haben und daher anfällig sind für Vereinfachung, Schwarz-Weiß-Malerei und dafür, einer Pointe den Vorrang vor einem Argument zu gewähren. Patzelt (1995) hat Parlamentarier zu ihrem kommunikativen Selbstverständnis befragt, zu sprachlichen Anforderungen und Problemen, die sie im Zusammenhang mit ihrer Tätigkeit sehen.[8] Die Äußerungen aus PolitikerInnensicht sollen in die folgende Darstellung der Probleme politischen Sprechens in der Öffentlichkeit zu Illustrationszwecken eingearbeitet werden.[9]

> Und dann stellt der [Journalist, M.S.] Ihnen eine Frage; ....die kennen Sie vorher nicht. [...] Und sollen jetzt also spontan [...] auf diese Frage antworten, möglichst exakt, weil Sie eben nur 1,3 Minuten Zeit (insgesamt) haben. [...] Was macht er [der Politiker, M.S.], nachdem er ja die Zeit zum Nachdenken nicht zugestanden (bekommen) hat? Er formuliert zunächst mal so, daß ihm aus dieser Formulierung, die ja jetzt 5 Millionen Menschen hören, nicht später einer einen Strick drehen kann. [...] Damit gewinnen sie den Eindruck: Der kann ja nichts Verbindliches sagen, der weicht aus, der formuliert vage! Das tut er auch. Aber sie sehen nicht, warum er das macht. (Patzelt 1995, S. 31)

Im Hinblick auf die Politikdarstellung lässt sich die Kritik an den medienspezifischen Reduktionsmechanismen mit den Schlagworten **Ritualisierung, Polarisierung, Personalisierung** und **Symbolisierung** zusammenfassen.

Die **ritualisierte Darstellung politischer Vorgänge** hängt mit dem Visualisierungszwang des Mediums Fernsehen zusammen. Politische Ereignisse werden mit sogenannten Standardbildern belegt, welche die Ereignisse lediglich repräsentieren: So wird ein Ereignis wie 'Staatsbesuch' vermittelt durch Bilder von vorfahrenden Limousinen bzw. Menschen, die aus Limousinen oder Flug-

---

8   Bei Interesse für den Blickwinkel der PolitikerInnen: Holly (1990) hat einen Bundestagsabgeordneten in seinem Wahlkreis sowie im Parlament begleitet und dessen kommunikative Aufgaben, Konflikte und Strategien beschrieben.
9   Bei den folgenden Zitaten aus Patzelt (1995) handelt es sich also immer um die Äußerungen der von ihm interviewten und zitierten PolitikerInnen, nicht um seine eigenen.

zeugen aussteigen und sich die Hände schütteln. „Bilder erklären das Thema äußerst selten, sie repräsentieren es nur." (Kamps 1998, S. 42) Zu wiederkehrenden politischen Ereignissen gibt es sozusagen einen Pool von Standardbildern, die immer wieder zur Darstellung von Ereignissen herangezogen werden. „Standardnachrichtenbilder stereotypisieren solcherart den politischen Diskurs." (Ebd.)

Die **Polarisierung** als Gegenüberstellung von Pro und Contra, von BefürworterInnen und GegnerInnen beruht zum einen auf dem Gedanken, eine auf Fairness hin angelegte, nach politischen Lagern ausgewogene Berichterstattung zu gewährleisten, indem jeweils einer Meinung des einen politischen Lagers die anderslautende Meinung aus einem anderen Lager gegenübergestellt wird. Zum anderen gilt aber auch: „Je leichter sich ein Geschehen als Auseinandersetzung zwischen gesellschaftlichen Gruppen darstellen läßt, desto nachrichtenwürdiger ist es." (Kamps 1999, S. 99) Eine solcherart auf Konfrontation angelegte Berichterstattung kann in der Konsequenz zur Überschätzung von Differenzen zwischen Parteien und zur Unterschätzung von Differenzen innerhalb der Parteien führen.

Ähnlich wie Standardbilder bestimmte Ereignisse repräsentieren, treten auch Personen als Repräsentanten des Geschehens auf. Dieser Umstand wird als **Personalisierung** bezeichnet. Der zweischneidige darstellungstechnische Vorteil liegt in der damit einhergehenden Komplexitätsreduktion. Dabei wird in den Nachrichten allerdings immer wieder auf bekannte Träger hoher Ämter zurückgegriffen. "Mit der Etabliertheit der Politiker wächst ihre Chance auf mediale Zuwendung." (Kamps 1998, S. 43). Hierbei ist auch mit Marcinkowski zu bemerken, dass die politische Berichterstattung in den Fernsehnachrichten einseitig ihre Aufmerksamkeit auf das Regierungshandeln richte und damit der Blick auf bestehende, eher dezentrale gesellschaftliche Macht- und Entscheidungsstrukturen verstellt werde (1994, S. 38f. und 51).

Die **Symbolisierung** der Politik in medialer Politikberichterstattung bezieht sich darauf, dass einzelne Statements und Bilder "die Gesamtheit des Geschehens, dessen Vielfalt und Mehrdimensionalität nicht dargestellt werden kann" (Kamps 1998, S. 37), vertreten. Vor allem zur Symbolisierung von Politik in den Fernsehnachrichten tragen nach Kamps die politischen Akteure selbst bei, indem sie mittels Public Engineering dafür sorgen, dass mediengerechte Ereignisse stattfinden.

> Viel von der politischen Berichterstattung läßt sich dann auf geplante, für die Medien präparierte Ereignisse zurückführen, wie z.B. Pressekonferenzen [...]. Manche Pressekonferenzen werden so terminiert, daß den Journalisten noch Bearbeitungszeit bis Redaktionsschluß zur Verfügung steht [...]. Spektakuläre Auftritte werden frühzeitig angesetzt, überraschende Entwicklungen, die weniger journalistische Eigenleistungen wünschen lassen, werden auf den Nachmittag gelegt und

Bekanntmachungen, die ungünstige Meldungen nach sich ziehen dürften, auf den späten Abend. (Ebd., S. 38)

Es ist also einerseits so, dass die Medien mit ihrer Art der politischen Berichterstattung Politik in einer bestimmten Weise darstellen und damit auch Politikwahrnehmung der BürgerInnen beeinflussen. Andererseits haben sich die politischen Akteure längst auf die 'Spielregeln' der Medien eingestellt. Sie bieten ihrerseits, möglichst unter terminlichem Kalkül, mediengerechte Ereignisse an, um Aufmerksamkeit sicherzustellen. In der von den Medien vorgegebenen zeitlichen Verknappung verzichten PolitikerInnen selbst auf Differenzierung zugunsten von Polarisierung. Im Sinne der Personalisierung bieten sich SpitzenpolitikerInnen auch bei vielfältigen Gelegenheiten der Kamera an.

Ein weiterer Faktor bei der Berücksichtigung von Massenmedialität im Zusammenhang mit dem politischen Gebrauch der Sprache ist die Berücksichtigung der **Inszeniertheit politischer Kommunikationsereignisse**. Hierzu wurden vor allem politische Talkshows im Fernsehen (Dieckmann 1985, Holly/Kühn/Püschel 1986 und 1989, Petter-Zimmer 1990) untersucht. Bei einer politischen Fernsehdiskussion handelt es sich um ein inszeniertes Kommunikationsereignis, weil den PolitikerInnen, die dabei zusammenkommen, das, was sie sich dort gegenseitig vortragen bzw. vorhalten, längst bekannt ist.

> Die Interaktanten der Binnenkommunikation kommen in öffentlich-dialogischen Kommunikationsereignissen primär wegen des zuschauenden Dritten zusammen und nicht, weil sie sich von sich aus etwas zu sagen hätten. [...] Die Interaktanten orientieren sich primär am Partner der Binnenkommunikation, realisieren die Kommunikation als Gespräch untereinander. Die Kommunikation ist so angelegt, als hätten sich die Teilnehmer der Binnenkommunikation von sich aus etwas zu sagen. Damit entsteht eine Diskrepanz zwischen dem kommunikativen Verhalten und der Wirkungsintention der Kommunizierenden. (Dieckmann 1985, S. 66)

Für die unmittelbar Beteiligten, die miteinander interagieren, besteht also keine Notwendigkeit und eigentlich gar kein Anlass zu dieser Interaktion. Die einzige Veranlassung besteht in der Möglichkeit politischer Eigenwerbung mit Blick auf die sekundär adressierte Öffentlichkeit der FernsehzuschauerInnen. Die eigentliche Ausrichtung auf die ZuschauerInnen wird jedoch von allen Beteiligten überspielt, das Ganze wird als ein Streitgespräch untereinander inszeniert – nur dass die PolitikerInnen nicht beabsichtigen, gegenseitig beieinander um Akzeptanz zu werben, sondern bei den ZuschauerInnen, die vordergründig nicht in das Kommunikationsgeschehen involviert sind. Dieckmann (1985) hat dies 'zum Fenster hinausreden' genannt und 'trialogische Kommunikation'. Dabei wird die Ausrichtung dieses inszenierten Dialogs auf die Zuschauer fortwährend überspielt. Meist gelingt dies jedoch nicht perfekt, es kommt zu Inszenierungsbrüchen:

- etwa wenn die Interaktanten in die Kamera blicken, anstatt sich gegenseitig anzuschauen;
- wenn Sachverhalte oder Ereignisse, die den Beteiligten völlig klar sein müssen, für die Zuschauer noch einmal erklärt werden;
- wenn es zu übertriebener, von der Sache her wenig angemessen erscheinender politischer Auseinandersetzung kommt, mit der die Beteiligten sich profilieren bzw. die konkurrierende Gruppe oder Meinung herabsetzen wollen.

Die Äußerungen innerhalb solcher massenmedial vermittelten Diskussionen sind also **mehrfachadressiert**: Oberflächlich adressieren die Beteiligten sich gegenseitig, die gemeinten Adressierten sind jedoch die ZuschauerInnen. Weitere Personen(kreise) (z.B. internationale Beobachter) können zu Adressierten werden, wenn sie die entsprechenden Äußerungen rezipieren.

☞ Kühn (1995) beschreibt das Phänomen der Mehrfachadressierung umfassend. Anhand einer Äußerung des Ex-Innenministers Zimmermann stellt er dar, welche Gruppen von Zimmermann als Adressierte einkalkuliert wurden, welche verschiedenen Bedeutungen die eine Äußerung für die verschiedenen Adressatengruppen hatte, welche Gruppen sich darüber hinaus noch angesprochen fühlten und auf die Äußerung reagierten. Kühn erfasst das Phänomen der Mehrfachadressierung aus verschiedenen Perspektiven: etwa danach, ob sie offen oder verdeckt stattfindet, ob sie absichtlich oder unabsichtlich geschieht und ob sie sich sprachlich direkt oder indirekt äußert.

Vielfach wurde im Rahmen solcher Analysen darauf hingewiesen, dass diese Inszeniertheit eine ambivalente Haltung gegenüber dieser Art von Politikdarstellung verursacht: Einerseits möchte man gerne 'Mäuschen spielen' und einen Einblick in die Auseinandersetzung zwischen politischen ExpertInnen bekommen. Andererseits ahnt man spätestens bei einem Inszenierungsbruch, dass diese inszenierten Diskussionen genau dies eben nicht leisten. Zusätzlich wird eine verzerrte Vorstellung über politische Auseinandersetzung verbreitet: Man kann wohl nicht davon ausgehen, dass die wirkliche, alltägliche Zusammenarbeit konkurrierender Parteien, etwa in parlamentarischen Ausschüssen, so unsachlich, polemisch und unproduktiv wie die Diskussionen im Fernsehen vonstatten geht.

Ein weiterer, wichtiger Faktor im politischen Gebrauch der Sprache, der sich aus der massenmedialen Vermittlung ergibt, ist die **Adressatenheterogenität**. Wenn die Äußerung von PolitikerInnen über die Massenmedien verbreitet wird, können diese nie genau abschätzen, wer ihre Äußerung rezipieren wird. Die Bedingungen der Massenmedialität und der damit einher gehenden Adressatenpluralität machen vielfältige Rücksichtnahmen erforderlich, die eine klare Stellungnahme nicht immer erlauben.

> Politiker, vor allem Spitzenpolitikerinnen und -politiker, haben als potentielles Publikum ein Breitbandspektrum von Adressaten. Unter demokratisch-pluralistischen und heutigen massenmedialen Bedingungen können Politiker sich ihre Adressaten nicht beliebig aussuchen oder begrenzen. [...] Dabei mischen sich bei den Adressaten Ausprägungen von Eigenschaften in verschiedenen Dimensionen, die für ihr Involviertsein in die politische Kommunikation relevant sind und die von Politikerinnen und Politikern gemeinhin in ihre Äußerungen einkalkuliert werden. (Klein 1995, S. 79)

Bei den verschiedenen Dimensionen im Zusammenhang mit den Adressierten, die PolitikerInnen bei der Planung ihrer Äußerungen berücksichtigen, kann es sich nach Klein um die politische Nähe, die Interessiertheit, den Grad der Macht, über die die Adressierten verfügen, ökonomische Stärke, Kompetenz und mediale Nähe handeln. Hinzu kommen soziale Dimensionen wie Alter, Berufsstand, Geschlecht, Konfession, Herkunft und so weiter. Daraus ergibt sich für PolitikerInnen die "Frage, wie Redner mit dem gleichzeitigen Vorhandensein von unterschiedlichen Eigenschaften und Einstellungen in verschiedenen Segmenten eines Publikums umzugehen haben" (ebd.).

Ein einfaches Beispiel für die Vergegenwärtigung verschiedener, möglicherweise betroffener Adressierter unter dem Stichwort 'demographischer Wandel': Bei jeder öffentlichen Thematisierung der gesellschaftlichen Veränderungen und daraus resultierenden Probleme für das deutsche Sozialversicherungssystem, die sich aus der zunehmenden Lebenserwartung und dem stetigen Steigen des Altersdurchschnitts in der Gesellschaft ergeben, muss hinzugefügt werden, dass es ja auch gut so ist, wenn die Menschen immer älter werden. Andernfalls, wenn also nur das Problem ohne diese Bekräftigung behandelt werden würde, ist anzunehmen, dass alte Menschen Empörung über diese Art der Themenbehandlung äußern würden.

Zudem werden einmal aufgezeichnete und verbreitete Äußerungen gespeichert und archiviert. Sie können also jederzeit hervorgeholt und in anderen Zusammenhängen von anderen Gruppen neu rezipiert werden. Hierzu äußert sich einer der von Patzelt befragten Politiker:

> ...weil bei jedem Politiker nachgeblättert wird, was er [...] irgendwann einmal gesagt hat [...] am soundsovielten Datum, dann und dann, und dann wird das Zitat, auch noch möglicherweise herausgerissen, ihm vorgehalten. Dem versuchen die Politiker auszuweichen, gerade die Spitzenpolitiker, und reden dann so unverbindliches Zeug 'mal daher, daß es mich selbst ärgert [...] gerade weil heute durch die neue Kommunikationstechnik das alles möglich ist. (Patzelt 1995, S. 37)

Auch die **Prozessualität** politischer Kommunikation (vgl. Klein 1995) ist bei der Beschäftigung mit diesem Thema ein weiterer Aspekt, den man beachten sollte. Dieser Faktor kann auf Seiten der PolitikerInnen ebenfalls zu kommunikativem Meideverhalten führen, wenn sie zu Sachverhalten gefragt werden, über die ein Meinungsbildungsprozess innerhalb der Partei, Fraktion oder Koalition noch nicht abgeschlossen ist. Dazu wiederum PolitikerInnen selbst:

> Oft hängt es damit zusammen, daß die Politiker in Phasen gefragt werden, wo der politische Willensbildungsprozeß voll im Gange ist [...]. Oft ist die Politik nicht im Entscheidungsprozeß so weit, daß man bereits fertige, inhaltsreiche Aussagen zum besten geben kann. Sondern man muß vielleicht da und dort die eine oder andere Hülse anbieten, um diesen Prozeß in irgendeiner Form nicht zu gefährden. (Patzelt 1995, S. 35)

> Ein Bundeskanzler kann halt nicht immer deutlich und klar und direkt seine Meinung sagen, weil ja vieles nicht am offenen Markt ausgetragen werden kann, wenn man's also tatsächlich lösen will. [...] Da muß man ihm gestatten, daß er das bei allgemeinen Andeutungen und Bemerkungen da beläßt. (Ebd.)

Neben diesem Aspekt nimmt die Prozessualität moderner politischer Kommunikation dem einzelnen Kommunikationsereignis seine zentrale Stellung für politische Eigenwerbung. Klein betont, dass in der modernen parlamentarischen Massendemokratie "politische Entscheidungen nicht am Ende einer punktuellen rednerischen Auseinandersetzung, sondern am Ende von Verfahren [stehen] – wobei die Verfahren oft im Kontext gesellschaftlich und massenmedial weit distribuierter, manchmal jahrzehntelanger Diskurse [...] stehen." (1995, S. 72) Innerhalb von Verfahren und Diskursen stehen eine Vielzahl verschiedener Sprechhandlungen, Textsorten, Kommunikationsanlässe, stehen Aktion und Reaktion miteinander in Beziehung. Argumente und Argumentationslinien bilden sich heraus, die unter Umständen über einen langen Zeitraum hinweg von bestimmten Gruppen bei allen möglichen Kommunikationsanlässen und innerhalb verschiedener Textsorten wiederholt werden. Ebenso lässt sich nach Klein die Resonanz einer Rede "kaum mehr punktuell – etwa am Applaus – festmachen." (ebd., S. 73) Dass sich die Resonanz einer Rede nicht mehr punktuell festmachen lässt, geht ebenfalls mit der massenmedialen Verbreitung und Rezeption einher, denn es gibt keine "raum-zeitliche Einheit von Rede, Rezeption und Publikumsreaktion" (ebd., S. 88). Durch mediale Übertragung erreicht die Rede nicht mehr nur die direkt anwesenden primär Adressierten. Die sekundär Adressierten werden jedoch zum Teil nur noch mit Ausschnitten aus den Reden oder Reformulierungen einzelner Redeteile konfrontiert.

> So ist es beispielsweise möglich, daß ein Politiker für einen kämpferischen Vortrag seiner Ansichten großen Beifall von 500 unmittelbaren Zuhörern erhält, in einem Pressebericht für eine Leserschaft von 500.000 aber vermerkt wird, er habe

nur seine bekannten Positionen wiederholt. In einer Nachrichtensendung im Fernsehen, von fünf Millionen Zuschauern gesehen, wird gar nicht über diese Veranstaltung berichtet. Welches ist nun die genuine Wirkung dieser öffentlichen Rede? (Kammerer 1995, S. 19).

Andere Überlegungen beschäftigen sich mit den Erfolgschancen politischer Kommunikation in der **pluralistischen Massengesellschaft**. Kopperschmidt (1989, 1999) beschäftigt sich vor allem mit Gedenkreden und mit der Frage nach den Möglichkeiten der Bezugnahmen auf einen gesellschaftlichen Grundkonsens. Angesichts der "Komplexität funktional differenzierter moderner Gesellschaften", die sich "nicht mehr in der Struktur öffentlicher Rede abbilden lässt", und angesichts der "Pluralisierung subsystemischer Sprachen, deren jeweils autonome Codes sich ihrer wechselseitigen Übersetzbarkeit widersetzen", kann die öffentliche Rede nicht mehr "als Medium kritischer Selbstexplikation von Gesellschaft" fungieren (Kopperschmidt 1989, S. 221).

Klein (1996b) beschäftigt sich mit dem Problem des Pluralismus unter dem Aspekt bröckelnder Parteianhängerschaftsmilieus. Er beschreibt den Wandel vom Anhängerschafts- zum Marktmodell der Politik. Im Anhängerschaftsmodell verläuft die Kommunikation zwischen PolitikerInnen und AnhängerInnen einer Partei ungestört, die Kommunikationsbarriere liegt zwischen einer Partei und den AnhängerInnen der anderen Partei. Im Marktmodell besteht die Kommunikationsbarriere generell zwischen BürgerInnen auf der einen Seite und PolitikerInnen der verschiedenen Parteien auf der anderen Seite. In dieser Situation ist für alle politischen Parteien Zustimmungsbereitschaft sehr viel schwerer zu erlangen als in der Situation stabiler Anhängerschaftsmilieus. Dies führt dazu, dass nun erst recht fragwürdige kommunikative Strategien zum Einsatz kommen (s. 3.5). Hinzu kommt, dass diese Strategien im Marktmodellrahmen viel kritischer bewertet werden als innerhalb des Anhängerschaftsmodells. Dabei wird auch das Negativimage der Berufsgruppe der PolitikerInnen sowie Skepsis und Misstrauen gegenüber ihren Aussagen verstärkt.

Schließlich sollte auch bedacht werden, dass einzelne PolitikerInnen häufig zu Dingen befragt werden, über die sie nicht im Einzelnen Bescheid wissen.

> [...] die einzelnen Politiker sind ja auch wiederum (nur) in bestimmten Sachverhalten und Sachthemen vertraut. [...] Sie stehen als Bundestagsabgeordneter in jedem Fachbereich einer geballten Macht der Ministerialbürokratie gegenüber. Im Wahlkreis dagegen sind Sie das Allroundtalent, und da erwartet man von Ihnen, daß Sie von A bis Z, vom Abfall bis zum Zug, alle politischen Sachverhalten aus dem FF und im Detail bewältigen. Daß dies nicht machbar ist, ist völlig klar. (Patzelt 1995, S. 33)

Dieser Umstand ist an sich leicht einsehbar, trotzdem möchte wohl niemand von einem interviewten Politiker hören, dass er zu dem Thema nichts sagen kann, weil er davon keine Ahnung hat. Dies wäre wohl imageschädigend.

> Manche wollen auch nicht zugeben, daß sie's nicht wissen; glauben, das Ansehen leidet darunter, wenn sie sagen: 'Tut mir leid, habe ich keine Ahnung, weiß ich nicht'. Gibt's auch. Und die Konsequenz ist, wenn man trotzdem reden muß, daß man Blabla redet. Das läßt sich dann nicht vermeiden. (Ebd., S. 34)

Ein letzter Aspekt, der bei Rahmenbedingungen politischer Kommunikation und bei der Bewertung von Äußerungen einzelner PolitikerInnen bedacht werden sollte, ist die **Repräsentanz** der PolitikerInnen (Klein 1995). Ein politischer Redner tritt nicht als Individuum mit einer individuellen Meinung auf, sondern als Repräsentant seiner Partei. Dieser Umstand wird in der öffentlichen politischen Diskussion häufig dadurch illustriert, dass ein Politiker, der einen Vorstoß gewagt hat mit einer Äußerung, die nicht auf der offiziellen Parteilinie lag, in der Folge genötigt ist zu betonen, dass er lediglich seine Privatmeinung geäußert habe, um eine nachfolgende Interpretation dieser Äußerung als Parteimeinung abzuwenden. Nach Klein schlägt sich die Parteipräsentanz in der Struktur von politischen Äußerungen nieder in folgenden Merkmalen:

- Vorrang für parteiinternen Konsens und gegnerbezogenen Dissens mit der Folge einer schematischen kommunikativen Handhabung der Freund-Gegner-Polarität nach dem Raster der Parteizugehörigkeit [...];
- Tendenz zur Vagheit bei Äußerungen, zu denen die Parteilinie noch nicht abgestimmt worden ist, und Ausweichtendenzen bei Themen, die für die Partei unangenehm sind;
- sprachliche Orientierung an der parteispezifischen Begrifflichkeit. (Klein 1995, S. 78)

Vor diesem Hintergrund relativiert sich auch die Erwartung von Authentizität an einzelne PolitikerInnen; der Zwang zur Vertretung der Parteilinie geht sicher zuweilen auch auf Kosten der Privatmeinung.

3.6 Analyse und Kritik von Strategien im politischen Gebrauch der Sprache

Die – noch immer unvollständige – Beschreibung der Rahmenbedingungen politischer Kommunikation in der Öffentlichkeit wurde hier vor allem deshalb für wichtig erachtet, weil Analysen konkreter politischer Äußerungen ohne die Berücksichtigung solcher Rahmenbedingungen schnell zu kurz greifen. Bei der Analyse und ggf. Kritik von Politikeräußerungen sollte das Spannungsfeld aus Massenmedialität, Adressatenheterogenität, gesellschaftlicher Pluralität, Prozessualität und Parteipräsentanz mitbedacht werden. Bei der kritischen Analyse von als problematisch empfundenen Sprachstrategien ermöglicht die Bewusstmachung solcher 'Systemzwänge' politischer Kommunikation eine realistischere Einschätzung bzw. Bewertung politischen Sprechens. Schlussfolgerungen, die problematische Sprachstrategien alleine auf das moralische Versagen einzelner PolitikerInnen zurückzuführen, gehen meist am Kern des Problems vorbei.

An dieser Stelle erscheint es nützlich, darauf hinzuweisen, dass es unterschiedliche Haltungen politischem Sprachgebrauch gegenüber gibt, die sich aus einem jeweils unterschiedlichen Demokratieverständnis ergeben. Für die kritische Bewertung politischen Sprachgebrauchs ist das zugrundeliegende Demokratieverständnis ebenso relevant wie die Weite des Politikverständnisses bei der Entwicklung von Untersuchungsinteressen (s. 1.2). Hier sollen vor allem ein optimistisches und ein pessimistisches Demokratieverständnis einander gegenübergestellt und daraus ein realistisches Demokratieverständnis abgeleitet werden:

Demokratieverständnis	optimistisch	pessimistisch	...realistisch?
Sicht auf Regierung	Herrschaft des Volkes mittels gewählter VertreterInnen	Parteienklüngel zum Selbstzweck des Machterhalts	Legitimität von Parteien als Organisationen politischer Willensbildung und zugleich zentrale Säule der Herrschaftsausübung
Sicht auf politischen Sprachgebrauch	Sprache als Mittel fairer Überzeugung	Sprache als Mittel unlauterer Überredung/ Manipulation	Politische Sprache bewegt sich zwischen Überzeugung, Überredung und Manipulationsversuchen – dagegen kann man sich aber auch zur Wehr setzen
Sicht auf Regierte	'Volk' = Meinungsbildung, Mitbestimmung	'Volk' = dumpf, Stammtisch, hilflos ausgeliefert	'Das Volk' 'regiert' zwar nur sehr mittelbar mit, es herrscht aber kein Antagonismus zwischen Regierung und Regierten

Ein so umrissenes realistisches Demokratieverständnis wird hier favorisiert. Das bedeutet, dass man sich nicht gleich erschrecken und an der Demokratie zweifeln muss bei der Feststellung, dass Sprache im Kontext öffentlicher politischer Kommunikation wohl kaum in erster Linie als Mittel fairer Überzeugung gebraucht wird. Das bedeutet aber auch, dass man nicht von vornherein von der allgemeinen moralischen Verwerflichkeit politischer Akteure ausgehen sollte, deren einseitigen kommunikativen Vereinnahmungsversuchen man schonungslos ausgesetzt sei. Zur Bewertung politischen Sprachgebrauchs auf Grundlage eines realistischen Demokratieverständnisses gehört es, Rahmenbedingungen politischer Kommunikation – durchaus kritisch – in Rechnung zu stellen und Äußerungen vor diesem Hintergrund – durchaus kritisch – zu bewerten.

Nun wurde strategischer Sprachgebrauch so häufig erwähnt, dass einige solcher Strategien anhand konkreter Beispiele zum Abschluss dieses Teilkapitels dargestellt werden sollen. Klein (1996b, S. 18) nennt einige grundlegende strategische Kommunikationsmaximen für Politikeräußerungen in der Öffentlichkeit:

Richtigkeitsanspruch: Stelle die eigene Position positiv dar!

Mittel zur Darstellung der eigenen Position als richtig und positiv können zum Beispiel die Euphemisierung sein (s. 2.4) oder auch Vagheit. Wenn PolitikerInnen sich äußern müssen zu Besprechungen oder Verhandlungen, die offenbar ergebnislos verlaufen sind, ist Vagheit geradezu ein Mittel der Beschönigung, wie die folgenden beiden Fernseh-Politikerstatements[10] illustrieren:

> Man muss sagen, dass bei der Debatte heute die Philosophie dieses Haushaltes begrüßt und angenommen wurde und auch bestätigt wurde, jenseits jetzt von kleinen Details, äh dass uns das auf den richtigen Weg bringt, um tatsächlich in Zukunft investieren zu können. (Renate Künast, *Tagesschau* vom Samstag, 28.06.2003)

> Wir haben uns heute in, äh, ner ganzen Reihe strittiger Punkte geeinigt auf gemeinsame Texte, die werden jetzt noch mal geschrieben und dann wird das am Ende nochmals zusammengeführt. Also ich bin da, ähm, eigentlich, äh, zufrieden mit dem, was heute passiert ist. (Michael Vesper, *Tagesschau* am Montag, 30.06.2003)

Ein weiteres Mittel zum Behaupten des Richtigkeitsanspruchs kann darin liegen, strittige Sachverhalte als unstrittiges, allseits geteiltes Wissen zu präsentieren und damit dem Bereich des Bezweifelbaren zu entziehen (vgl. Schröter 2006, S. 165-207):

> Dabei sollten wir auch die Nachbarschaft zu unseren ausländischen Mitbürgern als eine große Bereicherung verstehen. *Wir wissen*, daß dem weiteren Zuzug Grenzen gesetzt sind, aber wir wollen die Integration jener fördern, die seit langem bei uns leben. (Helmut Kohl, Bulletin 27/1987, S. 212).

> *Wir wissen*, daß zwischen dem Beginn einer Verbesserung der konjunkturellen Lage imd der Verbesserung auf dem Arbeitsmarkt immer ein zeitlicher Abstand liegt. (Helmut Kohl, Bulletin 42/1994, S. 368).

---

10 Alle folgenden Zitate von PolitikerInnenstatements aus der *Tagesschau* wurden – dankend – der Seminararbeit von Alexandra von Pawlowski zum Thema: "Der 'O-Ton' in der Politikberichterstattung. Rahmenbedingungen politischer Sprachverwendung in der modernen Massen- und Mediendemokratie" entnommen; unveröffentlichtes Manuskript, Leipzig Sommersemester 2003.

Kompetenzanspruch: Demonstriere Leistungsfähigkeit und Durchsetzungskraft!

Zur Demonstration von Leistungsfähigkeit und Durchsetzungskraft tragen die Zurschaustellung einer Experten-Attitüde sowie Erfolgsmeldungen und eine 'Alles-im-Griff-Attitüde' bei. Unter dem Stichwort der Erfolgsmeldung sei auf das Phänomen des allseitigen Wahlsiegs verwiesen: Nach beinahe jeder Wahl behauptet beinahe jede Partei, egal ob sie Stimmen dazu gewonnen oder verloren hat, dass die Wahl ein Erfolg für sie gewesen sei. Ein häufig verwendetes Stilmittel im Zusammenhang mit der 'Alles-im-Griff-Attitüde' ist die Steigerung der Nachdrücklichkeit zweier aufeinanderfolgender (Modal-) Verben oder auch Adjektive, vgl. die folgenden Zitate[11]:

> Das *soll und wird* ein Anreiz für die Aufnahme von Arbeit sein. (22)
> Hier *kann und darf* niemand Einzelinteressen über die gesamtgesellschaftliche Entwicklung stellen. (29)
> Er muss mehr Wettbewerb im System *zulassen und fördern* [...]. (39)
> Wir *werden und müssen* die Haushalte der großen Forschungsinstitutionen [...] erhöhen. (45)

Konsequenzpostulat: Halte dir Operationsspielräume offen – auch wenn du dich festlegen musst!

Das Offenhalten von Operationsspielräumen äußert sich auf sprachlicher Ebene in den schon erwähnten Charakteristika Vagheit und Schwammigkeit sowie in Ablenkungsmanövern. Zur Vagheit und Schwammigkeit gehören Null-Aussagen wie etwa die folgende:

> Ich bin sicher, da können ihnen morgen, kann ihnen morgen der Kanzler dann, äh, das Einzelne das Präzise dazu genau sagen, die gemeinhin, können sich jedenfalls darauf verlassen, da setzt sich was in Bewegung. (Franz Müntefering, *Tagesschau* am Samstag, 28.06.2003)

Ein verbreitetes Ablenkungsmanöver besteht darin, auf eine gestellte Frage nicht zu antworten und stattdessen mit der Antwort mehr oder weniger abrupt das Thema zu wechseln – in dem folgenden Beispiel aus dem zweiten 'Kanzlerdu-

---

11 Redetext aus der vom Presse- und Informationsamt der Bundesregierung herausgegebenen Broschüre: "Agenda 2010. Mut zum Frieden und Mut zur Veränderung. Regierungserklärung von Bundeskanzler Gerhard Schröder". Berlin, 14. März 2003. Vgl. Schröter (2004).

ell'[12] zwischen Gerhard Schröder und Edmund Stoiber (8.09.2002) geschieht dies ziemlich abrupt und auffällig:

> Sabine Christiansen: "Wer wieder so wählt wie früher, bekommt die Politik von früher", sagte Westerwelle heute auf dem Parteitag. Ist das so?
> Edmund Stoiber: Frau Christiansen, es ist ja interessant, dass der Bundeskanzler bei seiner Aufzählung zwei Minister überhaupt nicht genannt hat, die eigentlich verantwortlich sind für das größte Problem in Deutschland, nämlich für die Arbeitslosigkeit, für die Mutlosigkeit des Mittelstandes...

Bürgerbezug: Mache dir durch deine Rede möglichst wenig Gegner in relevanten Gruppen!

Diese Maxime kann vor allem zur Vereinnahmung der Adressierten führen. Ein zentrales sprachliches Muster zur Vereinnahmung der Adressierten ist die Vorwegnahme von Einwänden. In den folgenden Beispielen werden mögliche Einwände vorweggenommen, indem die fraglichen Sachverhalte eingeräumt werden (*jeder weiß, natürlich, ich weiß*). Damit können sich Adressierte mit ihren ggf. vorhandenen Einwänden wahr- und ernstgenommen fühlen. Zu diesem Muster gehört aber auch, dass der Redner im Anschluss etwas aus seiner Sicht entgegenhält, das diesen Einwand relativiert (*aber, trotzdem*). Dieses Muster ist konstitutiv für die öffentliche politische Rede und hat einen großen Formenreichtum ausgebildet (vgl. dazu Schröter 2006, S. 179-194).

> Jeder weiß, ich bin kein Freund der Ausbildungsabgabe. Aber ohne eine nachhaltige Verbesserung der Ausbildungsbereitschaft [...] ist die Bundesregierung zum Handeln verpflichtet und sie wird das auch tun. (32)
> Natürlich gibt es darüber keine Begeisterung. [...] Es gibt gelegentlich Maßnahmen, die ergriffen werden müssen und die keine Begeisterung auslösen, übrigens auch bei mir nicht. Trotzdem müssen sie sein. (35)
> Ich weiß, in diesem Jahr haben wir [...] kürzer treten müssen. Aber das darf nicht so bleiben. (45)[13]

Eine weitere verbreitete Form der Vereinnahmung der Adressierten ist es, sich zu deren (einzig wahrhaftigem) Anwalt zu machen. Dies geschieht unter Verweis darauf, was 'die BürgerInnen'/'die Menschen in Deutschland' und auf das,

---

12 Zitat dankend der Seminararbeit von Manuela Ittner zum Thema: "Wie befragt man einen Politiker? Eine Analyse zur Fragetechnik von Sabine Christiansen und Maybrit Illner während des 2. Kanzler-Duells am 8. Spetember 2002" entnommen; unveröffentlichtes Manuskript, Leipzig Sommersemester 2003.
13 Redetext aus der vom Presse- und Informationsamt der Bundesregierung herausgegebenen Broschüre: "Agenda 2010. Mut zum Frieden und Mut zur Veränderung. Regierungserklärung von Bundeskanzler Gerhard Schröder". Berlin, 14. März 2003. Vgl. Schröter (2004).

was diese angeblich wirklich erwarten, wollen oder befürchten. In dem folgenden Statement wird m.E. auch deutlich, wie PolitikerInnen, unter dem Zwang, spontan unter Zeitdruck unverbindlich zu formulieren, Teilsatzschablonen (*um Deutschland nach vorn zu bringen*) verwenden.

> Wir sind in einer Situation, wo die Menschen in Deutschland von der Politik insgesamt, der Opposition ebenso wie der Regierung, erwarten, dass die Chancen, die definiert worden sind, genutzt werden, dass wir uns nicht zerstreiten, sondern die Erwartung an neue Gemeinsamkeit in dem Land um Deutschland nach vorn zu bringen realisiert wird. (Gerhard Schröder, *Tagesschau* Dienstag, 01.07.2003)

Konkurrentenbezug: Stelle die gegnerische Position als ablehnenswert dar!

Ein beliebtes Mittel der Regierungsrhetorik, die Position der Opposition zu diskreditieren, ist der Vorwurf parteipolitischer Inkonsequenz. So wirft der damalige Finanzminister Eichel im folgenden Statement der Opposition vor, sie sei immer für Steuersenkungen gewesen und aus parteipolitischen Erwägungen nun inkonsequenterweise dagegen, wenn die Regierung eine solche beschließe. Dass es dabei nicht ums Prinzip, sondern um Differenzen bei der Art und Weise der Umsetzung gehen könnte, wird so geschickt ausgeblendet.

> Was ich jetzt von der Opposition höre, ist abenteuerlich. Wenn ich mir überlege in der Vergangenheit konnten die Steuern nicht deutlich genug runter. Und Subventionsabbau war die ganze Zeit die Rede. Jetzt machen wir es, jetzt ist es wieder nicht recht. (Hans Eichel, *Tagesschau* Sonntag, 29.06.2003)

Ein weiteres Mittel, die gegnerische Position als ablehnenswert darzustellen, ist der Hinweis auf das Bewusstsein der BürgerInnen; diese durchschauen angeblich die Lage und damit die schlechte Politik der politischen Konkurrenten und werden diese bei der nächsten Gelegenheit abstrafen. Dass die eigene Politik gut ist, wird entsprechend von der *Mehrheit unserer Mitbürger* erkannt und belohnt werden.

> Aber Sie werden keine Chance haben. Die Wähler werden zum 6. März erkennen, wer die Verantwortung für das Desaster trägt. [...] Ich bin fest davon überzeugt, daß die Politik der Vernunft von der großen Mehrheit unserer Mitbürger in der Bundesrepublik Deutschland verstanden und unterstützt wird. (Helmut Kohl, Bulletin 129/1982, S. 1158f.)

Die Beispiele sollten einen Eindruck davon vermitteln, auf welche Weise einzelne sprachliche Phänomene strategischem politischem Sprechen in der Öffentlichkeit zugeordnet werden können. Sie sollten auch andeuten, dass hierbei alle möglichen Formulierungen und Stilmittel zum Gegenstand der Betrachtung werden können. An dieser Stelle können nicht alle mit Blick auf strategisches

Sprachhandeln interessanten Formulierungen und Stilmittel erwähnt werden. Die Vielzahl der vorliegenden Einzelanalysen mit ihren jeweiligen Analyseansätzen, behandelten Analysegegenständen und herausgearbeiteten sprachlichen Mitteln kann im Rahmen dieser Darstellung nicht wiedergegeben werden.

3.7 Parlamentarische Kommunikation

In diesem Abschnitt sollen die bisherigen Bemerkungen zu Textsorten im politischen Gebrauch der Sprache am Beispiel der relativ umfassend untersuchten parlamentarischen Kommunikation ein wenig plastischer gemacht werden. Blickt man auf **Textsorten parlamentarischer Kommunikation**, ist es erstaunlich, wie viele Texte und Textsorten alleine im Rahmen der Institution 'Deutscher Bundestag' produziert werden; und die Kommunikation im institutionellen Rahmen des Parlaments stellt ja nur einen – wenn auch wesentlichen – Teilbereich politischen Sprachgebrauchs dar. Simmler (1978) beschreibt einige der Textsorten im Parlament anhand der institutionellen Rahmenbedingungen dieser Institution. Er nennt die folgenden schriftlichen Parlamentstextsorten: Gesetzentwurf, Vertragsentwurf, Regierungsantrag, Ausschussbericht, Große Anfrage, Kleine Anfrage, Regierungsantwort, Selbständiger Antrag, Entschließungsantrag, Änderungsantrag zu Anträgen, Änderungsantrag zu Gesetzentwürfen, Petitionen und Ersuchen.

Ein Gesetzentwurf wird nach Simmler z.B. von der Regierung emittiert und hat die Bundesrepublik zum Adressaten. Er erfordert drei Beratungen, eine besondere Beschlussfassung, jedoch keine Umfangbeschränkung oder Begründung. Ein Ausschussbericht etwa wird von Ausschüssen emittiert, wird an den Bundestag adressiert und bezieht sich auf Vorlagen aus der parlamentarischen Arbeit. Eine Beratung des Ausschussberichts ist möglich, aber nicht obligatorisch, Beschlussfassung, Umfangbeschränkung und Begründung sind nicht erforderlich.

Zu den mündlichen Textsorten im Parlament zählen Kanzler-, Minister-, Fraktionssprecher- und Abgeordnetenrede, Regierungserklärung, Erklärung des Kanzlers, Ministers oder eines Abgeordneten, Persönliche Bemerkung, Mündlicher Ausschussbericht, Fragestunde und Aussprache. Simmler beschreibt diese vor allem mit Blick darauf, wer in welcher Funktion die jeweilige Textsorte äußern kann, ob es eine festgelegte Sprecherreihenfolge, zeitliche oder thematische Beschränkungen und Sprecherwechsel gibt sowie die Möglichkeit für Zwischenfragen und Zwischenrufe.

Neben den Textsorten, die Simmler beschreibt, müssen jedoch weitere Formen parlamentarischer Kommunikation in den Blick genommen werden. Simmler beschränkt sich auf die Textsorten, die im Plenarsaal des Bundestages zum Einsatz kommen. Zum einen können Zwischenrufe und Zwischenfragen sowie die von Burkhardt (1993) sogenannten Mini-Dialoge, die sich aus einer

Zwischenfrage zwischen Redner und Fragesteller ergeben können, selbst als parlamentsspezifische Textsorten betrachtet werden. Zum anderen ist die parlamentarische Arbeit weitaus vielfältiger und mit Blick auf die Textsorten weiter aufgefächert als das, was bei den Sitzungen im Plenarsaal kommunikativ vor sich geht. So gibt es etwa eine Vielzahl parlamentarischer Ausschüsse, die Sitzungen abhalten und Sitzungsprotokolle sowie Arbeits- und Informationspapiere für ihre Mitglieder anfertigen. Ebenso wird in den Fraktionen der im Bundestag vertretenen Parteien debattiert (vgl. dazu Klein/Steyer 2000, zu Kommunikationsprozessen innerhalb einer Fraktion Holly 1990, S. 209-242) und zwischen den Fraktionen verhandelt. Während die Sitzungen des Bundestages protokolliert und für die Öffentlichkeit dokumentiert werden, werden Außenstehende zu den letztgenannten Textsorten allerdings kaum Zugang erhalten. Man kann zwar aus den Nachrichten erfahren oder erschließen, dass es solche Kommunikationsereignisse überhaupt gibt; Ablauf oder Inhalt entziehen sich jedoch öffentlicher Beobachtung.

Mit Blick auf die **Rahmenbedingungen parlamentarischer Kommunikation** beschäftigen sich Arbeiten zur parlamentarischen Kommunikation vor allem kritisch mit dem Umstand, dass die parlamentarische Debatte nicht (mehr) dazu dient, dass das Plenum in rednerischer Auseinandersetzung zu Entscheidungen findet, da solche Entscheidungen längst vorher getroffen und außerhalb des Plenums vorbereitet wurden. Das Problem dabei ist zum einen, dass diese Entscheidungsprozesse, die eben nicht im Plenum stattfinden, der zuschauenden Öffentlichkeit bzw. öffentlicher Kontrolle entzogen werden. Zum anderen wird davon ausgegangen, dass die BürgerInnen die Vorstellung hegen, die Debatte diene zur Entscheidungsfindung. Auch die PolitikerInnen gehen von dieser Erwartung der BürgerInnen aus und sind bemüht, den Schein rednerischer Auseinandersetzung zum Zweck der gemeinsamen Entscheidungsfindung zu wahren. Burkhardt (2003) nennt mehrere Gründe dafür, warum es sich bei der parlamentarischen Debatte um ein Scheingefecht und um eine Art Dauerwahlwerbung für die zuschauende Öffentlichkeit handelt:

- Beim Deutschen Bundestag handelt es sich Burkhardt zufolge um eine Mischform aus Arbeits- und Diskussionsparlament, während es sich beim ersten deutschen Parlament in der Paulskirche um ein Diskussionsparlament gehandelt habe. Im Arbeitsparlament werden politische Entscheidungen nicht wie im Diskussionsparlament im Plenum öffentlich 'erstritten', sondern in den einzelnen Ausschüssen des Parlaments 'erarbeitet'. Die Ausschüsse arbeiten allerdings unter Ausschluss der Öffentlichkeit. In der Praxis ist der Deutsche Bundestag eher ein Arbeitsparlament, vom Anspruch und teilweise auch vom Schein her finden sich jedoch auch Elemente des Diskussionsparlamentes (s.u.).

- Die einzelnen Parlamentarier sind bei Entscheidungen immer weniger nur ihrem Gewissen verpflichtet und unabhängig; immer größer wird die Abhängigkeit von der Zuarbeit von Experten.
- Der einzelne Parlamentarier ist häufig auch stärker seiner Partei als seinem Gewissen verpflichtet; es herrscht der sogenannte 'Fraktionszwang', der es dem einzelnen Abgeordneten schwer macht, gegen die eigene Fraktion abzustimmen. Das Abstimmungsverhalten wird meist zuvor in den Fraktionen festgelegt.
- Es kommt selten vor, dass das Plenum vollständig zusammenfindet. Je nach Relevanz und öffentlicher Resonanz des Themas kann es dazu kommen, dass ganze Bankreihen unbesetzt bleiben und sich nur die Abgeordneten der verschiedenen Parteien zur Sitzung bemühen, die sich mit dem jeweiligen Thema befassen.
- Ein wichtiger weiterer Faktor, der den Schaukampfcharakter von Debatten begünstigt, ist die Medienpräsenz im Parlament. Dazu muss allerdings bemerkt werden, dass die Berichterstattung über 'kleinere' Debatten zu als weniger relevant erachteten Themen häufig dürftig ausfällt, das öffentliche Echo also nur bei zentralen Debattenereignissen größer ist und nur dann auch davon ausgegangen werden kann, dass eine weitgehend vollständige mediale Übertragung verfolgt wird. Ansonsten kommt es eher zur Wiedergabe einzelner Äußerungen oder sogar zu keinerlei Berichterstattung. "Das geringe Echo der Parlamentsverhandlungen in der Öffentlichkeit wiederum bewirkt, daß die Politiker in Rundfunk, Fernsehen und Zeitungen andere Foren für die Abgabe ihrer Stellungnahme suchen." (Burkhardt 2003, S. 223) Dies führt dann wiederum zur weiteren Abnahme der Bedeutung von Parlamentsdebatten.

Das Problematische an diesen Rahmenbedingungen parlamentarischer Kommunikation liegt dabei nicht so sehr in den genannten Punkten. Das Problem liegt eher im Auseinanderklaffen von Anspruch und Wirklichkeit, denn die BürgerInnen gehen größtenteils davon aus, dass es sich bei dem Deutschen Bundestag um ein Diskussionsparlament handelt, in dem die oben genannten Punkte keine so große Rolle spielen dürften, wie sie es de facto in der eher arbeitsparlamentarischen Praxis des Deutschen Bundestages tun. Auch Kühn (1995) bemerkt, dass

> unter Politikern, Politikwissenschaftlern oder kritischen Beobachtern Einvernehmen darüber herrscht, daß im Parlament weder debattiert noch diskutiert wird, sich aber gerade in bezug auf Parlamentsdebatten bei unkritischen Beobachtern hartnäckig die Vorstellung der diskursiven Auseinandersetzung hält, und weil die Handelnden selbst immer ständig am Zustandekommen dieser Inszenierungen mitwirken." (S. 165)

Burkhardt drückt dies so aus: "Der Bundestag *ist* das demokratische und demokratisch gewählte Entscheidungsgremium, aber in der Plenardebatte *spielt* er sich selbst als Diskussionsparlament." (Burkhardt 1993, S. 167, Hervorh. im Original)

Wir haben es hier also wieder mit den oben bereits angesprochenen Phänomenen der Inszeniertheit und durch Massenmedialität begünstigten Adressatenheterogenität zu tun: Obwohl die Abgeordneten sich gegenseitig durch ihre Debattenbeiträge weder überzeugen können noch wollen, wird eine auf Überzeugung angelegte Debatte inszeniert. Die massenmediale Übertragung sorgt neben den primär adressierten Abgeordneten für die Präsenz der eigentlichen Adressaten dieser Inszenierung, der zuschauenden Öffentlichkeit. Die angesprochene Mischform zwischen Arbeitsparlament (Wirklichkeit) und Diskussionsparlament (Anspruch) bringt eine "widersprüchliche Doppelbotschaft" hervor, und "weil diese kontradiktorische Semiotik von den Bürgern durchaus wahrgenommen wird, erlischt das Interesse an den Debatten" (Burkhardt 2003, S. 235). Besonders die Inszenierungsbrüche führen zur Wahrnehmung dieser Widersprüchlichkeit. Zu nennen sind hier insbesondere der Kameraschwenk über leere Bänke im Parlament, zeitungslesende Abgeordnete oder kleine Grüppchen von Abgeordneten, die sich offensichtlich miteinander unterhalten. Solche Szenen führen eine kämpferisch dargebotene Rede ad absurdum. Auch das offensichtliche Ablesen vorbereiteter Texte führt zum Verlust des Charakters einer Debatte aus Rede und Gegenrede. Die direkte Adressierung der BürgerInnen bzw. der allzu häufige oder offene Bezug auf die WählerInnen sprengen den Rahmen der vorgespielten Diskussion der Abgeordneten untereinander.

Die Besonderheit parlamentarischer Kommunikation besteht also in dem Spannungsfeld zwischen Institutionsgebundenheit und strategischer Ausrichtung. Dieses Spannungsverhältnis spiegelt sich vor allem in den folgenden Besonderheiten parlamentarischer Kommunikation:

- Zwischenphänomene wie die parlamentstypischen Zwischenrufe, Zwischenfragen und Mini-Dialoge;
- Äußerungen, mit denen die Abgeordneten selbst die Ansprüche an parlamentarische Debatten formulieren.

Burkhardt (v.a. 1993, 1995, 1998a, Burkhardt/Pape 2000, 2003) hat sich sowohl mit der Geschichte parlamentarischer Kommunikation in Deutschland beschäftigt als auch mit kommunikativen Phänomenen, die ursprünglich im Rahmen von Debatten gar nicht vorgesehen und doch so charakteristisch für parlamentarische Kommunikation sind: Zwischenrufe, Zwischenfragen und Mini-Dialoge. "Zwischenrufe sind kommunikative Beiträge von Personen, denen der Gesprächsleiter nicht das Rederecht erteilt hat" (Burkhardt 1998a, S. 216). Das Präsidium des Bundestages erteilt also dem jeweiligen Redner in einer Debatte das Rederecht; unangemeldete, zusätzliche Äußerungen bestehen in Zwischenrufen. Mit einer Zwischenfrage wird – anders als beim Zwischenruf – in jedem Fall die Äußerung des Redners unterbrochen; sie bedarf daher auch der Bitte um Erlaubnis an das Präsidium, das diese Bitte an den Redner weitergibt. Nur wenn dieser eine Zwischenfrage zulässt, kann sie gestellt werden. Aus Zwischenfragen können sich dann im Wechselspiel von Frage und Antwort Mini-Dialoge entwickeln. Burkhardt unterscheidet verschiedene Typen von Zwischenrufen (vgl. z.b. Burkhardt 1993) und Zwischenfragen (vgl. z.B. Burkhardt 1995). Dabei zeigt sich der zunehmende Schaufenstercharakter von Bundestagsdebatten auch daran, dass Zwischenrufe und Zwischenfragen im Laufe der Zeit zum einen zahlenmäßig zugenommen haben und zum anderen ihre Funktion verändert haben: Es gibt viel weniger zustimmende als abqualifizierende Zwischenrufe, und Zwischenfragen dienen kaum noch dem Erlangen zusätzlicher Informationen, sondern dazu, dem Redner möglichst 'ein Bein zu stellen'.

Zwischenrufe und Zwischenfragen, als Dialogreste in zunehmend monologischen Debatten, werden zu permanenten Störmanövern und Profilierungsversuchen umfunktioniert und erreichen ein vorher nicht gekanntes Volumen. Sie dienen den Abgeordneten sicher auch zur Abreaktion der gerade durch die Präformiertheit von Debatte und Entscheidung hervorgerufenen Frust- und Ohnmachtsgefühle. [...] Der Ernst der Auseinandersetzung geht jedoch durch permanente wechselseitige, sprachspielerische Stichelei- und Hackordnungsrituale zu einem Großteil verloren. (Burkhardt 1993, S. 200)

Kühn (1995) arbeitet heraus, wie die Abgeordneten selbst bemüht sind, den Eindruck einer ernsthaften Debatte zwecks gegenseitiger Überzeugung zu erwecken. Zum Beispiel wird der Anspruch formuliert, dass dem jeweiligen Redner aufmerksam und konzentriert zugehört werden müsse oder dass Abgeordnete bereit sein müssten, miteinander zu diskutieren; dazu zitiert Kühn die folgende Äußerung eines Abgeordneten: "Ich bin davon ausgegangen, daß der Minister jetzt in die Debatte eingreift. Aber anscheinend fürchtet er sich vor der Diskussion." (Ebd., S. 201). Andere Äußerungen, die den Schein argumentativer Auseinandersetzung wahren, beziehen sich darauf, dass Abgeordnete, die das Wort haben, zum Thema sprechen müssen "Dies ist eine Haushaltsdebatte! – Kommen Sie mal zum Thema!" (S. 203) Weitere Bemerkungen können sich auch auf das Wesen von Diskussionen beziehen, z.B. Abgeordnete müssen zur Diskussion bereit sein und dürfen eine Fortsetzung nicht ausschließen: "Wenn Sie diese Diskussion hier führen wollen: Wir von der CDU/CSU sind bereit. Wir haben nichts zu vertuschen." (S. 206). Zu einer Diskussion gehören auch passende Argumente; diese müssen sich z.B. auf konkrete Fälle beziehen, es sollte 'hart an der Sache' und inhaltlich argumentiert werden: "Das sind doch Allgemeinplätze! Reden Sie konkret!" (S. 207). Anhand von Äußerungen von Abgeordneten lässt sich also zeigen, wie diese versuchen, dem Anspruch an Debatten zumindest dem Schein nach gerecht zu werden und an der Inszenierung argumentativer Auseinandersetzung mitzuwirken.

3.8 Beispiel Migrationsdiskurs: Die 'Asyldebatte' im Deutschen Bundestag

Im letzten Teilkapitel zum 'Text' in politischem Sprachgebrauch sollen wiederum anhand eines Beispiels aus dem bundesdeutschen Migrationsdiskurs einige Aspekte verdeutlicht werden, die noch nicht in die Beispielanalyse der Neujahrsdebatte eingeflossen sind. Die Asyldebatte im Deutschen Bundestag vom 26. Mai 1993 wurde als Beispiel gewählt, weil sie sich einerseits dem Migrationsdiskurs zuordnen lässt – sie stellt ein einschneidendes und außerordentlich brisantes Kommunikationsereignis innerhalb dieses Diskurses dar. Da es sich um eine Parlamentsdebatte handelt, kann zum anderen auch an die Ausführungen zu Kommunikation im Deutschen Bundestag angeknüpft werden.

Dieses Teilkapitel verweist wiederum – ebenso wie das Beispielkapitel 2.6 im Wort-Teil – auf das 4. Kapitel zur Diskursanalyse, indem deutlich wird, dass einzelne Kommunikationsereignisse oder Texte einen bestimmten Stellenwert in Diskursen haben und dass dieser Stellenwert berücksichtigt werden sollte. Eine Analyse von Texten/Kommunikationsereignissen im politischen Gebrauch der Sprache kommt m.E. nicht ohne hinreichende Kontextualisierung bzw. ohne ihre Verortung im entsprechenden Diskurs aus. Daher folgt zunächst einmal eine solche **Kontextualisierung** des Kommunikationsereignisses 'Asyldebatte'.

Innerhalb des Migrationsdiskurses stellt der Asyldiskurs einen Teildiskurs dar, der sich auf eine bestimmte Gruppe von MigrantInnen bezieht: auf diejenigen, die aus verschiedenen Gründen als Asylsuchende auf der Grundlage des Artikels 16a des Grundgesetzes: "Politisch Verfolgte genießen Asylrecht" nach Deutschland gekommen sind. Mit Berufung auf diesen Artikel sind bis in die 1970er Jahre vorwiegend – als Schwächung des kommunistischen Ostens politisch erwünschte – Flüchtlinge aus Osteuropa nach Deutschland gekommen. Seit den 1970er Jahren wurde das Grundrecht auf Asyl vermehrt von Flüchtlingen aus anderen Ländern in Anspruch genommen – seitdem wurde es in der öffentlichen Diskussion mehr und mehr problematisiert.

Dem Unbehagen über diese Erscheinungsform der Zuwanderung wurde von politischer Seite vor allem in den 1980er Jahren mit einer ganzen Reihe von Maßnahmen begegnet, wie der Beschleunigung von Prüfverfahren, Verschärfung der Abschiebepraxis, Abschreckungseffekte durch Verschlechterung der Lebensbedingungen von Asylsuchenden (Einschränkungen bei Mobilität und Arbeitserlaubnis, räumliche Isolierung, Umwandlung von Geld- in Sachleistungen). Diese Maßnahmen wurden häufig verändert und ergänzt, sie führten zu einer rechtlichen Unübersichtlichkeit, trugen nicht zur intendierten Verringerung der Zahlen von Asylsuchenden bei und riefen neues Unbehagen hervor. Auf diese Weise blieb das Thema auf der politischen Agenda. Innerhalb der CDU –

verantwortlich für die bis dahin erfolglosen Einzelmaßnahmen – formierte sich das Bestreben, die Asylbewerberzahlen zu verringern durch eine Änderung des Grundgesetzes, die das dort festgelegte Asylrecht wirksam einschränken sollte. Sowohl der eigene Koalitionspartner – die FDP – als auch die SPD waren gegen eine solche Änderung. Da eine Änderung des Grundgesetzes eine Zweidrittelmehrheit im Deutschen Bundestag erfordert, war das Vorhaben also zunächst aussichtslos.

Diese Situation änderte sich mit dem Beginn der 1990er Jahre in der massiven Verschärfung des Asyldiskurses im Zusammenhang mit der Serie von Gewaltakten und Brandanschlägen, die v.a. auf Asylbewerberheime ausgeübt wurden und denen die CDU mit ihrer eigenen Polemik Vorschub leistete, indem sie im Kontext der Wahlen zum Deutschen Bundestag 1990 den angeblichen *Asylmissbrauch* durch *Scheinasylanten* problematisierte. Die Gewalttaten wurden von der CDU als Reaktion der Bevölkerung auf die 'zu hohen' Zahlen von Asylsuchenden in Deutschland dargestellt, die wiederum eine Folge des 'zu großzügigen' Grundrechts der BRD seien. Mit der Schlussfolgerung, dass die Verweigerung der Grundrechtsänderung verantwortlich sei für die Gewalt gegenüber AsylbewerberInnen, gelang es der CDU, die SPD derart unter politischen Druck zu setzen, dass sich ein großer Teil der SPD-Abgeordneten schließlich dazu bewegt werden konnte, einer Grundgesetzänderung zuzustimmen. Die Grundgesetzänderung konnte mit der sich an die Debatte vom 26. Mai 1993 anschließenden Abstimmung durchgesetzt werden.

Die Asyldebatte – nicht die erste, aber die denkwürdigste Bundestagsdebatte zum Thema Asyl – ist also ein so zentrales wie brisantes Kommunikationsereignis im bundesdeutschen Migrations- bzw. Asyldiskurs, weil es um nicht weniger als die Änderung des Grundgesetzes ging mit Bezug auf ein weithin öffentlich kontrovers diskutiertes Thema und in einem durch die Gewalttaten außerordentlich angespannten Klima. Dies zeigt sich auch an der Debatte als solcher: Sie dauerte zehn Stunden, innerhalb derer 76 Reden nach Proporz verteilt von Angehörigen der verschiedenen Fraktionen sowie von fraktionslosen Abgeordneten gehalten wurden. 36 weitere Reden konnten aus Zeitgründen nicht mehr gehalten werden und wurden zu Protokoll gegeben, daneben wurden 44 Erklärungen abgegeben, die in das Plenarprotokoll aufgenommen wurden. Am Beginn der Debatte wurde ein Zusatztagesordnungspunkt in kurzen Stellungnahmen der verschiedenen Fraktionen abgehandelt, der sich auf einen Antrag von BÜNDNIS 90/DIE GRÜNEN bezog, das im sog. Bannmeilengesetz festgelegte Verbot von öffentlichen Versammlungen im Regierungsviertel auf der Grundlage möglicher Ausnahmeregelungen aufzuheben. Dies bezog sich auf die Situation, dass vor der Bannmeile Demonstranten gegen die Änderung des Grundgesetzes mit großem Polizeiaufgebot vom Bundestag ferngehalten wurden. Diese Situation, sozusagen vor den Türen des Bundestags, spiegelt ebenfalls die Brisanz und

Umstrittenheit der Debatte wider; auch die mediale Aufmerksamkeit war entsprechend hoch.

Diese **öffentliche Aufmerksamkeit** für die Debatte selbst wurde natürlich auch von den Fraktionen im Bundestag in Rechnung gestellt. In den Fraktionen wird festgelegt, wer in einer Debatte reden soll; in der Asyldebatte kommen – neben den sachkundigen Mitgliedern des Innen- und Rechtsausschusses – vor allem prominente VertreterInnen der Fraktionen zu Wort. Interessant ist ein Blick auf die Debattenbeiträge der SPD. 132 SPD-Abgeordnete haben der Grundgesetzänderung am Ende der Debatte zugestimmt, 101 haben dagegen gestimmt, d.h. die SPD-Fraktion war in dieser Frage gespalten. Bei den mündlichen Debattenbeiträgen dominieren jedoch klar die BefürworterInnen, während die Beiträge der GegnerInnen vor allem in den schriftlich eingereichten Reden und Erklärungen zu finden sind. Diese schriftlichen Texte gehören zwar zur Debatte und sind im Plenarprotokoll zu finden, aber sie waren nicht mehr Teil des Kommunikationsereignisses selbst, dem schließlich die größte Aufmerksamkeit galt – denn wer studiert schon im nachhinein das Plenarprotokoll? In dem Teil, dem die höhere Aufmerksamkeit galt, präsentierte sich die SPD als Befürworterin, um die mehrheitliche Zustimmung zu rechtfertigen. In dem Teil, dem weniger öffentliche Aufmerksamkeit zuteil wurde, kamen die GegnerInnen der Änderung – die sich auch als solche zu erkennen geben wollten, da sie in der eigenen Fraktion überstimmt wurden – zu Wort. Dies alles ist im vorhinein so festgelegt worden, damit es einerseits keine verzerrte öffentliche Wahrnehmung der Partei gibt (stimmt dafür und redet dagegen) und andererseits die innerfraktionelle Opposition eine Ausdrucksmöglichkeit bekommt. Die **Präformiertheit** der Entscheidung am Ende der Debatte wird von den RednerInnen auch zum Ausdruck gebracht, z.B. äußert der SPD-Fraktionsvorsitzende Hans-Ulrich Klose:

> Noch vor zwei Jahren habe ich ähnlich argumentiert wie jene knapp hundert Kolleginnen und Kollegen der SPD-Fraktion, die dem Asylkompromiß heute nicht zustimmen werden. (PA DBT 3001 12. WP Prot 160 S. 13509)

Das für parlamentarische Kommunikation charakteristische, in 3.7 beschriebene **Spannungsverhältnis zwischen Institutionsgebundenheit und strategischer Ausrichtung** soll im Folgenden an einem Beispiel aus der Asyldebatte verdeutlicht werden. Eine Analyse der gesamten Debatte oder der vielschichtigen gegenstandsbezogenen Argumentationsweisen würde an dieser Stelle zu weit führen.

Interessant mit Blick auf das Spannungsfeld zwischen diskussionsparlamentarischem Anspruch und schaukampfgeprägter Wirklichkeit, zwischen institutioneller Würde und strategischem Kalkül ist besonders die erste Rede innerhalb der Debatte. Der CDU-Fraktionsvorsitzende Wolfgang Schäuble nutzt seine Position als erster Redner aus, um Standards für die folgende Debatte und seine

Erwartungen an den Stil der Debatte zu formulieren – beinahe so, als spräche er vom Präsidium des Bundestages aus zu den Abgeordneten. Der präsidiale Gestus fällt besonders in den Schlusssätzen von Schäubles Rede auf:

> Wenn wir im gegenseitigen Respekt und im Bewusstsein um unsere Verantwortung diese Debatte heute führen und entscheiden, dann dienen wir dem inneren Frieden, dann dienen wir dem friedlichen Zusammenleben von deutschen und ausländischen Mitbürgern, dann dienen wir unserem freiheitlichen Rechtsstaat. Darum möchte ich Sie bitten. Tun wir unsere Pflicht! (PA DBT 3001 12. WP Prot 160 S. 13504)

Schäuble hebt in seiner Rede sehr auf die Selbstinszenierung des Parlaments als Ort demokratischer Entscheidungsfindung ab und führt diese gleichzeitig ad absurdum, indem diese Inszenierung strategisch für die parteipolitische Selbstdarstellung ausgenutzt wird. An verschiedenen Stellen mahnt Schäuble eine faire politische Auseinandersetzung an, auch indem er eine solche Ermahnung des Bundespräsidenten im Sinne einer Berufung auf 'höhere' und vermeintlich politisch neutrale Autorität zitiert.

> Mein zweites Wort ist eine Mahnung zur Besonnenheit und zur Verantwortung, eine Mahnung an alle: innerhalb dieses Saales und außerhalb unseres Parlaments. Ich möchte am Beginn dieser Debatte gerne die Erklärung unseres Bundespräsidenten zitieren, der Anfang dieser Woche erklärt hat: [...]. Ich denke, wir alle sollten uns diese Ermahnung unseres Staatsoberhauptes zu eigen machen. (Ebd.)

Strategisch nutzt Schäuble dabei die Implikationen der Rolle des Mahners aus: Derjenige, der etwas anmahnt, ist in der Regel nicht derjenige, der Gefahr läuft, das Angemahnte zu missachten. Die Rolle des Mahners setzt voraus, dass derjenige, der zur Einhaltung von Standards mahnt, selbst die Standards einhält, nur bei den anderen ist dies keine Selbstverständlichkeit.

> Ich möchte insbesondere diejenigen, die [...] ablehnen wollen, bitten, so viel Respekt vor der Meinung der Andersdenkenden in der Debatte aufzubringen, wie wir sie vor Ihrer anderen Meinung immer aufgebracht haben und auch in dieser heutigen Debatte aufbringen werden. (Ebd., S. 13507)

Dass Schäuble den Respekt vor der Meinung Andersdenkender einfordert, ist insofern interessant, als es sich bei den 'Andersdenkenden' um die Mehrheit handelt. Schäuble inszeniert sich und diejenigen, die der Grundgesetzänderung zustimmen, als VertreterInnen einer empfindlich angreifbaren 'anderen' Meinung, dabei handelt es sich um den (nicht nur parlamentarischen) Mainstream.

In Schäubles Rede liegt die auffällige Inszenierung des Parlaments als Ort der demokratischen Auseinandersetzung des Weiteren in der Betonung der folgenden Aspekte:

- Verantwortung des Parlaments/der Abgeordneten;
- Ernsthaftigkeit der politischen Auseinandersetzung;
- Relevanz und Brisanz der Debatte.

Die Verantwortung des Parlaments liegt für Schäuble z.b. darin, dass es zur Besonnenheit verpflichtet sei, zu der ein "verantwortlicher Umgang mit der Wahrheit" gehöre (ebd.). Dieser formulierte Anspruch wird von ihm sogleich gegen die Vorwürfe politischer Gegner, das Asylrecht werde in der Debatte abgeschafft, gewendet.

> Wer hier in diesem Saal oder außerhalb sagt, Gegenstand der Debatte sei die Abschaffung des Asylrechts in der Bundesrepublik Deutschland, der sagt nicht die Wahrheit. (Ebd.)

Nebenbei sei bemerkt, dass 'Wahrheit' im Zusammenhang politischer Auseinandersetzung eher als Ansichtssache zu verstehen ist und der Verweis auf Wahrheit daher in einer Analyse nicht als sachbezogen, sondern als strategie- oder argumentbezogen behandelt werden muss.

Eine weitere Spielart der von Schäuble betonten parlamentarischen Verantwortung besteht darin, sich die Konsequenzen des eigenen Handelns bewusst zu machen.

> Unsere Verantwortung gebietet eben, nicht nur nach vielleicht edlen Motiven und hehren Zielen zu fragen, sondern auch die Folgen unseres Tuns und unseres Unterlassens zu bedenken. (Ebd., S. 13506)

Dies ist jedoch wiederum gegen die politischen Gegner gerichtet, denn dieser Äußerung zufolge zählt nicht die schöne Idee, den Bedrängten zu helfen, die mit den GegnerInnen der Grundgesetzänderung assoziiert wird, sondern es zählen die tatsächlichen Folgen. Hilft man aber allen und unterlässt Maßnahmen zur Beschränkung, kämen zu viele und dies hätte fremdenfeindliche Anschläge zur Folge, so geht es aus den folgenden Bemerkungen Schäubles hervor, die auf eine Verunsicherung der eigenen Bevölkerung abheben. So heißt es kurze Zeit später erneut zur Verantwortung der Abgeordneten:

> Wir schulden unseren Bürgerinnen und Bürgern [...] eine Ordnung, die das friedliche Zusammenleben der Menschen sicherstellt. [...] Nur wenn wir die Zuwanderung nach Deutschland besser steuern und begrenzen können, als es bisher möglich ist, sichern wir auch für die Zukunft ein friedliches und freundliches Miteinander von deutschen und ausländischen Mitbürgern. (Ebd.)

Hier werden nicht einfach parlamentarische Pflichten formuliert; dies alles steht im Zusammenhang politischer Auseinandersetzung. Schäubles Äußerungen sind nämlich höchst problematisch und politisch umstritten mit Bezug auf das darin vorausgesetzte Verhältnis von Ursache und Wirkung: Zuviele Zuwanderer (= Problem) führt zu gewaltsamen Übergriffen (= Folge). Es gibt dazu andere Ansichten und Hinweise darauf, dass rassistische Gewalt als solche ein vielschichtiges Problem ist, relativ unabhängig von Zuwanderungszahlen. Diese Problematisierung der Zuwanderung (anstelle der Fremdenfeindlichkeit) wurde besonders von den GegnerInnen der Grundgesetzänderung immer wieder kritisiert. Schäuble überblendet diese durchaus problematischen Ansichten mit der Selbstinszenierung der Institution Bundestag.

Die Ernsthaftigkeit der politischen Auseinandersetzung wird von Schäuble besonders mit Bezug auf die eigene Partei beansprucht, indem er mehrfach betont, dass die CDU "seit mehr als anderthalb Jahrzehnten um eine verantwortbare Steuerung für Zuwanderung gerungen" habe (ebd., S. 13504).

> Wir wissen aus den anderthalb Jahrzehnten, in denen wir um dieses Problem und mit diesem Problem ringen, daß es ohne eine Ergänzung unseres Grundgesetzes eine zureichende Steuerungsmöglichkeit nicht gibt. Wir [...] haben in diesen anderthalb Jahrzehnten alles versucht, was ohne eine Änderung des Grundgesetzes möglich war. (Ebd., S. 13505)

Diese Betonung der Ernsthaftigkeit politischer Auseinandersetzung – welche die CDU freilich für sich beansprucht und anderen z.B. durch das Anmahnen (s.o.) tendenziell abspricht – ist gleichzeitig Teil der Rechtfertigungsstrategie der CDU. Es war die CDU, die diesen tiefen Einschnitt der Grundgesetzänderung wollte, der zu dieser Debatte führte. Der Verweis auf jahrelanges Ringen signalisiert über Mehrfachadressierung den BürgerInnen, dass auf Seiten seiner Partei eine Grundgesetzänderung nicht leichtherzig gefordert werde sondern jahrelangen Vorlauf hatte, nach dem keine andere Lösung mehr denkbar erschien. Auch die hier behauptete Alternativlosigkeit war natürlich umstritten.

Die Brisanz der Debatte wird von Schäuble vor allem mit Verweis auf die "ganz ungewöhnliche Vorgeschichte" (ebd., S. 13504), und auf "ungewöhnliche und hoffentlich einmalige Umstände" (ebd.) betont, da "ein großes Polizeiaufgebot die Integrität unserer parlamentarischen Beratungen und Entscheidungen sicherstellen [muß]" (ebd.). Hier scheint die Selbstinszenierung des Parlaments als Ort demokratischer Auseinandersetzung durch: als sei es nicht schon im vorhinein abgemacht, wer reden wird, als wäre es nicht bereits absehbar, wie und wofür die einzelnen Redner argumentieren würden und als sei nicht schon klar, wie die Abgeordneten der jeweiligen Fraktionen abstimmen würden.

Schäubles Verweis auf "das Entsetzliche, was sich außerhalb dieses Hauses zur Stunde vollzieht" (ebd., S. 13507; gemeint sind die Demonstrationen vor der Bannmeile und die Versuche der DemonstrantInnen, Abgeordnete am Durchkommen und Betreten des Parlaments zu hindern) kann ebenfalls als Teil der Rechtfertigungsstrategie der CDU im Zusammenhang mit der Ernsthaftigkeit der Auseinandersetzung gedeutet werden: Wenn man eine bedeutende, wohlüberlegte Entscheidung zu treffen hat, die man für richtig und politisch notwendig hält, setzt man sich schwierigen Situationen aus.

Die Relevanz der Debatte wird betont, indem sie als Höhe- und Endpunkt einer langen und schwierigen politischen Entwicklung präsentiert wird.

> Nach langen, qualvollen Beratungen, Diskussionen, Auseinandersetzungen, Versuchen, gemeinsame Wege zu finden, sind wir heute an dem Punkt angelangt, abschließend beraten und entscheiden zu können. (Ebd., S. 13504)

Außerdem wird die Relevanz und Reichweite der zu fällenden politischen Entscheidung von Schäuble wie folgt betont:

> Die Entscheidung, die wir zu treffen haben, ist wichtig für den inneren Frieden in unserem Land, für das friedliche, gute Miteinander von deutschen und ausländischen Mitbürgern und für unsere Fähigkeit, auch in Zukunft Verfolgten Schutz, Zuflucht, Aufnahme zu bieten. (Ebd.)

In dem Zusammenhang von innerem Frieden und Beschränkung der Zuwanderung zeigt sich erneut das problematische Verständnis der CDU für das in der Bevölkerung bestehende Unbehagen gegenüber Flüchtlingen und Einwanderern. Dies wird hier obendrein sogar als positiv für zukünftige Asylsuchende gewendet: Nur wenn mit den Kapazitäten gehaushaltet werde, könne die Aufnahme dauerhaft gewährleistet werden. Ohne Beschränkung werde es zur Überlastung kommen und dann – so lässt sich der hier angelegte Zusammenhang weiterdenken – könne am Ende niemand mehr Aufnahme finden, außerdem würde es gefährlich für die 'zu vielen' Zuwanderer im Lande.

Mit der Analyse von Schäubles erster Rede in der Asyldebatte vom 26. Mai 1993 sollte gezeigt werden, wie unter dem Mantel der Formulierung diskussionsparlamentarischen Anspruchs bereits politischer Schaukampf stattfindet. In der Betonung der Würde, Verantwortung und Relevanz parlamentarischer Debatten werden bereits Zusammenhänge mitbehauptet, die keineswegs weithin kritiklos akzeptiert werden. Schäuble nutzt seine Position als erster Redner der Debatte aus, um den Gestus des parlamentarischen Stilpflegers zu beanspruchen und gleichzeitig sowohl den politischen Gegner zu diskreditieren als auch die eigene Position als unhintergehbar zu präsentieren.

4. DISKURS *(Björn Carius)*

4.1 Theoretische Grundlagen der Diskursanalyse

Das vorangegangene Kapitel widmete sich dem politischen Gebrauch der Sprache auf der Textebene. Aus textlinguistischer Sicht bilden Texte "die Grundeineinheiten der sprachlichen Kommunikation" (Heinemann/Heinemann 2002, S. 112). Allerdings ist der Einzeltext in seiner Einbettung in "übergreifende interaktionale Zusammenhänge" (ebd.) zu betrachten. Diese Menge aufeinander bezogener Texte lässt sich als **Diskurs** begreifen. Etymologisch geht der Begriff auf das lateinische Verb *discurrere* bzw. das Substantiv *discursus*, die jeweils eine nicht eindeutig gerichtete Bewegung bezeichnen, zurück. Insofern van Dijk Diskurs allgemein als "text in context" (1990, S. 164) bestimmt, ist die Diskursanalyse der Textanalyse stets verbunden, weist aber zugleich über sie hinaus.[1] Während sich ein Text zumindest anhand formaler Kriterien als geschlossenes Gebilde bestimmen lässt, ist Diskurs als "abstraktes Beziehungsgeflecht" (Heinemann/Heinemann 2002, S. 112) zu verstehen und somit nicht als Einheit gegeben – vielmehr bedarf er der Eingrenzung im Forschungsprozess.

Nun ist jedoch Diskursforschung, zumal in der Annäherung an den politischen Gebrauch von Sprache, nicht allein aus der Perspektive der Textlinguistik heraus zu erfassen – auch wenn sie sich immer der Bedeutung von Zeichen, insbesondere von sprachlichen Zeichen widmet.

☞ So unterscheidet Keller (2004) in seiner Einführung sechs (in sich wiederum ausdifferenzierte) Perspektiven der Diskursforschung. Er unterscheidet zwischen den primär linguistisch geprägten Ansätzen der 1) discourse analysis (DA), 2) (Korpus-) Linguistisch-Historischen Diskursforschung und 3) Critical Discourse Analysis/Kritischen Diskursanalyse sowie den primär sozialwissenschaftlich geprägten Ansätzen der 4) kulturalistischen Diskursforschung, 5) Diskurstheorien und 6) wissenssoziologischen Diskursanalyse.

Dabei lassen sich grundsätzlich Ansätze, die aus der Linguistik heraus entwickelt worden sind, von jenen unterscheiden, die sich im sozialwissenschaftlichen Kontext herausgebildet haben. Vor allem von LinguistInnen sind die **Critical Discourse Analysis (CDA)** bzw. **Kritische Diskursanalyse (KDA)** sowie die **(Korpus-) Linguistisch-Historische Diskursforschung** entwickelt worden. Von lediglich untergeordneter Bedeutung für die Untersuchung des politischen Gebrauchs von Sprache ist hingegen jene **discourse analysis (DA)**, die durch

---

1 Somit eignet dem Diskursbegriff in den verschiedenen diskursanalytischen Ansätzen eine mehr oder minder große Affinität zum textanalytischen Terminus Intertextualität.

die Verknüpfung von Sprach- und Kognitionsforschung gekennzeichnet ist und, um Missverständnissen vorzubeugen, vielfach mit **Gesprächs- oder Sprachgebrauchsforschung** übersetzt wird.[2] Gleichwohl sind Übergänge zwischen der **discourse analysis (DA)**, der Linguistisch-Historischen Diskursforschung sowie der **Critical Discourse Analysis (CDA/KDA)** zu berücksichtigen.[3] Zudem ist die Abgrenzung linguistisch fundierter Diskursforschung von sozialwissenschaftlichen Ansätzen der Diskursforschung insofern zu relativieren, als insbesondere die Kritische Diskursanalyse in Auseinandersetzung mit **Diskurstheorien** in den Sozialwissenschaften, vor allen den Arbeiten des französischen Sozialphilosophen Michel Foucault, entwickelt worden ist.

☞ Dieser Hintergrund lässt sich etwa an der Diskurs-Definition von Jürgen Link, der als Vertreter der Kritischen Diskursanalyse gelten kann, ersehen. Er fasst Diskurs als "institutionalisierte, geregelte redeweisen, insofern sie an handlungen gekoppelt sind und also machtwirkungen ausüben" (Link 1986, S. 71, Kleinschreibung im Original). Somit betont Link, dass Diskurs zwar sprachlich verfasst, zugleich aber an (nicht-sprachliche) Handlungen gebunden ist. Der Aspekt der Macht ist den Überlegungen Michel Foucaults entlehnt. Diesbezüglich ist hervorzuheben, dass Macht nicht Personen zugeschrieben wird, sondern ein Verhältnis bezeichnet: "Die Macht ist nicht etwas, was man erwirbt, wegnimmt, teilt, was man bewahrt oder verliert." (Foucault 1983, S. 115) Insofern geht es Foucault weniger um Machthaber bzw. 'die Mächtigen' in ihrem Einfluss auf die Gesellschaft, als um gesellschaftliche Machtverhältnisse, innerhalb derer sich Individuen mit ihren jeweiligen Handlungen positionieren. So bewegen sich z.B. auch führende Politiker innerhalb von Machtkonstellationen und sind gebunden an einen gesamtgesellschaftlichen Diskurs, der jeweils nur ein bestimmtes Spektrum an verständlichen Aussagen, Beschlüssen und daran angeschlossenen Handlungen zulässt.

Allgemein lässt sich feststellen, dass für den vorliegenden Überblick vor allem die **(Korpus-)Linguistisch-Historische Diskursforschung** sowie die **Critical Discourse Analysis/Kritische Diskursanalyse** von Interesse sind, da sie in besonderem Maße (1) mit linguistischem Instrumentarium (2) die politischen Implikationen von Sprachgebrauch in den Blick nehmen.

In 4.2 werden diese beiden Stränge der Diskursforschung einander gegenübergestellt. Dabei sollen Gemeinsamkeiten und Unterschiede zwischen ihren ProtagonistInnen deutlich werden. Eine herausragende Stellung nimmt in die-

---

2 Siehe einführend z.b. Johnstone (2008), Brinker/Sager (2006).
3 So wird z.B. Teun van Dijk als wichtiger Vertreter der sowohl der DA wie auch der CDA aufgeführt, während Ruth Wodak sicherlich zurecht der CDA zugeordnet wird, wiewohl sie selbst vom diskurshistorischen Ansatz spricht.

sem Kapitel Siegfried Jäger ein, da er auf Grundlage der Projekte am Duisburger Institut für Sprach- und Sozialforschung eine umfassende Einführung in die Kritische Diskursanalyse verfasst hat. Im Anschluss daran bietet 4.3 einen Überblick über Arbeiten – insbesondere empirische Untersuchungen – zum Migrationsdiskurs, der seit den 1990er Jahren intensiv erforscht wurde. Anhand dieses Überblicks wird sich die Vielfalt der inhaltlichen Schwerpunkte wie auch der Methoden innerhalb der Diskursforschung ersehen lassen. 4.4 stellt den Verlauf diskursanalytischer Untersuchungen vor. In 4.5 werden Beispielanalysen anhand von Diskursfragmenten aus dem bundesdeutschen Migrationsdiskurs vorgenommen.

4.2 Diskurslinguistik oder Diskurskritik?

Umstritten ist unter den ForscherInnen mit linguistischem Hintergrund, die sich diskursanalytisch mit dem politischen Gehalt von Texten auseinandersetzen, ob Erkenntnisse aus anderen akademischen Disziplinen in linguistischen Arbeiten lediglich berücksichtigt werden sollen oder ob sie die Disziplingrenzen in politischem Interesse zum Verschwinden bringen sollen, und inwiefern Diskursanalyse in ihrer Annäherung an Komplexe von Aussagen in politische Auseinandersetzungen eingreifen kann und soll. Hieraus ergibt sich ein Forschungsspektrum, das von der Beschränkung auf die wissenschaftlich exakte Erfassung von Aussagen in ihrem spezifischen historischen Kontext bis hin zur wissenschaftlich fundierten Einmischung in aktuelle gesellschaftliche Debatten reicht. In dem einen Fall richtet sich das Interesse auf Kontinuitäten und Wandelphänomene in der Verwendung von Sprache, im anderen Fall auf die ein- und ausschließenden Auswirkungen der Sprachverwendung auf das Leben von Menschen. Die Extrempositionen werden innerhalb dieses Spektrums im deutschsprachigen Raum von Ingo Warnke und Siegfried Jäger eingenommen (Diaz-Bone 2006, Jäger 2005, Warnke 2007). Während Warnke für eine kulturwissenschaftliche Erweiterung der traditionellen Linguistik im Sinne einer Diskurslinguistik plädiert, geht es Jäger um eine inter- oder transdisziplinäre Öffnung der Linguistik. Geht es Warnke unter Einbezug gesellschaftlicher Rahmenbedingungen um Entwicklungen im Gebrauch von Zeichen, richtet Jäger in letzter Konsequenz sein Augenmerk auf die Auswirkungen der Verwendung von Zeichen auf die Lebensbedingungen von Menschen. Jäger stellt heraus, dass der Verzicht auf eine Auseinandersetzung mit Machtbeziehungen sowie auf die Kritik an Macht und Herrschaft keine Berufung auf Foucault erlaube und dass die Diskursanalyse somit ihrer gesellschaftlichen Relevanz beraubt werde (vgl. Jäger 2005). Freilich handelt es sich bei Warnke und Jäger nicht um die einzigen Vertreter der linguistisch fundierten Diskursforschung, sondern lediglich um Forscher, die ihre Differenzen in verschiedenen Aufsätzen explizierten. Sie repräsentieren Extrempositionen der Diskursforschung, zu denen sich andere, nicht minder verdienstvolle DiskursforscherInnen ins Verhältnis setzen lassen.

4.2.1 Linguistisch-Historische Diskursforschung

Die linguistisch-historische Diskursforschung bildete sich wie die Kritische Diskursanalyse gegen Ende der 1980er Jahre und insbesondere in den 1990er Jahren heraus. Im Unterschied zur Kritischen Diskursanalyse liegt der Interessenschwerpunkt dieser linguistisch-historischen Diskursforschung imBereich der Linguistik. Dabei kommt den behandelten Themen primär exemplarischer Charakter zu.

Die unterschiedlichen Ausgangspunkte von (1) linguistisch-historischer Diskursforschung und (2) Kritischer Diskursanalyse lassen sich anhand einer vergleichenden Betrachtung der Einleitungen zu (1) Claudia Fraas' Untersuchung zu *Gebrauchswandel und Bedeutungsvarianz in Textnetzen* (1996) und (2) zum Band *BrandSätze* (1992) von Siegfried Jäger ersehen.

Fraas untersucht exemplarisch die Veränderungen im Sprachgebrauch anhand der Konzepte IDENTITÄT und DEUTSCHE im Diskurs der deutschen Einheit. Dabei stützt sie sich auf das so genannten Wende-Korpus, das Texte der öffentlichen Kommunikation der DDR und BRD aus den Jahren 1989-1990 umfasst, sowie auf Texte aus ost- und westdeutschen Zeitungen aus den Jahren 1991-1992. Einführend stellt sie fest:

> Die vorliegende Untersuchung ist im Grenzbereich zwischen lexikalischer Semantik, Textbetrachtung und Sprachveränderungsforschung angesiedelt. Sie leistet zum einen einen Beitrag zur Beschreibung von sprachlichen Prozessen, die sich im Zusammenhang mit der Wende und Vereinigung vollzogen haben und hinterfragt auf der Basis einer breiten Datenanalyse gängige Urteile über den Sprachgebrauch in diesem Zeitraum. Zum anderen trägt sie durch die konsequente Herleitung der Aussagen aus der realen Sprachverwendung und durch die Begründung der Analysen in einem systematischen und operationalisierbaren Instrumentarium zur methodologischen Fundierung begriffsgeschichtlicher Forschung bei. (Fraas 1996, S. 4)

Jäger eröffnet seinen Band, der den Untertitel *Rassismus im Alltag* trägt und sich diesem Phänomen auf der Grundlage von Interviews widmet (s. 3.2.), mit den folgenden Bemerkungen zu seiner Motivation:

> Der Bericht des Europaparlaments über Rassismus und Fremdenfeindlichkeit in Europa vom Juli 1990 konstatiert für die Bundesrepublik Deutschland bereits ein beängstigendes Ausmaß an rassistischem und fremdenfeindlichem Denken und Handeln in der Bevölkerung [...] und bedauerte zugleich, daß es im Unterschied zu den anderen europäischen Ländern für die Bundesrepublik bisher so gut wie

keine wissenschaftlichen Untersuchungen über Verbreitung, Gestalt und Verbreitungsstrategien solcher Einstellungen gebe. (Jäger 1992, S. 9)

Wiewohl Vorsicht beim Vergleich zweier grundverschiedener Untersuchungen geboten ist, lassen sich aus ihnen die unterschiedlichen Ausgangspunkte ableiten. Während Claudia Fraas ihre Arbeit, wie bereits der Titel nahe legt, linguistischen Bereichen zuschlägt und sprachliche Prozesse als solche in den Blick nimmt[4], nähert sich Siegfried Jäger der Untersuchung aus sozialwissenschaftlicher bzw. sozialkritischer Perspektive, indem er das Konzept Rassismus (bzw. Fremdenfeindlichkeit) in enger Kopplung an rassistisches Handeln als Ausgangspunkt wählt. Nichtsdestoweniger gelangt Claudia Fraas zu Ergebnissen von politischer Relevanz, nimmt diese jedoch nicht zum Anlass für weiterführende kritisch-sozialtheoretische Betrachtungen: Die Verschiebung von individueller Identität hin zu einem gemeinschaftlichen Verständnis von (deutscher) Identität um 1990 dient vornehmlich als Beleg für Gebrauchswandel und Bedeutungsvarianz.

Ingo Warnke

Wie bereits angedeutet, tritt Ingo Warnke in der Diskussion um die Aneignung diskursanalytischer Überlegungen als Vertreter der linguistisch orientierten Position in Erscheinung. In verschiedenen Aufsätzen erläutert er seine Prämissen (z.B. Warnke 2002, 2004, 2007). Dabei muss für Warnke "der kritische Impetus einer politisch verpflichteten Diskursanalyse" (Warnke 2002, S. 14) keineswegs im Vordergrund stehen, zumal in der Kritischen Diskursanalyse "der politische Geltungsanspruch [...] die disziplinären Erkenntnisinteressen an Sprache manchmal überdeckt." (Warnke 2007, S. 7) So sieht er Kritische Diskursanalyse eher als "im besten Sinne angewandte Sprachwissenschaft", als "Hilfswissenschaft für andere Wissenschaften." (ebd.) Zwar gesteht Warnke zu, dass die "Verbindung von Textmengen zu außersprachlichen Wertsystemen [...] offensichtlich" sei und für Michel Foucault die "Aufdeckung solcher Wertsysteme mit ihren Machtstrukturen auch Sinn und Zweck von Diskursanalysen" seien, allerdings hält er daran fest, dass die linguistische Diskursanalyse "eine andere Fragestellung" formuliert und "das linguistische Interesse nicht von vornherein auf diese außersprachlichen Dimensionen der Kultur gerichtet" (Warnke 2004, S. 312) sein sollte. Insofern steht Ingo Warnke der Analyse und vor allem der Bewertung des konkreten politischen Gebrauchs von Sprache durch ForscherInnen mit linguistischem Hintergrund skeptisch gegenüber.

---

4 In ähnlicher Weise geht es Martin Wengeler in seiner Arbeit zu *Topos und Diskurs* (2003) laut Untertitel um die *Begründung einer argumentationsanalytischen Methode* und erst nachrangig um *ihre Anwendung auf den Migrationsdiskurs (1960 – 1985)*.

☞ In seiner ausführlichsten diskurslinguistischen Studie befasste er sich mit dem juridischen Diskurs (Warnke 1999). Mit dieser Untersuchung tritt Warnke in die germanistische Diskussion um die Herausbildung einer deutschen Hochsprache ein, indem er seine Aufmerksamkeit nicht auf die Ausgleichstendenzen zwischen Dialekten, sondern anhand eines vielfältigen Korpus von zeitgenössischen Rechtstexten vorrangig auf die funktionale Differenzierung von Kommunikation vom Spätmittelalter bis zur frühen Neuzeit richtet. Dass Warnke damit nicht unmittelbar in aktuelle politische Debatten einzugreifen beabsichtigte, verdeutlichen sowohl die Wahl des Untersuchungszeitraums von 1200 bis 1800 wie auch das linguistisch orientierte Interesse an der Polyfunktionalisierung der deutschen Sprache, verstanden als ihre zunehmende "kommunikative Leistungsfähigkeit [...] in unterschiedlichen Domänen gesellschaftlicher Organisation" (Warnke 1999, S. 17-18) am Beispiel von Texten aus unterschiedlichen Teildomänen des juridischen Diskurses.

Die Düsseldorfer Schule

Die DiskurslinguistInnen um den Düsseldorfer Linguisten **Georg Stötzel** (insbesondere **Martin Wengeler, Matthias Jung, Karin Böke** und **Thomas Niehr**) beschäftigen sich in zahlreichen Untersuchungen mit der öffentlichen Sprache nach 1945. Als herausragende Beispiele ihrer Arbeit können der umfassende Überblick über den öffentlichen Sprachgebrauch in der Bundesrepublik Deutschland mit dem Titel *Kontroverse Begriffe* (1995) sowie das diskurshistorische Wörterbuch zum Thema *Ausländer und Migranten im Spiegel der Presse* (2000) gelten. Zwar beruft sich auch die Düsseldorfer Forschungsgruppe bei der Verortung ihrer diskurshistorischen Analysen (zumeist auf der Grundlage von Printmedien-Korpora) auf das Foucaultsche Diskursverständnis (Jung, 2001, S. 31), allerdings ist nicht nur ihre Methodik, sondern auch ihr Forschungsinteresse primär linguistisch (auf Lexik, Metaphern, Argumentation sowie Sprachreflexivität) ausgerichtet. So merkt Matthias Jung in Anspielung auf Michel Foucaults Diskurstheorie an, dass sich "linguistisch verortete Forscher" nicht genötigt fühlen sollten, "ständig über die Genealogie sozialer Praktiken zu reden" (ebd., S. 47). Entsprechend betrachtet Siegfried Jäger die in diesem Kontext entstandenen Arbeiten eher als Beitrag zur Erweiterung der Linguistik als zur Kritischen Diskursanalyse (vgl. Jäger 1999, S. 11).

Zu erwähnen ist in diesem Zusammenhang auch **Dietrich Busse**. Seinen in den 1980er Jahren entwickelten Ansatz der Historischen Semantik (Busse 1987) erweiterte er in den 1990er Jahren gemeinsam mit Wolfgang Teubert zur Diskurssemantik im Sinne einer diachronen Semantik bzw. Diskursgeschichte (Busse/Teubert 1994), wobei Diskurs eine Affinität zum Konzept der Intertextualität attestiert wird (ebd., S. 15). Seine Aufsätze befassen sich zum Teil mit brisanten Themen unter Rückgriff auf historische Quellen, die wiederum Aufschluss über die Herausbildung aktueller Phänomene geben – so zum Beispiel mit der Definition des Deutschen anhand der Zuschreibung der zeitgenössischen Varianten des Attributs ‚deutsch' in frühneuhochdeutschen Rechtstexten (Busse, S. 1994) sowie der Konstitution von Eigen- und Fremdidentität anhand von Texten aus dem 16. und 19. Jahrhundert (Busse 1997) (s. 4.3).[5]

4.2.2 Kritische Diskursanalyse (KDA)

In den 1980er und frühen 1990er Jahren wurde die Critical Discourse Analysis (CDA) beziehungsweise Kritische Diskursanalyse (KDA) international insbesondere von **Teun van Dijk** und **Norman Fairclough** sowie im deutschsprachigen Raum vor allem von dem Duisburger Germanisten **Siegfried Jäger** sowie der Wiener Linguistin **Ruth Wodak** als Forschungsansatz etabliert. Dabei wird Diskurs, wie etwa Ruth Wodak herausstellt, in den verschiedenen Ansätzen der Kritischen Diskursanalyse als sprachgebundene soziale Praxis verstanden, über die Machtverhältnisse reproduziert und Konflikte ausgetragen werden (vgl. Wodak 1998, Wodak/Meyer 2001). Allerdings handelt es sich bei der KDA keineswegs um einen homogenen Ansatz, da sich verschiedene Referenzpunkte bei der Entwicklung der diskurstheoretischen Prämissen, des Kritikverständnisses sowie des Analyseinstrumentariums als relevant erweisen.

☞ So bezieht sich van Dijk in seinen Untersuchungen wiederholt auf die Kognitionspsychologie, während sich Fairclough mit dem US-amerikanischen Sprachphilosophen A.K. Halliday auseinandersetzte. Maßgeblich für Siegfried Jägers Konzeption der Kritischen Diskursanalyse ist der Einfluss der Tätigkeitstheorie des sowjetischen Psychologen Alexej N. Leontjew, der diskurstheoretischen Überlegungen Michel Foucaults sowie der Foucault-Rezeption des Literaturwissenschaftlers Jürgen Link, während für Ruth Wodak mehr noch als Foucaults Erwägungen die Diskurskonzeption des Soziologen Jürgen Habermas von entscheidender Bedeutung ist.

Anhand der heterogenen Quellen dieser Ansätze lässt sich ersehen, dass die Kritische Diskursanalyse nicht in der linguistischen Tradition verbleibt, sondern in nahezu gleichem Maße auf nicht-linguistische sozialwissenschaftliche Konzepte rekurriert. Neben der sozial(wissenschaftlich)en Orientierung zeichnet die Kriti-

---

5   Einen weiteren Schwerpunkt in den Arbeiten Dietrich Busses bilden Besonderheiten institutioneller Texte und Diskurse – insbesondere Rechtstexte und -diskurse (z.B. Busse 1992, 1993).

sche Diskursanalyse ihr kritischer Impetus, also die Reflexion auf problematische gesellschaftliche Entwicklungen mit dem Ziel ihrer Veränderung, aus.[6]

Siegfried Jäger und das Duisburger Institut für Sprach- und Sozialforschung

Siegfried Jägers Aneignung der diskurstheoretischen Überlegungen Michel Foucaults reicht bis in die 1980er Jahre zurück (vgl. Diaz-Bone 2006) Im Kontext des **Duisburger Instituts für Sprach- und Sozialforschung (DISS)**, 1987 von Siegfried und Margarete Jäger gegründet, wurden zahlreiche diskursanalytische Forschungsprojekte realisiert, darunter Projekte zu Rassismus im Alltag (1990/1991), zu Biomacht und Medien (1997) sowie zur Medien-Berichterstattung über den Krieg in Jugoslawien (1999/2000) und über den Nahost-Konflikt (2002).

Das Verdienst Siegfried Jägers und seiner MitarbeiterInnen am Duisburger Institut für Sprach- und Sozialforschung liegt jedoch nicht allein in den Einzeluntersuchungen, sondern auch darin, in Reflexion ihrer empirischen Arbeit eine Einführung in die *Kritische Diskursanalyse* (1993/1999) erstellt zu haben. Darin entfaltet Jäger zunächst die Grundlagen der Kritischen Diskursanalyse, um im Anschluss daran einen exemplarischen Katalog für die Durchführung von diskursanalytischen Untersuchungen zu entwickeln und in Musteranalysen anzuwenden. Es handelt sich dabei um den bislang umfassendsten Versuch, innerhalb der linguistisch fundierten Diskursanalyse sowohl die theoretischen Prämissen wie auch das methodische Vorgehen offen zu legen. Da er auch problematische Aspekte nicht vernachlässigt, ermöglicht der Band sowohl Orientierung innerhalb wie auch die kritische Auseinandersetzung mit der Kritischen Diskursanalyse. Zentrale Konzepte, die die Struktur des Diskurses betreffen, sollen in der Folge umrissen werden.

Exkurs: Zur Struktur des Diskurses

Siegfried Jäger betont im Unterschied zu Jürgen Link, der Redeweisen in den Mittelpunkt seiner Definition von Diskurs stellt (s. 4.1), die Zentralität des Umgangs mit (überindividuellem) Wissen. Dementsprechend definiert er Diskurs als "Fluss von Wissen durch die Zeit" (Jäger 1996, S. 172). Die Analyse dieses historisch entstandenen Wissens ist nach Jägers Ansicht (im Anschluss an Foucault) insofern "per se kritisch", als es darum geht, "mit welchen Mitteln und für welche Wahrheiten in einer Bevölkerung Akzeptanz geschaffen wird, was

---

6 Diese zentralen Aspekte stellt auch Ruth Wodak in ihrer Einführung zu dem Sammelband *Methods of Critical Discourse Analysis* (2001), der aufgrund der Beteiligung der oben erwähnten führenden VertreterInnen einen repräsentativen Überblick über grundlegende Problemstellungen der KDA liefert, heraus.

als normal und nicht normal zu gelten habe, was sagbar (und tubar) ist und was nicht." (Jäger 1999, S. 223) Den Hintergrund für diese kritische Dimension von Diskursanalyse bildet die Annahme, dass vermeintlich selbstverständliche Wahrheiten nicht reproduziert werden müssen, sondern dass es auch möglich ist, Gegenstände auf andere Weise darzustellen und auf diese Weise Gegendiskurse zu etablieren. Da bereits in die Themenwahl Bewertungen eingehen, birgt für Jäger schon die Beschäftigung mit gesellschaftlich brisanten Themen ein kritisches Moment. Als Beispiel für ein brisantes Thema führt Jäger "'die Charakterisierung von Einwanderern und Flüchtlingen'" (Jäger 1999, S. 224) an. Die Kriterien für die Auseinandersetzung mit einem solchen Thema lassen sich nicht auf die korrekte Erfassung des Gegenstands beschränken, sondern besitzen letztlich moralisch-praktischen Charakter. Diese Kriterien seien zunächst einmal "gesellschaftsspezifisch und gesellschaftsimmanent." (Jäger 1999, S. 230)

Bei Jäger findet sich die ausführlichste Darstellung zur Struktur des **gesellschaftlichen Gesamtdiskurses**. Er unterscheidet im Anschluss an Jürgen Link zunächst zwischen (wissenschaftlichen) **Spezialdiskursen** und (nicht-wissenschaftlichem) **Interdiskurs** (der sich jedoch aus spezialdiskursivem Wissen speist). In Spezialdiskursen wie auch im Interdiskurs werden **Diskursstränge** (re-)produziert, die sich aus einzelnen **Diskursfragmenten** zusammensetzen. Diskursfragmente sind nicht mit kompletten Texten gleichzusetzen, sondern bezeichnen bestimmte Aussagen, die sich einem Themenkomplex zuordnen lassen und in die Herausbildung von (individuellem wie kollektivem) Bewusstsein eingebunden sind. Richtung und Qualität von Diskurssträngen werden verändert durch **diskursive** (d.h. medial umfangreich thematisierte) Ereignisse, die innerhalb eines Diskursstrangs den diskursiven Kontext prägen. Diskursstränge durchlaufen eine historische Entwicklung, deren Analyse (angesichts nicht vorhersehbarer diskursiver Ereignisse notwendig eingeschränkte) Prognosen über die weitere Entwicklung von Diskurssträngen erlaubt. Auch lassen sich Diskursstränge anhand gemeinsamer Merkmale bündeln – z.B. zu Diskurssträngen der Ausgrenzung. Allerdings treten Diskursstränge nicht isoliert auf, sondern verschränken sich miteinander. Folglich spricht Jäger von **Diskurs(strang)verschränkungen**. Diese lassen sich im Hinblick auf ihre Häufigkeit untersuchen und vergleichen. Zu berücksichtigen ist bei der Analyse von Diskursfragmenten zudem die **Diskursebene**, d.h. der jeweilige soziale Ort, an dem eine Aussage erscheint. Jäger unterscheidet hierbei zwischen der akademischen Ebene, der Ebene der Politiker, der Medien, des Alltags sowie der Erziehung. Diese Ebenen wirken jedoch jeweils aufeinander ein oder sind sogar miteinander verflochten. Hinzu kommt die **Diskursposition**, d.h. der Standpunkt der jeweiligen Autoren bzw. Medien im politischen Spektrum.

Jäger schlägt für die Diskursanalyse ein umfangreiches Instrumentarium vor, das er jedoch nicht als verbindliche Methodik versteht. Vielmehr habe sich für

die Diskursanalysen am Duisburger Institut für Sprach- und Sozialforschung eine Abfolge von fünf Schritten bewährt:
1) die Betrachtung des institutionellen Rahmens
2) die Betrachtung der Textoberfläche
3) die Betrachtung der sprachlich-rhetorischen Mittel
4) die Betrachtung der inhaltlich-ideologischen Aussagen
5) die Interpretation (vgl. Jäger 1999, S. 175).

In den 2000er Jahren widmete sich Siegfried Jäger insbesondere der Weiterentwicklung der Diskursanalyse zur **Dispositivanalyse** (Jäger 2001). Unter einem Dispositiv wird dabei der Zusammenhang von diskursiven und nicht-diskursiven Praktiken sowie den aus ihnen erwachsenden Resultaten verstanden. Diskursive Praktiken umfassen Sprechen und Denken auf der Grundlage von Wissen, unter nicht-diskursiven Praktiken wird das Handeln auf der Grundlage von Wissen verstanden.

☞ So lässt sich z.B. Michel Foucaults Arbeit *Surveiller et punir* aus dem Jahre 1975 (dt. *Überwachen und Strafen*, 1977) als Analyse des Dispositivs Gefängnis betrachten. Dieses Dispositiv, mit dem auf die Krise der öffentlichen Marter als einer offensichtlich brutalen, unberechenbaren Form der Bestrafung von Verurteilten reagiert wurde, bildet ein Ensemble aus diskursiven Praktiken (z.B. die Formulierung wissenschaftlicher Aussagen über Delinquenten), nicht-diskursive Praktiken (z.B. die Verwahrung von Delinquenten im Gefängnis) und Sichtbarkeiten (z.B. Gefängnisgebäude mit ihrer spezifischen, panoptischen Architektur).

Die Bestrebungen der Duisburger Arbeitsgruppe, Diskursanalyse in Dispositivanalyse zu integrieren, machen deutlich, dass diese nicht primär auf linguistische Erkenntnisse, d.h. die Explikation sprachlicher Routinen, zielt. Vielmehr dienen linguistische Methoden als Mittel, soziale Verhältnisse zu erfassen. Allerdings bleibt abzuwarten, inwieweit sich diese Überlegungen in empirische Untersuchungen überführen lassen.

Ruth Wodak und ihre Arbeitsgruppe

Herausragende Bedeutung für die Weiterentwicklung einer kritisch verstandenen Diskursanalyse erlangte die zunächst in Wien und seit 2004 in Lancaster tätige Linguistin Ruth Wodak mit ihrer Arbeitsgruppe. In zahlreichen Monographien und Aufsätzen widmete sie sich der Verfeinerung der diskurstheoretischen Grundlagen und des analytischen Instrumentariums, z.B. in *Disorders of Discourse* (1996) oder dem Sammelband *Methods of Critical Discourse Analysis* (2001), sowie der Erfassung der diskursiven Konstellationen in Österreich –

etwa in den Bänden *Notwendige Maßnahmen gegen Fremde?* (1995) und *Zur diskursiven Konstruktion nationaler Identität* (1998). Da es Ruth Wodak im Idealfall um den Nachvollzug diskursiver Entwicklungen geht, spricht sie vom diskurshistorischen Ansatz – wiewohl sie eher der Kritischen Diskursanalyse als der linguistisch-historischen Diskursforschung zuzurechnen ist (zum Vorgehen der Ansätze s. 4.3.).

Den Hintergrund für Ruth Wodaks Untersuchungen zur Situation in Österreich bildet der Umgang der Mehrheitsgesellschaft mit MigrantInnen, deren Aufenthalt seit circa 1990 prominent in den Medien und in politischen Auseinandersetzungen thematisiert wird. Insofern weisen die Entwicklungen in der BRD und in Österreich Ähnlichkeiten auf. Als Besonderheit kommt hinzu, dass in Österreich mit der Freiheitlichen Partei Österreichs (FPÖ) und ihrem Spitzenpolitiker Jörg Haider eine rechtspopulistische Partei auf nationaler Ebene große Bedeutung erlangte und 2000 - 2006 zusammen mit der konservativen Österreichischen Volkspartei (ÖVP) die Bundesregierung bildete. In stärkerem Maße als im bundesrepublikanischen Kontext kommt der Thematisierung von Antisemitismus in der Mitte der Gesellschaft eine zentrale Stellung zu: Hiervon zeugen unter anderem die Bände *Wir sind alle unschuldige Täter!* (1990) und *Dreck am Stecken (2003).*

4.3 Diskurse des Ein- und Ausschlusses im deutschsprachigen Raum nach 1945

Um die Vielfalt der linguistisch fundierten Diskursforschung zu demonstrieren, sollen in der Folge Untersuchungen zu einem relevanten Themenbereich in der Zusammenschau dargestellt werden. Hierfür bieten sich Diskurse des Ein- und Ausschlusses aus der nationalen Wir-Gruppe an. Ein- und Ausschluss kann sich auf unterschiedliche Merkmale wie Geschlecht, Herkunft/Abstammung, Religion oder bestimmte Charaktereigenschaften gründen. Vielfach dienen diese Aspekte in ihrem Zusammenspiel als Kriterien für den Ein- und Ausschluss von Personen. Zu beachten ist, dass der sprachliche Umgang mit Differenzen keineswegs mit Gegebenheiten in der außersprachlichen Realität korrelieren muss, sondern vor allem in Zuschreibungen, die sich auf Menschengruppen beziehen, fragwürdige Verallgemeinerungen und Implikationen enthält.

Unter den Diskursen des Ein- und Ausschlusses nimmt das Thema Migration – in diskursanalytischer Terminologie: der **Migrationsdiskurs** – eine prominente Stellung ein. Als Migrationsdiskurs gilt jener spezifische Diskursstrang, der durch Thematisierung von mittel- und langfristiger Ein- und Auswanderung in Texten konstituiert wird. Die einschlägigen Text(teil)e lassen sich nach Jäger als Diskursfragmente, d.h. als Fragmente des Migrationsdiskurses bezeichnen. Allerdings ist der Migrationsdiskurs eng an andere Diskursstränge gekoppelt – insbesondere an den Nationaldiskurs, aber auch an den Sozialdiskurs und den

Sicherheitsdiskurs. Er steht auch in engem Zusammenhang mit rassistischer und, in geringerem Maße, antisemitischer Ausgrenzungspraxis.
Der Migrationsdiskurs trat im Laufe der 1980er Jahre in den Fokus der politischen und medialen Debatten. Ihren Höhepunkt erreichten sie in den Jahren nach der Vereinigung von BRD und DDR im Jahre 1990. In diesem Zusammenhang sind insbesondere die Belagerungen der Unterkünfte von AsylbewerberInnen (z.b. in Hoyerswerda, Rostock-Lichtenhagen und Mannheim-Schönau) sowie Brandanschläge auf Wohnhäuser von MigrantInnen und ihren Nachkommen in Mölln (Schleswig-Holstein) und Solingen mit insgesamt acht Todesopfern in den Jahren 1991-1993 zu nennen. Zugleich zeugten insbesondere Aussagen von PolitikerInnen der Union zum Teil von grundsätzlichem Verständnis für die Empörung der autochthonen Deutschen, während lediglich der Exzess gegeißelt wurde. Hinzu kam, dass in zahlreichen Massenmedien, insbesondere in der BILD-Zeitung, die Angst vor (potentiellen) AsylbewerberInnen geschürt wurde. Schließlich führte das "Zusammenspiel [...] von Regierung, Medien, 'Straße' und Intellektuellen" (Terkessidis 2000, S. 35) dazu, dass das in Artikel 16a GG verankerte Grundrecht auf Asyl 1993 faktisch abgeschafft wurde (s. 3.8). Diese Entwicklung wurde innerhalb wie außerhalb Deutschlands zum Teil vor dem Hintergrund der nationalsozialistischen Barbarei rezipiert und in diesem Zusammenhang als Indiz für eklatanten Mangel an bürgerlich-demokratischen Standards gewertet. Mitte der 1990er Jahre verlor der Migrationsdiskurs vorübergehend an Brisanz, bevor der Regierungswechsel von CDU/CSU und FDP zu SPD und BÜNDNIS 90/DIE GRÜNEN im Jahre 1998 zu neuen Auseinandersetzungen über die doppelte Staatsbürgerschaft und ein Einwanderungsgesetz führte. Somit fielen die ausgrenzenden Tendenzen im nationalen Selbstverständnis mit der zunehmenden Verbreitung diskursanalytischer Untersuchungen zu Beginn der 1990er Jahre im deutschsprachigen Raum zusammen.

☞ Wie bereits die vorhergehenden Ausführungen zu diskursanalytischen Ansätzen zeigten, wird der Migrationsdiskurs auf unterschiedliche Weise betrachtet. Dabei lässt sich feststellen, dass der Migrationsdiskurs von Ingo Warnke nicht, von Dietrich Busse eher vermittelt, von Martin Wengeler, Thomas Niehr, Matthias Jung und Karin Böke wie auch von Siegfried Jäger und den MitarbeiterInnen des Duisburger Instituts für Sprach- und Sozialforschung sowie von Ruth Wodak und ihrer Arbeitsgruppe hingegen in zahlreichen Schriften explizit in den Blick genommen wird. Insofern lässt sich diagnostizieren, dass der Migrationsdiskurs vornehmlich von jenen DiskursforscherInnen mit philologischem Hintergrund, für die der Auseinandersetzung mit Diskursen nicht allein linguistische, sondern auch gesellschaftlich-politische Relevanz zukommt, untersucht wird.

4.3.1 Linguistisch-Historische Diskursforschung

Dietrich Busse: *Das Eigene und das Fremde* (1997)

Auch wenn der Aufsatz "Das Eigene und das Fremde" nicht unmittelbar die aktuellen Diskurse zu Migration thematisiert, betrifft er doch die strukturellen Grundlagen der Diskurse der Ein- und Ausgrenzung und somit auch des Migrationsdiskurses. Busse spricht dabei von einer diskurssemantischen Grundfigur, die weniger bewusst eingesetzt wird als sich vielmehr unwillkürlich offenbart und textinhaltliche Elemente ordnet (S. 20). Als zentrales Problem erscheint dabei das Spannungsverhältnis zwischen der Annahme, dass es sich bei dieser Unterscheidung um eine anthropologische Konstante handelt, und der Annahme, dass das Eigene und das Fremde sprachlich-diskursiv auf je historisch spezifische Weise (re-)produziert werden. Die Unterschiede in der Konstitution von Eigenem und Fremdem werden anhand von Textbeispielen aus zwei Phasen deutscher Geschichte aufgezeigt. Anhand eines Textausschnitts aus dem Jahre 1555 (aus dem "Abschied des Reichstags zu Augsburg") zeigt Busse zunächst auf, wie bereits zu diesem Zeitpunkt eine diskursiv überhöhte Wir-Gruppe der Deutschen geschaffen wird, um in einem zweiten Schritt partikulare ökonomische Interessen zu legitimieren. Zunächst wird die Qualität der Tuchproduktion in dem kollektiven Zusammenhang der Wir-Gruppe, dem *Heil. Reich Teutscher Nation* gepriesen, im Anschluss daran Stellung bezogen gegen die Ausfuhr von Wolle *in fremde Nation* sowie den Reimport der Textilien zu vergleichsweise hohen Preisen zum Schaden des *inländischen Handwerck*s (S. 25-26).

Diese politisch-ökonomisch orientierte Argumentation, die Busse anhand seines Beispiels aus der Zeit des Übergangs zur Moderne herausarbeitet, lässt sich bis in die Gegenwart verfolgen (s. 4.4). Unter Verweis auf Zitate der zeitgenössischen Literaten Gustav Freytag und Ernst Moritz Arndt befasst sich Busse in der Folge mit der Negativ-Abgrenzung vom kollektiv Fremden, die erst die ideologische Einheit im Deutschland des 19. und frühen 20. Jahrhunderts herzustellen vermochte. In seinen Betrachtungen führt Busse Diskursanalyse und Sozialpsychologie zusammen. Das diskursiv produzierte, vereinheitlichte kollektive Ich wirkt demnach zurück auf das individuelle Ich. Insofern sich das individuelle Ich als Teil des kollektiven Ichs begreift, betrifft die wahrgenommene Gefährdung der kollektiven Identität gleichsam die Grundlagen des jeweils individuellen Selbstverständnisses: Bezieht ein Individuum sein Selbstbewusstsein vor allem aus der Zugehörigkeit zur deutschen Nation und den daraus erwachsenden Vor- und Nachteilen, dürfte die diskursive Konstitution nationaler Identität – zum Beispiel hinsichtlich der relativen Lebensqualität im Land, der politischen, ökonomischen, sportlichen und kulturellen Bedeutung im internationalen Vergleich, eventuell auch der vermeintlich oder tatsächlich stabilen Identität der nationalen Wir-Gruppe – das Denken und Handeln des Individuums in besonderem Maße beeinflussen. Explizit verweist Busse daher auf die Relevanz dieser diskurshistorischen und psychosozial wirksamen Dynamik für aktuelle Debatten. So werden auch im Migrationsdiskurs nach 1945 Gruppen von Zugehörigen der Wir-Gruppe, die das Eigene repräsentieren – z.b. Deutsche – den nicht-zugehörigen Anderen – (Gruppen von) MigrantInnen – gegenübergestellt. Auch die historische Konstitution von Eigenem und Fremdem wirkt vor dem Hintergrund des Verständnisses von Diskurs als Fluss von Wissen durch die Zeit modifiziert fort und kann somit zur Erhellung der gegenwärtigen Konstellation beitragen.

Martin Wengeler: "*Multikulturelle Gesellschaft* oder *Ausländer raus?*" (1995)

Dieser Aufsatz findet sich im Band *Kontroverse Begriffe*, in dem zahlreiche Politikbereiche der Bundesrepublik anhand zentraler Begriffe beleuchtet werden, also "Sprachgeschichte der Gegenwart als Themen- oder Problemgeschichte" (Stötzel/Wengeler 1995, S. 16) aufgefasst wird. Martin Wengeler widmet sich dabei der Einwanderungspolitik, allerdings auch im Rückgriff auf nichtlinguistische Literatur (etwa die grundlegende Darstellung des Historikers Ulrich Herbert). Bereits die Zusammenschau der Überschriften liefert dabei einen Überblick über zentrale Begriffe und damit auch über Verschiebungen innerhalb des Migrationsdiskurses:

1) *Displaced Persons*, *Flüchtlinge* und *Heimatvertriebene*
2) *Fremdarbeiter – Gastarbeiter – ausländische Arbeitnehmer*
3) Das *Gastarbeiterproblem* in den 70er Jahren
4) *Einwanderungsland, multikulturelle Gesellschaft, ausländische Mitbürger, Überfremdung*
5) Die Asyldiskussion der 80er/90er Jahre: *Asylmißbrauch, Asylanten, Wirtschaftsflüchtlinge, Flut*-Metaphorik

An das Ende des Aufsatzes sind Beleg- und Stichwörter in alphabetischer Reihenfolge (vom Suffix *-ant* – wie zum Beispiel in Asyl*ant* – bis zu *Zwangsausweisung*) gestellt.

Matthias Jung/Karin Böke/Thomas Niehr: *Ausländer und Migranten im Spiegel der Presse* (2000)

Dieses diskurshistorische Wörterbuch kann als Bindeglied zwischen Schlagwortlexikographie (s. 2.3) und Diskursanalyse betrachtet werden. Der einführende Teil enthält unter anderem einen Überblick zum gesellschaftlichen Hintergrund. Ansonsten ist der Band nach Themenkomplexen ("Flüchtlinge und Asylsuchende"; "Der arbeitende Gast"; "Fremde oder Mitbürger?"; "Ausgrenzung und Ablehnung"; "Integration oder Assimilation"; "Metaphern für die Immigration"; "Die Einwanderungsgesellschaft") geordnet. Jeder Abschnitt enthält eine Auflistung zentraler Schlagwörter (z.B. im Abschnitt "Flüchtlinge und Asylsuchende": *Flüchtlinge, Vertriebene, Aus-, Um-, Übersiedler, Asylanten, Asylbewerber*), einen diskurshistorischen Überblick, Literaturhinweise sowie eine Belegchronologie, d.h. chronologisch geordnete, unkommentierte Nachweise des Gebrauchs dieser Schlagwörter in den Printmedien, insbesondere den Tageszeitungen *Frankfurter Rundschau, Frankfurter Allgemeine Zeitung, Süddeutsche Zeitung, Die Welt* und *Rheinische Post* sowie den wöchentlichen Publikationen *Die Zeit* und *Der Spiegel*, die jeweils systematisch ausgewertet wurden.

Thomas Niehr: *Der Streit über Migration in der Bundesrepublik Deutschland, Österreich und der Schweiz* **(2004)**

Diese Studie versteht Thomas Niehr als Beitrag zur Diskursgeschichte, die sich von der Begriffsgeschichte insofern unterscheidet, als sie "nicht lexemorientiert bzw. -gebunden" ist, sondern vielmehr satz- und textsemantische Interessen" (S. 22) in den Vordergrund treten lässt. Mit seiner Studie verbindet Niehr den Anspruch, dass Sprachgeschichte im Sinne von Diskursgeschichte letztlich Mentalitätsgeschichte, also die alltäglich wirksamen Denkmuster innerhalb einer Gesellschaft, erfassen sollte. Entsprechend sollen die Ergebnisse "Rückschlüsse auf die Einstellung der deutschen, österreichischen und Schweizer Gesellschaft zu 'ihren' Zuwanderern" (S. 32) zulassen.

Als Besonderheit dieser Studie ist ihre kontrastiv-komparative Orientierung herauszustellen. Die Vergleichbarkeit wird gewährleistet durch die gemeinsame Sprache in Deutschland, Österreich und der (deutschsprachigen) Schweiz sowie den Umstand, dass es sich um drei westlich-demokratische Länder mit ähnlicher Migrationsgeschichte nach dem Zweiten Weltkrieg handelt.

Das Korpus bilden einschlägige Texte aus regionalen und überregionalen Tageszeitungen sowie Wochenzeitungen, da der Autor annimmt, durch die Analyse des Printmediendiskurses ein hohes Maß an Repräsentativität innerhalb des demokratischen Grundkonsenses, d.h. des Teils des politischen Spektrums, das die rechtlichen Grundlagen pluralistischer Gesellschaften anerkennt,erreichen zu können.[7] Allerdings sollten nicht allein Gemeinsamkeiten und Unterschiede

---

7   Bundesrepublik Deutschland: *Frankfurter Allgemeine Zeitung, Frankfurter Rundschau, Die Welt, Süddeutsche Zeitung, Rheinische Post, Die Zeit* (auf den *Spiegel* wurde verzichtet, um eine Übergewichtung wöchentlicher Publikationen zu vermeiden). Schweiz: *Neue Zürcher Zeitung, Tages-Anzeiger, Basler Zeitung, Basler Nachrichten, Der Bund, Weltwoche*. Österreich: *Die Presse, Die Arbeiterzeitung, Der Kurier, Kärntner Tageszeitung* (für den Untersuchungszeitraum keine wöchentliche Publikation, die als Pendant zur *Zeit* oder *Weltwoche* gelten könnte).

zwischen den drei nationalen Diskursen untersucht werden. Indem Texte aus drei verschiedenen Zeiträumen ausgewählt wurden, sollten sichauch diskursive Kontinuitäten und Verschiebungen erkennen lassen. Unterschieden wurden dabei "Gastarbeiterdiskurse: 1965 – 1967 und 1972 - 1974" sowie "Asyldiskurse 1979 – 1983" (S. 151).

Eine annähernd vollständige linguistische Analyse erfordert Niehr zufolge die Berücksichtigung von Lexik, Argumentation und Metaphorik. Diese Aspekte stehen allerdings miteinander im Zusammenhang, da Lexeme und Metaphern "Argumentationen bereits implizit enthalten" (S. 100) können. So impliziert das metaphorische Lexem *Gastarbeiter*, dass diese Menschen als Gäste in absehbarer Zeit wieder gehen werden oder sollen, aber auch, dass man sich ihnen gegenüber gastfreundlich zu verhalten hat. Diese Argumente, die auf der Metaphorik des Lexems basieren, sind im frühen bundesdeutschen Migrationsdiskurs geltend gemacht worden. Für seine Studie wählte Niehr als Schwerpunkt die Argumentation, da er diesen Aspekt für den zentralen Gegenstand von Diskursanalyse erachtet. Dabei differenziert Niehr zwischen vier Argumentationskategorien:

I. Argumentation pro GastarbeiterInnen/Asyl/Asylgewährung/AsylbewerberInnen
II. Argumentation contra GastarbeiterInnen/Asyl/Asylgewährung/AsylbewerberInnen
III. abwägende/neutrale Argumentation (pro *und* contra)
IV. keine Argumentation (S. 107).

Die jeweils konkreten Argumentationen speisen sich aus zahleichen Einzelargumenten: Niehr führt 18 Contra- und 11 Pro-Argumente auf.

Der Analyse vorangestellt sind "historische Hintergründe" zur "Gastarbeiterpolitik" sowie zur "Asylpolitik in den 80er Jahren" in der Bundesrepublik, Österreich und der Schweiz, was wiederum davon zeugt, dass Diskursanalyse sich zwar linguistischer Methoden bedient, zugleich aber über die disziplinären Grenzen der Linguistik hinausweist.

Die Darstellung der Ergebnisse erfolgt zunächst auf nationaler Ebene – in Einzeldarstellungen sowie anschließend in Vergleichen zwischen den Zeiträumen. Im Anschluss werden die Diskurse in den drei Ländern miteinander verglichen – zunächst bezogen auf die Untersuchungszeiträume, schließlich übergreifend im Sinne eines diskurshistorischen Vergleichs.

Dabei kommt Niehr zu dem Ergebnis, dass die Entwicklung des Gastarbeiter-Diskurses in der Bundesrepublik und der Schweiz dahingehend Parallelen aufweist, dass das Argument der *Notwendigkeit ausländischer Arbeitnehmer* als das insgesamt bedeutsamste Argument in der Bundesrepublik und der Schweiz im zweiten Untersuchungszeitraum an Bedeutung verliert, in Österreich hingegen bedeutsamer wird. Dabei lässt sich eine Korrespondenz mit der sozialgeschichtlichen Entwicklung ausmachen, da der Bedarf an und die Anwerbung von ArbeitsmigrantInnen in der zweiten Phase in der Bundesrepublik und der Schweiz bereits nachließ, während in Österreich die Beschäftigung von MigrantInnen erst später in größerem Umfang betrieben wurde. Eine weitere Differenz lässt sich insofern feststellen, als das Argument *Menschlichkeit* in Österreich und der Schweiz im zweiten Untersuchungszeitraum an Bedeutung gewinnt, in Deutschland hingegen die Relevanz des Arguments abnimmt. Insgesamt ähnlicher verlaufen Niehr zufolge die Asyldiskurse. So sind die Argumente *Situation im Herkunftsland, wirtschaftliche Gründe* sowie *Menschenrechte* in allen drei Ländern von großer Bedeutung. Wiederum zeigen sich Korrespondenzen mit der Migrationsgeschichte: Da zum Beispiel AsylbewerberInnen Österreich zunächst vorwiegend als Transitland nutzten, wurden ökonomisch orientierte Argumente gegenüber ethischen Erwägungen im Vergleich zur Schweiz und der Bundesrepublik relativ gering gewichtet. Durch die Berücksichtigung spezifischer migrationsgeschichtlicher Faktoren lässt sich "neben der Parallelität zwischen deutschem und Schweizer Asyldiskurs auch die argumentative Sonderrolle Österreichs in diesem Diskurs plausibel erklären" (S. 330).

4.3.2 Kritische Diskursanalyse

Siegfried Jäger: *BrandSätze* (1992)

Den Ausgangspunkt für die Beschäftigung mit dem Migrationsdiskurs am Duisburger Institut für Sprach- und Sozialforschung bildet die Analyse von Tiefeninterviews in dem Band *BrandSätze*. In der Zwischenzeit wurden mehrere Monographien und Sammelbände zu Migration und verwandten Themen veröffentlicht. Die dabei analysierten Diskursfragmente gehören verschiedenen Diskursebenen an. Neben dem Alltagsdiskurs, über den Interviews Aufschluss geben sollen, wurden insbesondere Fragmente des medialen und politischen Diskurses – in ihrem Zusammenwirken zusammengefasst in der Bezeichnung 'mediopolitischer Diskurs' – analysiert.

In dem Band *BrandSätze* geht es um die Erfassung von Rassismus, der von den Mitarbeitern des Projekts als Gefahr für die Demokratie angesehen wird (S. 30). Rassismus wird dabei verstanden als ein gesellschaftliches Macht- und Herrschaftsverhältnis, innerhalb dessen eine als 'Rasse' konstruierte Gruppe als minderwertig eingestuft und in der Konsequenz marginalisiert und ausgegrenzt wird (S. 14ff). Hierfür wurden 22 Interviews von jeweils 45-60 Minuten Länge geführt. Die Auswahl der Interviewpartner, mit einer Ausnahme[8] allesamt Deutsche ohne Migrationshintergrund, erfolgte in möglichst ausgewogener Verteilung anhand der Sozialdaten Alter, Geschlecht, Schulabschluss und Wohnviertel

---

8 Eine Frau italienischer Herkunft, die seit 30 Jahren in Deutschland lebt.

(bezogen auf den Bevölkerungsanteil von MigrantInnen). Die Interviews wurden unter Zusicherung der Anonymität in den Wohnungen der Interviewpartnerinnen in möglichst vertrauter Umgebung durchgeführt. Um eine gewisse Vergleichbarkeit der Interviews zu gewährleisten, wurden zehn obligatorische Themenbereiche bestimmt.[9] Allerdings sollten sich die Interviewer möglichst weit zurücknehmen und den Verlauf nach Möglichkeit den Interviewten überlassen. Geführt wurden Tiefeninterviews, die – anders als standardisierte Interviews oder Multiple-Choice-Fragen – Aufschluss über die teils unbewussten Strategien einer Person im Umgang mit einem als heikel wahrgenommenen Thema (z.B. Ja-Aber-Formulierungen, teils klischeehafte Positivaussagen zur Abmilderung negativer Aussagen, Schweigen, Ausweichen, Themenwechsel) geben sollten.

Die Analyse der Interviews zielt nicht auf die Existenz und die Quantität von Rassismus, sondern darauf, in welcher Form, mit welchen spezifischen Inhalten und unter Verwendung welcher Strategien er im Alltag geäußert wird. Im ersten Schritt wurden die Interviews einzeln – wiederum zur Gewährleistung von Vergleichbarkeit – anhand eines Leitfadens analysiert und interpretiert. Im zweiten Schritt wurden die Analysen und Interpretationen der Interviews in einer synoptischen Analyse, also einer Zusammenschau, zusammengeführt. Schließlich wurden allgemeine Schlussfolgerungen aus der synoptischen Analyse gezogen. Die synoptische Analyse erbrachte folgende Ergebnisse:

1) Unter den Migrantengruppen sind so genannte Gastarbeiter aufgrund ihres offensichtlichen ökonomischen Beitrags besser gelitten als Personen, die auf Sozialleistungen angewiesen sind. Die **Akzeptanz** für jede Migrantengruppe steigt mit der Assimilation, die somit den Kern des Ein- und Ausschlusses bildet.
2) Charakteristisch für den rassistischen Alltagsdiskurs jener Zeit ist die Nichtunterscheidung zwischen **biologisch-genetischen** und **kulturellen Merkmalen.**
3) In Aussagen über den Stellenwert der **deutschen Sprache** gehen nationalistische und rassistische Phänomene eine Symbiose ein.
4) Das vermeintliche laissez faire der Einwanderer wird – durchaus von einer Person – zugleich bewundert und kritisiert. Die deutschen Tugenden gelten als Ideal, auch wenn sie mit Mühsal assoziiert werden. Die Selbstunterwerfung unter die Herrschaftsstrukturen in der Konstruktion von Eigen- und Fremdidentität wiederum birgt aggressive Momente.
5) Die Normalität **anderer Nationen** wird am Maßstab der deutschen Nation gemessen. Da dieser Zugriff aus der Position des Stärkeren erfolgt, wird er als rassistisch eingeschätzt.

---

9 Nachbarschaft/Stadt, 'Ausländer', Öffentlichkeit, Arbeit /Beruf, ggf. Schule, Quellen des Wissens, Situation der Frau, Vereinigung Deutschlands, der europäische Markt und seine Abschottung, Verständnis des Wortes 'Deutsch' (S. 24).

6) Wiewohl **Antisemitismus** nicht im Mittelpunkt des Interesses der Untersuchung stand, bildete er den argumentativen Hintergrund, wenn mögliche Folgen eines zu großen Migrantenanteils angesprochen wurden.
7) Sinti und Roma lassen sich nach Analyse der Interviews als Prototyp 'des' unerwünschten 'Ausländers' betrachten.

Betrafen die bislang aufgeführten Ergebnisse Inhalte i.e.S., lässt sich zur Art und Weise, in der über 'die Anderen' gesprochen wird, Folgendes feststellen:
Unter den **Argumentationsstrategien**, die dazu dienen, "rassistische Einstellungen zu verbrämen" (S. 243), lassen sich besonders häufig die **Ja, aber – Strategie** sowie die **positive Selbstdarstellung** ausmachen. Ein Beispiel für eine Ja, aber – Strategie bietet die folgende Interview-Passage:

Ja, ich hab nichts direkt gegen Ausländer (Lachen), aber irgendwie, eh, ist es nicht so sehr schön, eh, von Ausländern umgeben, eh, zu wohnen. (S. 243)

Eine positive Selbstdarstellung im Sinne einer besonderen Betonung der eigenen Leistung, Toleranz etc. findet sich in folgendem Ausschnitt:

Ich hab [...] auf de Kokerei mit vielen Ausländern da zusammengearbeitet. [...] Die sachten da immer, Hein-Heinz, bleib du bei uns." (S. 244)

Eine gesonderte Betrachtung wird einer besonders komplexen Argumentationsfigur unter der Überschrift "Humanitäre Argumente zur Legitimierung von Rassismus: Die Türken unterdrücken ihre Frauen" gewidmet. Sie weist zugleich auf eine spätere Untersuchung von Margarete Jäger voraus (siehe unten).
Die Sprache der Interviewten wird unter verschiedenen Gesichtspunkten einer synoptischen Analyse unterzogen, wobei als besonders bedeutsam im Rahmen von Diskursanalysen die Untersuchung von Kollektivsymbolen[10] sowie des Gebrauchs von Pronomina gelten kann. So findet sich in den Interviews vielfach eine "plastische Kollektivsymbolik (etwa Boot, Schiff, Flut, Welle)" (S. 252). So ist z.B. in einem Interview die Rede von Leuten, die "in unser Land einfließen" (S. 252). Eine andere Passage lässt erkennen, dass sprachliche Bilder keineswegs stimmig, sondern auch gebrochen (katachretisch) gebraucht werden. In Bezug auf Einwanderer äußert ein Interviewpartner:

Irgendwo ist ja auch, denk ich ma, dat Schiff hinterher, eh, vonner Besiedlungsdichte her, eh, erschöpft, ne, denk ich mir. (S. 253)

---

10 Das Konzept der Kollektivsymbolik übernimmt Jäger von Jürgen Link, der damit "die Gesamtheit der sogenannten 'Bildlichkeit' einer Kultur" (Link 1997, S. 25) bezeichnet.

Die Bedeutung von Pronomina in der Gegenüberstellung von autochthonen Deutschen und MigrantInnen lässt sich anhand des folgenden kurzen Ausschnitts erkennen:

> Ja, ich meine, wir sind ja selber schuld. Wir ham die ja hereingeholt. (S. 259)

In der anschließenden Betrachtung der Quellen des Wissens wird der explizite intertextuelle Bezugsrahmen der Interviewten in den Blick genommen. Neben eigenen Erfahrungen kam dabei Berichten von Bekannten und Verwandten sowie in den Medien besondere Bedeutung zu.

Angesichts der Untersuchungsergebnisse sei es Jäger zufolge angebracht, "das Selbstverständliche zu bezweifeln" und der Mythisierung, d.h. der Konstruktion von Normalität und Nicht-Normalität, entgegenzuwirken. Abschließend zieht Jäger zehn diskurstaktische Konsequenzen aus der Untersuchung. An erster Stelle führt Jäger dabei an, dass es den Nachweis zu erbringen gelte, dass rassistische Diskurse "das Geschäft der Naturalisierung und Enthistorisierung des Gesellschaftlichen betreiben." (S. 301)

Margarete Jäger: *Fatale Effekte* (1996)

Die Studie von Margarete Jäger widmet sich, wie bereits aus dem Untertitel *Die Kritik am Patriarchat im Einwanderungsdiskurs* hervorgeht, weniger einem Diskursstrang, als einer Diskurs(strang)verschränkung. In der Terminologie der Autorin geht es dabei um die Verschränkung von Einwanderungsdiskurs und Frauendiskurs oder – sofern sich gruppenbezogene Diskriminierung diagnostizieren lässt – von Rassismus/Ethnozentrismus und Sexismus. Im Hinblick auf die Ethnisierung von Sexismus im Alltagsdiskurs über Einwanderung wurden – wie auch für die *BrandSätze* einige Jahre zuvor – Interviews mit Menschen deutscher Herkunft geführt. Die 15 Interviews sollten möglichst frei, d.h. ohne Vorgaben seitens der Interviewerin durchgeführt werden, orientierten sich aber angesichts des thematischen Schwerpunkts an einem Leitfaden, der die Aspekte 'Auffassungen und Haltungen zu EinwanderInnen', 'Kontakte zu EinwanderInnen', 'Differenzen zwischen Einwanderergruppen', 'Geschlechterverhältnisse bei Einwanderergruppen und Deutschen bzw. Christen' sowie schließlich 'Einwanderungs- und Asylpolitik' enthielt. Um den alltäglichen Charakter weitgehend zu wahren, fanden die Interviews in der privaten Umgebung der Interviewten statt, zudem übernahm die Interviewerin gleichfalls einen aktiven Part im Interview. Um Voreingenommenheit oder Vorsicht möglichst vorzubeugen, wurden keine Bekannten der Interviewerin ausgewählt, Anonymität zugesichert und das Thema Einwanderung bereits im Vorfeld preisgegeben.

Im Band folgen auf die zusammenfassende Darstellung der Einzelinterviews eine synoptische Analyse sowie Feinanalysen von vier Interviewsequenzen. Die Analyse erbrachte nach Margret Jäger fünf zentrale Ergebnisse:

Ethnisierung von Sexismus ist wesentlich im Einwanderungsdiskurs zu Hause. (S. 277)
Ethnisierung von Sexismus ist eine umfassende Variante des Einwanderungsdiskurses. (S. 278)
Ethnisierung von Sexismus stärkt und konserviert Rassismus und Sexismus. (S. 280)
Im Einwanderungsdiskurs existieren auch antirassistische Elemente. (S. 281)
Diskursanalyse kann auch Diskursverschränkungen transparent machen und ihre Funktion genau bestimmen. (S. 283)

Der Ansatzpunkt für eine grundlegende Veränderung, so Margarete Jäger in ihren Schlussfolgerungen für die diskursive Praxis, liegt nicht im Frauen-, sondern im Einwanderungsdiskurs. Dabei gilt es, die Kopplung selektiver eigener Erfahrungen und Informationen aus den Medien zu reflektieren und somit unzulässige Verallgemeinerungen zu vermeiden. Umgekehrt sollten Einwanderer auch nicht idealisiert werden. Zu berücksichtigen sei allerdings, dass in der Schuldzuweisung an MigrantInnen auch eine Rebellion gegen die unbefriedigenden eigenen Lebensumstände zu sehen sei, diese aber zugleich verfestigt würden. Anzuknüpfen sei im Diskurs etwa an das (wie auch die Interviews zeigten: verbreitete) Wissen um die unvorteilhafte Lebenssituation von Großteilen der Bevölkerung außerhalb der Metropolen. Zudem sei die Instrumentalisierung von Sexismus im Einwanderungsdiskurs eingebettet in einen gesamtgesellschaftlichen Diskurs, in dem die Schließung der 'Festung Europa' gegenüber jenen, die als fremd gelten, propagiert und statt Integration eine regressive Migrationspolitik verfolgt wird.

Semra Çelik: *Grenzen und Grenzgänger* (2006)

Wie auch der Psychologe Mark Terkessidis in seiner Untersuchung mit dem Titel *Die Banalität des Rassismus* (2004) fokussiert Semra Çelik anhand von Interviews nicht (wie insbesondere in den 1990er Jahren innerhalb der Diskursforschung üblich) die Perspektive der (nicht-migrantischen) Mehrheitsgesellschaft, sondern jene der MigrantInnen. Sie erhebt den Anspruch der "*diskursanalytische*[n] Beschreibung von subjektiven Wahlmöglichkeiten im Alltagsdiskurs" (S. 88). Ihr Interesse an "'Positionierungsmöglichkeiten türkischer MigrantInnen im Kontext nationaler Diskurse' bewegt sich an der Schnittstelle zweier Diskurse, dem Einwanderungsdiskurs und dem Diskurs nationaler Zugehörigkeit" (S. 89), die in ihrer Arbeit synchron in den Blick genommen werden. Allerdings handelt es sich um eine "Pilotstudie, die keinen Anspruch auf empirische Repräsentativität stellt" (ebd.), sondern lediglich

Thesen zu formulieren ermöglicht. Hierfür wurden acht Interviews durchgeführt: jeweils zwei mit berufstätigen Frauen, berufstätigen Männern, Schülerinnen und Schülern. Angesprochen wurden die Themenblöcke Familie, Erziehung, Zukunft, Religion, Migrationsgeschichte, Fußballweltmeisterschaft (hinsichtlich der Sympathien für die türkische und die deutsche Mannschaft), Geschlechterverhältnisse, Partnerschaften, Kontakte, Kultur und Heimat. Die Untersuchung befasst sich mit der Frage nationaler Identität im Kontext von Einwanderung.

Die Analyse der Interviews erbrachte drei zentrale Ergebnisse. Erstens lässt sich anhand der Analyse vermuten, "dass die Selbstbilder, die im Medium der Diskurse erfahren und erzählt werden, den Regelmäßigkeiten diskursiver Strukturen folgen" (S. 266), sich also die Identitätsangebote letztlich weitgehend auf Facetten der türkischen Selbstbilder beschränken und Elemente der deutschen Identität eine eher marginale Rolle spielen. Zweitens stellt die Autorin fest, dass "sich das biographische Moment, einen türkischen Migrationshintergrund in der Bundesrepublik zu besitzen, als entscheidende Begrenzung erweist" (S. 267f.), d.h. eine Tendenz zur Ethnisierung des Selbstbildes sogar verstärkt. Drittens ist jedoch festzuhalten, "dass sich im Spannungsfeld von Zugehörigkeit und Ausschluss ein Feld möglicher Grenzüberschreitungen entfaltet" und die diskursive Selbstethnisierung eine "situative und dynamische Leistung" (S. 269) mit verschiedenen Handlungsoptionen darstellt.

Bernd Matouschek/Ruth Wodak/Franz Januschek: *Notwendige Maßnahmen gegen Fremde?* **(1995)**

In dem Band *Notwendige Maßnahmen gegen Fremde?* werden dem Untertitel zufolge "Genese und Formen von rassistischen Diskursen der Differenz" untersucht. Analysiert werden Texte aus österreichischen Medien vor dem Hintergrund eines umfassenden Kriterienkatalogs. Methodisch basiert der Band auf dem diskurshistorischen Ansatz. Mit diesem Ansatz werden die folgenden Ziele verfolgt:

1. Eine generelle (textsortenspezifische) linguistische Beschreibung von Diskursen über 'Fremde' (in verschiedenen Öffentlichkeiten) in Abhängigkeit zu bestimmten tagespolitischen Ereignissen soll vorgenommen werden (Diskurse der Differenz).
2. Ein zweites Ziel ist es, die Strategien und Techniken vorurteilsbehafteter (Rechtfertigungs-) Diskurse der Ablehnung und Ausgrenzung von 'Fremden' und die spezifischen Formen der Versprachlichung des öffentlichen Diskurses offenzulegen. (S. 47)

Die unter 1. angesprochenen Diskurse der Differenz basieren auf der Konstitution von (Eigen- und Fremd-) Gruppen über bestimmte Inhalte. Da die Zuschreibung von Merkmalen und Bewertungen vielfach unter Verwendung von Pronomina realisiert wird, lässt sich hierbei vom Wir-Sie-Diskurs sprechen. Die Strategien der Rechtfertigung schließen vor allem die Zuschreibung von Verantwortung ein. Die spezifischen Formen der Versprachlichung lassen sich mittels eines unabgeschlossenen Katalogs sprachlicher Mittel untersuchen. Hierzu zählen zum Beispiel auf der Textebene irreale Szenarios (die nicht überprüfbar und somit unwiderlegbar sind) und Formen der Diskursrepräsentation (also die Art und Weise, in der jemand eingeführt und mit bestimmten Inhalten zitiert wird), auf der Satzebene rhetorische Fragen (denen in ihrem scheinbar dialogischen Charakter eine primär persuasive Funktion zukommt) und Anspielungen (die die Verantwortung für die Interpretation des jeweiligen Inhalts – womöglich intendiert – in Richtung der Rezipienten verschieben können) sowie auf der Wortebene Vagheiten und Generalisierungen in der Referenz (etwa wenn auf *die Ausländer* Bezug genommen wird) und der Sprecherperspektive (z.B. in der Verwendung des Indefinitpronomens *man*), aber auch Euphemismen (wie in der Rede vom *Ausländerproblem*, während der Begriff *Rassismus* zumindest bis in die 1990er Jahre weitgehend gemieden wurde) und metaphorische Lexeme (z.B. die *Flüchtlingswelle*). Als tagespolitisches Ereignis wurde für die Studie die Zuwanderung rumänischer Flüchtlinge nach Österreich in den Jahren 1989/1990 ausgewählt. Die Texte wurden ausschließlich den Medien entnommen: für den ersten Analyseteil Sendungen des staatlichen Fernsehsenders ORF in Transkription, im zweiten Teil einem repräsentativen Spektrum privatrechtlicher Printmedien – ein Status, der sich den AutorInnen zufolge gerade in brisanten innenpolitischen Auseinandersetzungen wie jenen um rumänische Flüchtlinge in Österreich im Sinne einer Tendenz zur Meinungsberichterstattung und somit einer forcierten Produktion von Diskursen der Differenz auswirken kann (S. 139f.).

Die Analyse ergab, dass die Wir-Gruppe – ihrem Selbstverständnis nach Angehörige "einer westlichen, liberal-freiheitlichen und pluralistisch-kapitalistischen Gesellschaftsordnung" (S. 238) – die Anderen aus dem (ehemals) kommunistischen Osteuropa hinsichtlich ihrer Fremdheit hierarchisiert. So gelten insbesondere Ungarn, aber auch Polen im österreichischen Diskurs als weitaus weniger fremd als rumänische MigrantInnen. Ferner lässt sich feststellen, dass sich die diskursive Konstruktion der Anderen im Zusammenhang mit dem politischen Wandel in Osteuropa – und den damit verbundenen Migrationsbewegungen – ebenfalls transformierte: vom Mitleids- über den Bevormundungszum Rechtfertigungsdiskurs. Der Rechtfertigungsdiskurs, d.h. die Verteidigung der Sorgen und Ängste der Bevölkerung, erfuhr selbst noch einmal einen Wandel: Wurden zunächst Vorurteile vielfach noch explizit geäußert, erlaubten die "ökonomischen Begründungsformen" (S. 246) späterhin einen Verzicht auf ethnische Vorurteile zugunsten einer vermeintlich rationalen Argumentation. Unter Berücksichtigung sozialpsychologischer Aspekte resümieren die AutorInnen:

Zentral in diesen Diskursen der Differenz in Österreich ist – wie man in den letzten Jahren immer wieder beobachten konnte – das Darstellen einer Bedrohung durch diese unterschiedlichen Gruppen und das Hervorheben der österreichischen Opferrolle. (S. 248)

Explizit geht es den AutorInnen nicht allein um wissenschaftliches Erkenntnisinteresse, sondern auch um die Sensibilisierung der gesellschaftlichen Eliten und die Unterstützung jener Menschen, die von ausgrenzenden (Sprach-) Handlungen betroffen sind.

Ruth Wodak et al.: *Zur diskursiven Konstruktion nationaler Identität* (1998)

Durch verschiedene Teilstudien näherten sich die AutorInnen der (Re-) Produktion nationaler Identität in Österreich an. Den theoretischen Hintergrund bilden Überlegungen zu Nationenkonzepten, die Reflexion der diskursiven Konstruktion nationaler Identität im Allgemeinen sowie von Aspekten österreichischer Identität im Besonderen. Darauf folgen fünf Teile, die sich mittels der Analyse von Exemplaren verschiedener Textsorten – politischer Gedenkreden, von PR-Materialien der Volksparteien, von Texten aus Tageszeitungen sowie von Gruppendiskussionen und problemzentrierten qualitativen Interviews – dem österreichischen Nationaldiskurs widmen.

Aufgrund der Heterogenität der Teilstudien würde deren Zusammenfassung den Rahmen des vorliegenden Bandes sprengen, zumal der Migrationsdiskurs nicht (explizit) den Schwerpunkt der Untersuchung bildete. Allerdings lautete eine Hypothese der AutorInnen, dass eine wichtige Rolle bei der Konstruktion der österreichischen Identität "die Abgrenzung gegenüber nicht-österreichischen StaatsbürgerInnen, die in Österreich und außerhalb von Österreich leben" (S. 164), spiele. Die vermutete Abgrenzung gegenüber Migranten erfolgte vor allem in den Gruppendiskussionen und problemzentrierten Interviews:

Die Abgrenzung von in Österreich lebenden NichtösterreicherInnen dürfte in öffentlichen Settings weitgehend tabuisiert sein. Sie kommt in den von uns analysierten Politikerreden selbst bei Jörg Haider nur indirekt vor. Im halb-öffentlichen und quasi-privaten Diskurs hingegen ist sie ein konstitutiver Bestandteil des Identitätsentwurfs. Viele ÖsterreicherInnen empfinden in Österreich lebende NichtstaatsbürgerInnen als umso fremder, je eher sie aus dem Osten, dem Süden und dem islamischen Kulturkreis kommen – letzteres wird in den Interviews nur von Frauen betont – und je eher sie am Äußeren als AusländerInnen erkennbar sind. Eine zentrale Rolle für die Abgrenzung spielen die Sprache (Nichtverstehen führt angeblich zu Fremdheit, Ängsten und Ablehnung) und das "Beharren auf den Traditionen" der Herkunftskulturen. Von den hier lebenden AusländerInnen wird Ein- beziehungsweise Unterordnung und Assimilation verlangt. In einigen Gruppendiskussionen werden klassische Vorurteile gegenüber AusländerInnen (Arbeitsunwilligkeit, Lautheit usw.) schichtspezifisch unterschiedlich thematisiert: je gebildeter die GesprächspartnerInnen sind, desto politisch korrekter verhalten sie sich. Das Bewußtsein, daß explizite Ausländerfeindlichkeit politisch unerwünscht und ein Tabu ist, existiert in allen analysierten Materialien (S. 491).

Insofern belegt auch diese Untersuchung, dass die (abwertende) Bezugnahme auf das Fremde der eigenen Identitätsbildung dienen kann.

Ruth Wodak/Teun A. van Dijk (Hrsg.): *Racism at the Top* (2000)

Abschließend verdient dieser englischsprachige Band Erwähnung, da er von der internationalen Orientierung und damit von einer viel versprechenden Perspektive Kritischer Diskursanalyse zeugt. Im Unterschied zu Thomas Niehrs Studie (s. 4.3.1) wurden hierfür verschiedensprachige Texte analysiert. In Einzeldarstellungen gehen die je verschiedenen AutorInnen auf Parlamentsdebatten zu Immigration in sechs europäischen Ländern (Österreich, Spanien, Frankreich, den Niederlanden, Großbritannien und Italien) im Untersuchungszeitraum 1996-1997 ein. Vorbereitet wird die Analyse durch diskurs- und rassismustheoretische Betrachtungen, die Reflexion der Besonderheiten von Parlamentsdebatten sowie einen Überblick zum politischen System sowie der Einwanderungs- und Asylgesetzgebung in westeuropäischen Staaten. Die Parlamentsdebatten – genauer: die Protokolle der Plenarsitzungen – wurden für die Analyse ausgewählt, da die öffentlich zugänglichen Äußerungen (auch Konflikte und Kontroversen) in der demokratisch gewählten Institution ein hohes Maß an Repräsentativität aufweisen und sich aufgrund ihrer jeweils ähnlichen Struktur besonders für einen Vergleich eignen.

4.3.3 Zusammenfassung

Die vorgestellten Untersuchungen aus den Jahren 1991 bis 2006 widmen sich unterschiedlichem Material unter verschiedenen Gesichtspunkten mittels vielfältiger Methoden. So finden sich Analysen von schriftlichen Texten und Transkriptionen mündlicher Texte: einerseits von Printmedientexten (sowie politischen Werbematerialien), andererseits von eigens durchgeführten Interviews (und Gruppendiskussionen), aber auch Parlamentsdebatten und Fernseh-Berichten. Auffällig ist, dass die Arbeiten innerhalb des Düsseldorfer Zusammenhangs zumeist auf Korpora führender Printmedien in der Bundesrepublik Deutschland (sowie Österreich und der Schweiz) basieren, während für eine Reihe von Untersuchungen des Duisburger Instituts für Sprach- und Sozialforschung (wie die wegweisenden *BrandSätze*) Interviews mit Personen, die nicht aktiv am massenmedial vermittelten öffentlichen Leben beteiligt sind, durchgeführt worden sind. Für die ForscherInnen um Ruth Wodak lässt sich ein solcher Schwerpunkt nicht ausmachen. In der Zusammenschau, insbesondere aber mit

Blick auf den Band *Zur diskursiven Konstruktion nationaler Identität* tritt eher die Heterogenität des Untersuchungsmaterials als Charakteristikum zutage. Mit der Auswahl der Textkorpora korrespondiert ein spezifisches Erkenntnisinteresse. Während sich mit der Untersuchung medialer oder parlamentarischer Texte eher der Sprachgebrauch und die ihm implizite Denkstruktur bzw. Denkbewegung von Angehörigen gesellschaftlicher Eliten erfassen lässt, fokussieren Analysen von Interviews mit nicht-prominenten Personen eher das sprachliche Handeln von Menschen, die ansonsten – im Sinne einer medial hergestellten Öffentlichkeit – unsichtbar bzw. ungehört blieben.

Unterschiede lassen sich auch hinsichtlich der Frage, **wessen** Aussagen **über wen** untersucht werden, ausmachen. Die Entwicklungstendenz lässt sich exemplarisch anhand der Arbeiten des Duisburger Instituts für Sprach- und Sozialforschung erkennen. Gerade vor dem Hintergrund des Anschlusses der DDR an die BRD, der Anschläge auf MigrantInnen sowie der Einschränkung des Grundrechts auf Asyl wurde in den 1990er Jahren vor allem die bundesdeutsche Mehrheitsgesellschaft in kritischer Intention in den Blick genommen – etwa in Siegfried Jägers *BrandSätzen*. Ein Teilaspekt dieses Diskurses der Mehrheitsgesellschaft – nämlich die Konstruktion der Geschlechterverhältnisse im Zusammenhang mit dem Migrationsdiskurs – wurde von Margarete Jäger untersucht. Ohne dass die Beschäftigung mit der Mehrheitsgesellschaft eingestellt worden wäre, traten in den vergangenen Jahren auf Intervention von MigrantInnen Untersuchungen (z.B. von Semra Çelik), deren Interesse der Identitätskonstruktion von Menschen mit Migrationshintergrund gilt, hinzu. Hierdurch wird einerseits ein Versäumnis der 1990er Jahre korrigiert, andererseits haben sich zumindest die schlimmsten Befürchtungen der frühen 1990er Jahre hinsichtlich des deutschen Nationalismus nicht bewahrheitet. Insofern ist zu konstatieren, dass die Untersuchungsgegenstände der Diskursanalyse einem Wandel unterliegen – in Abhängigkeit sowohl von einschneidenden gesellschaftlichen Veränderungen, die kritische Durchdringung und Intervention erfordern, wie auch von der kritischen Reflexion auf die (eigene) Forschungspraxis und deren blinde Flecken.

☞ Den Hintergrund für die vorgestellten Arbeiten bildet ein breites Spektrum an nicht nur linguistischer, sondern auch politologischer, soziologischer, historischer und psychologischer Forschung und Reflexion. Insofern hat die linguistisch fundierte und politisch orientierte Diskursforschung die disziplinären Grenzen der Linguistik beträchtlich erweitert – wenn nicht gar überschritten.

4.4 Zum Verlauf diskursanalytischer Untersuchungen

Immer wieder wurden Versuche unternommen, die Vorgehensweise von Diskursanalysen komprimiert zusammenzufassen. Die Vielfalt sowohl der diskursanalytischen Ansätze wie auch der Gegenstände, die innerhalb der Ansätze gewählt werden können, sorgten dafür, dass diese Versuche in umfangreichen Kompilationen von Analysekriterien resultierten (Jäger 1999, Matouschek/Wodak/Januschek 1995). Mit der folgenden Zusammenschau, die der allgemeinen Orientierung bei der Vorbereitung von Diskursanalysen dienen kann, sollen zentrale Aspekte und Fallstricke diskursanalytischen Vorgehens angesprochen werden. Da sich das Instrumentarium der Kritischen Diskursanalyse eher als die korpus-basierte Arbeit für den Einstieg in die diskursanalytisch orientierte Textanalyse eignet, sind die nachfolgenden Ausführungen vorrangig der Auseinandersetzung mit Ansätzen der Kritischen Diskursanalyse geschuldet. Auf diese Weise lässt sich vom Einzeltext bzw. Diskursfragment unter Einbezug zeitgeschichtlichen Hintergrundwissens ausgehen.

4.4.1 Erkenntnisinteresse

Zunächst einmal stellt sich vor jeder Diskursanalyse die Frage, was überhaupt untersucht werden soll. Soll die Wahl des Untersuchungsgegenstandes weder beliebig erfolgen noch primär linguistisch begründet sein, basiert die Entscheidung auf gesellschaftstheoretischen Prämissen. Als Kriterium für die Qualität einer Untersuchung gilt demnach auch, wie die ausgewählten diskursiven Prozesse die Lebensbedingungen von Individuen beeinflussen. Wird zum Beispiel der Printmediendiskurs über die Aufnahme von Flüchtlingen in der Bundesrepublik Deutschland untersucht, so geschieht dies vor dem Hintergrund der Grundannahmen, (1) dass es sich bei der Aufnahme von Flüchtlingen um ein gesellschaftlich relevantes Phänomen handelt, welches potentiell auf unterschiedliche Weise thematisiert werden kann, und (2) dass Printmedien das Phänomen in bestimmter (sei es in übereinstimmender oder differierender) Weise thematisieren und durch ihre Berichterstattung innerhalb der Gesamtgesellschaft wirken, d.h. die Rezeption nicht allein auf Medienproduzenten beschränkt ist, sondern auch andere Diskursebenen beeinflusst. Diese diskursiven Prozesse wiederum konstituieren zu einem beträchtlichen Teil die Verhältnisse zwischen Menschen und wirken sich somit auf die Lebenssituation von Individuen aus. Erst vermittels dieses Denkprozesses lässt sich begründen, warum ein Thema zum Gegenstand einer (kritischen) Diskursanalyse gemacht werden sollte.

4.4.2 Korpus

Um ein Thema bearbeiten zu können, ist zu reflektieren, welche Materialgrundlage zugänglich ist und sich innerhalb eines bestimmten Zeitraums analysieren lässt. Insbesondere bei breiter Materialgrundlage müssen Entscheidungen getroffen werden: Welchen Zeitraum, welche Medien und welche(s) Genre(s) erachte ich für relevant? Zu überlegen ist insbesondere, ob wenige Texte bzw. Diskursfragmente (unter Verwendung von Sekundärliteratur) in ihrem diskursiven Kontext betrachtet werden sollen oder ob mittels einer großen Anzahl von Texten bzw. Diskursfragmenten ein diskursiver Verlauf untersucht werden soll. Nicht zu unterschätzen ist die Gefahr, dass ein großer Untersuchungsaufwand betrieben wird, der Erkenntnisgewinn sich jedoch in Grenzen hält.

4.4.3 Analyseverfahren

Das Analyseverfahren ist in der Praxis weder vom Erkenntnisinteresse noch von der Auswahl des Korpus zu trennen. Für die Analyse finden sich etwa in Matouschek/Wodak/Januschek (1995), Wodak et al. (1998) und Jäger (1999) umfangreiche Kriterienkataloge, die zu konsultieren an dieser Stelle ausdrücklich empfohlen sei, da die darin aufgeführten Aspekte allesamt zur Erschließung von Diskursfragmenten beitragen können. Zugleich ist zu berücksichtigen, dass die diskursanalytische Praxis in ständiger Fühlung mit dem Untersuchungsgegenstand adjustiert werden sollte. Die folgenden Anregungen mögen den Einstieg in die diskursanalytische Praxis erleichtern. Als Ausgangspunkt hat es sich bewährt, von einem "Wir-Sie-Diskurs" (nach Matouschek/Wodak/Januschek 1995) auszugehen, da eine spezifische diskursive Konstellation vielfach durch die Charakterisierung der Eigen- und der Fremdgruppe(n) strukturiert wird. So konstruieren zum Beispiel Befürworter großzügiger Einwanderungsgesetzgebung die eigene Position zumeist unter Charakterisierung der Einwanderungsgegner. Die Charakterisierung der Eigen- und Fremdgruppe(n) wiederum erfolgt unter Verwendung bestimmter sprachlicher Mittel, welche an dieser Stelle nicht erschöpfend erläutert werden können. Als zentral für die diskursanalytische Praxis hat sich die Berücksichtigung der folgenden Aspekte erwiesen:

Analysekriterium	Beispiele aus dem Migrationsdiskurs
Pronomina	'wir' – die Deutschen vs. 'sie' – die Ausländer
Generalisierungen	Die Ausländer wollen sich nicht integrieren.
Lexik	Überfremdung, Wirtschaftsflüchtlinge
Metaphorik / Kollektivsymbolik	Festung Europa vs. Einwanderungswelle
Argumentationstopoi	Wir brauchen Einwanderer, weil ... (... sie der deutschen Wirtschaft nützen.) (... sie unser Land kulturell bereichern.) Wir brauchen keine Einwanderer, weil ... (...sie dem Staat Kosten verursachen.) (...ihre Werte mit unseren Werten unvereinbar sind.)
Argumentationsstrategien	Ich habe nichts gegen Ausländer, aber ... (...es leben zu viele in Deutschland.)

Zu beachten ist, dass die Relevanz der einzelnen sprachlichen Mittel zwischen einzelnen Texten bzw. Textgattungen stark variiert. Z.B. ist davon auszugehen, dass ein Kommentar zur Aufnahme von Flüchtlingen in einer Tageszeitung mit größerer Wahrscheinlichkeit metaphorisch geprägt ist als etwa die Auswertung statistischer Daten in einer einschlägigen Fachzeitschrift.

Für die Interpretation von Diskursfragmenten sind zunächst die analysierten Aspekte aufeinander zu beziehen. Anschließend ist zu fragen, wie sich das untersuchte Diskursfragment zu anderen Diskursfragmenten verhält. Hierfür können eigene oder bereits vorliegende Untersuchungen herangezogen werden. Die daraus folgende Zusammenschau erlaubt schließlich, je nach Fragestellung, begründete Mutmaßungen über diskursive Prozesse. Abschließend wäre zu fragen, in welchem Verhältnis die Ergebnisse der Diskursanalyse zu den Lebensumständen von Individuen stehen (können).

4.5 Exemplarische Analysen

Die nachfolgenden Beispielanalysen beziehen sich auf drei neuere Fragmente des Migrationsdiskurses in der Bundesrepublik Deutschland: zunächst auf das Vorwort zum Bericht der Unabhängigen Kommission "Zuwanderung" (2001), an dem ein breites Spektrum von politischen und gesellschaftlichen Repräsentanten der Bundesrepublik beteiligt war, in der Folge auf zwei Auszüge aus dem Programm der Nationaldemokratischen Partei Deutschlands (NPD). Das Ziel ist nicht, eine Methode als die einzig geeignete durchzuexerzieren, sondern aufzuzeigen, auf welche Weise die Textausschnitte als Diskursfragmente welches Wissen transportieren und so gesellschaftliche Verhältnisse thematisieren. Im Mittelpunkt des Interesses steht dabei, wie Veränderungen in der Migrationspolitik und im gesellschaftlichen Migrationsdiskurs verarbeitet werden. Unerlässlich ist dabei die Untersuchung der Gruppenkonstellation sowie der je spezifischen Formen der sprachlichen Inszenierung von Wandel.

4.5.1 Vorwort zum Bericht der Unabhängigen Kommission "Zuwanderung"

Dem Bericht der Unabhängigen Kommission "Zuwanderung"[11] unter Leitung der CDU-Politikerin Rita Süssmuth wurde bei seiner Veröffentlichung im Juli 2001 große mediale Aufmerksamkeit zuteil. Schließlich wurden von der Kommission Vorschläge für ein umfassendes Zuwanderungsgesetz erarbeitet. Ein Zuwanderungsgesetz trat nach heftigen Auseinandersetzungen[12] schließlich zum 1. Januar 2005 in Kraft, ohne dass allerdings die Kommissionsvorschläge

---

11 Unabhängige Kommission "Zuwanderung" (Hrsg.): Zuwanderung gestalten – Integration fördern. Bericht der Unabhängigen Kommission "Zuwanderung". Berlin 2001.
12 Besondere Erwähnung verdient der Umstand, dass das Gesetz bereits im Januar 2003 im Bundestag beschlossen worden, im Juni des Jahres allerdings im CDU/CSU-dominierten Bundesrat zunächst abgelehnt worden war.

deutliche Spuren in dessen Endfassung hinterlassen hätten. Bereits die Analyse des Vorworts lässt erahnen, warum es sich um ein bedeutsames Fragment des Migrationsdiskurses handelt.

Institutioneller Rahmen

Zunächst ist festzuhalten, dass die Kommission vom damaligen Innenminister, dem SPD-Politiker Otto Schily eingesetzt, allerdings von einer CDU-Politikerin geleitet wurde. Der parteienübergreifende Charakter der Kommission manifestiert sich darüber hinaus in ihrer Zusammensetzung. Unter den 21 Mitgliedern, von denen in Zeile 5 die Rede ist, waren VertreterInnen aller seinerzeit im Bundestag vertretenen Fraktionen (SPD, CDU/CSU, BÜNDNIS 90/DIE GRÜNEN, FDP). Darüber hinaus waren Repräsentanten gesellschaftlicher Gruppen (wie etwa kommunaler und konfessioneller Dachorganisationen) beteiligt. Somit lässt sich eine breite politische und gesellschaftliche Beteiligung an der Kommissionsarbeit konstatieren. Allerdings wurde lediglich eine einzige Person mit Migrationshintergrund, der Reiseunternehmer Vural Öger – und nicht etwa ein Repräsentant des Ausländerbeirats, eines demokratisch legitimierten Gremiums – in die Kommission berufen.

Vorwort

Mit diesem Bericht legt die Unabhängige Kommission "Zuwanderung" die Ergebnisse ihrer Arbeit vor: "Zuwanderung gestalten – Integration fördern."
Die Kommission wurde am 12. September 2000 vom Bundesminister des Innern, Herrn Otto Schily, eingesetzt. Ihr gehörten 21 Mitglieder an.
5 Als Antwort auf den uns erteilten Auftrag legen wir ein Gesamtkonzept vor. Dabei beachten wir das europäische und internationale Recht. Die humanitären Verpflichtungen gegenüber Asylsuchenden und Flüchtlingen stehen gleichrangig neben den Interessen an Zuwanderung qualifizierter Arbeitskräfte. Politisch Verfolgte und Flüchtlinge brauchen unseren Schutz.
10 Deutschland ist faktisch ein Einwanderungsland. Menschen sind gekommen und geblieben – andere sind in ihre Heimatländer zurückgekehrt oder weiter gewandert. Zuwanderung ist zu einem zentralen öffentlichen Thema geworden. Die Anerkennung der Realität ist an die Stelle von Tabus getreten. Sachlichkeit bestimmt zunehmend die öffentliche Auseinandersetzung.
15 Fast 30 Jahre nach dem Anwerbestopp braucht Deutschland dauerhafte und befristete Zuwanderung für den Arbeitsmarkt – wie andere Länder auch. Wie viele es sein sollen, ist mit Hilfe eines Zuwanderungsrates von der Politik in regelmäßigen Abständen zu entscheiden.
Zuwanderung kann nicht gelingen ohne Integration der schon länger bei uns leben-
20 den und der neu zu uns kommenden Menschen. Deshalb sehen wir das vorgeschlagene Zuwanderungs- und Integrationsgesetz als Einheit.
Die Kommissionsarbeit war eingebettet in eine breite Beteiligung aus der Bürgerschaft. Neben einer Vielzahl von Anhörungen, die von der Kommission durchge-

führt wurden, erreichte uns eine große Anzahl von Vorschlägen aus allen Gruppen
25 der Bevölkerung. Beeindruckend und hilfreich waren die zahlreichen konkreten
Anregungen der ehrenamtlich Engagierten, die sich für Schutz und Integration derjenigen einsetzen, die bei uns leben.
Wir haben ein hohes Maß an Übereinstimmung erreicht.
Die Umsetzung der Empfehlungen ist eine langfristige Aufgabe. Ihre Dringlichkeit
30 ist unbestritten. Es geht um die Zukunft unseres Landes.
Dank sage ich allen, die sich an unserer Kommissionsarbeit beteiligt haben. Er gilt
den zahlreichen Gesprächspartnern aus Wissenschaft und Forschung, aus den Kirchen und Gewerkschaften, aus der Politik und Wirtschaft, aus den Vereinen und
Verbänden.
35 Besonderer Dank gilt den Mitarbeiterinnen und Mitarbeitern in der Geschäftsstelle
für ihre kompetente und engagierte Unterstützung.

Die Vorsitzende
Berlin, den 4. Juli 2001
(Unterschrift)
Prof. Dr. Rita Süssmuth, MdB
Bundestagspräsidentin a.D.

Zur Struktur des Vorworts

Dem ersten Absatz (Z. 1) ist zu entnehmen, dass die Ausarbeitung der Kommission als Bericht klassifiziert wird. Dieser Bericht ist gegliedert in einen einleitenden Teil, drei Teile, die sich in ihrem Schwerpunkt auf die Bereiche Arbeitsmigration, Asyl und Integration beziehen, sowie einen abschließenden Teil mit Vorschlägen für die zukünftige Zuwanderungspolitik. Die Kommission erhebt mit dem Bericht den Anspruch, ein Gesamtkonzept zur Migration in die Bundesrepublik Deutschland zu formulieren, und stellt somit den Rang des Berichts innerhalb des Migrationsdiskurses in der Bundesrepublik heraus.

Die Klammer des Vorworts bilden Informationen zur Kommissionsarbeit (Z. 1-4, 22-25), ein Ausblick zu den Konsequenzen der Kommissionsarbeit (Z. 29f.) sowie Danksagungen an die Beteiligten (Z. 31-36). Der Hauptteil (Z. 5-21) enthält grundlegende Einschätzungen zu Vergangenheit, Gegenwart und Zukunft bundesdeutscher Migrationspolitik, wobei die Aspekte Arbeitsmigration, Asyl und Integration Berücksichtigung finden.

Der Wir-Sie-Diskurs

In Zeile 6 wird mit der Verwendung des Personalpronomens *wir* erstmals die Wir-Gruppe im engeren Sinne konstituiert. Diese umfasst zunächst einmal die Mitglieder der Kommission, insofern von der Arbeit und den Einschätzungen der Kommission und der Erstellung des Berichts die Rede ist (Z. 5f., 20, 24, 28). An anderen Stellen geht jedoch die Wir-Gruppe über die Kommission hinaus (Z.

9, 19f., 27, 30f.). Die Wir-Gruppe schließt zwar die Kommissionsmitglieder ein, allerdings lässt sich vermuten, dass auch nach Einschätzung der Kommission z.B. politisch Verfolgte und Flüchtlinge nicht allein des Schutzes seitens ihrer Mitglieder bedürfen, MigrantInnen die Kommissionsmitglieder nicht in ihrer Wohnung aufsuchen, um dort zu leben, und die Bundesrepublik nicht allein als Land der Kommissionsmitglieder gilt. Kurzum: Die Kommission verweist an dieser Stelle auf eine über sie hinausgehende Gruppenidentität, die an die Zugehörigkeit zu Deutschland gebunden ist. Dabei wird durch die Verwendung der Pronomina die Personengruppe für die Nation genommen: Die Metonymie vereinheitlicht die Individuen auf der Grundlage ihrer Staatsange-hörigkeit. Da die historischen Ereignisse, d.h. die Migrationsbewegungen in die Bundesrepublik Deutschland ab Mitte der 1950er Jahre, zum Zeitpunkt der Kommissionsarbeit teils mehr als vier Jahrzehnte zurückliegen, lässt sich, an eine Formulierung von Ruth Wodak anschließend, von einer historisch expandierten Wir-Gruppe, die auch bereits verstorbene Mitglieder der Gruppe einschließt, sprechen (Wodak et al. 1998, S. 101). Die Bestimmung der (erweiterten) Wir-Gruppe auf Grundlage der Zugehörigkeit zu Deutschland lässt sich damit begründen, dass an anderen Stellen explizit von *Deutschland* die Rede ist (Z. 10, 15).

Wer jedoch ist diesem Kollektivsubjekt (im engeren Sinne der Kommission, im weiteren Sinne den zu Deutschland Gehörigen) als Objekt der Rede gegenübergestellt? Es handelt sich hierbei allgemein um *diejenigen, die bei uns leben* oder *die bei uns lebenden* (Z. 19) bzw. *zu uns kommenden Menschen* (Z.205): Explizit ist im Vorwort von *Asylsuchenden und Flüchtlingen* (Z.7), der *Zuwanderung qualifizierter Arbeitskräfte* (Z. 8) sowie *[p]olitisch Verfolgte[n] und Flüchtlinge[n]* (Z. 8f.) die Rede.

Zwar sind durch diese Scheidung die Gruppen nicht abschließend charakterisiert, es bleibt jedoch festzuhalten, dass sich in keinem Fall plausibel begründen lässt, dass die Wir-Gruppe – abgesehen vom Kommissionsmitglied Vural Öger – Migranten einschließt. Allerdings bedarf das Verhältnis zwischen den Gruppen der weiteren Erörterung.

Die sprachliche Inszenierung von Wandel

Insbesondere in den Zeilen 10-20 werden die jüngere Vergangenheit, die Gegenwart sowie die zu erwartende weitere Entwicklung zueinander ins Verhältnis gesetzt. Eingeleitet wird der Absatz durch den vermeintlich unscheinbaren Satz *Deutschland ist faktisch ein Einwanderungsland.* (Z. 10) Allein die Anerkennung des Umstands, dass Einwanderung einen Teil der gesellschaftlichen Realität in der Bundesrepublik Deutschland darstellt (die nicht einmal notwendig die weltanschauliche Bejahung dieser Tatsache einschließt), ist bemerkenswert vor dem Hintergrund, dass die damalige Regierungspartei CDU noch vor der

Bundestagswahl 1994 in aller Deutlichkeit betonte: "Deutschland ist kein Einwanderungsland." Diese veränderte Auffassungwird in den folgenden Sätzen – nicht zuletzt durch die Wahl der Verben und Adverbien expliziert:

> Zuwanderung **ist** zu einem zentralen öffentlichen Thema **geworden**.
> Die Anerkennung der Realität **ist an die Stelle** von Tabus **getreten**.
> Sachlichkeit bestimmt **zunehmend** die öffentliche Auseinandersetzung. (Z. 12-14)

Da diese Entwicklung der öffentlichen Thematisierung von Migration zugeschrieben wird, erscheint die Kommission weniger als Avantgarde denn als Teil der veränderten Öffentlichkeit. Mit dem diagnostizierten Wandel geht der Wunsch einher, die Bundesrepublik Deutschland als Nation unter anderen Nationen zu etablieren. Diesem Streben dient auch der folgende Vergleich:

> Fast 30 Jahre nach dem Anwerbestopp braucht Deutschland dauerhafte und befristete Zuwanderung für den Arbeitsmarkt – **wie** andere Länder **auch**. (Z. 15f.)

Den Hintergrund, der diesem Vergleich besonderes Gewicht verleiht, bildet die Diskussion darüber, ob Deutschland als Nation durch den Nationalsozialismus für alle Zeiten diskreditiert und entsprechend nicht bzw. zumindest nicht im gleichen Maße wie andere Nationen zur Verfolgung eigener nationaler Interessen berechtigt sei. Diese Verschiebung in Richtung eines offenen Bekenntnisses zum (arbeitsmarktbezogenen) Eigeninteresse wurde bereits an anderer Stelle im Vorwort konstatiert:

> Die humanitären Verpflichtungen gegenüber Asylsuchenden und Flüchtlingen stehen **gleichrangig** neben den Interessen an Zuwanderung qualifizierter Arbeitskräfte. (Z. 6-8)

Reaktiviert wird dabei der Argumentationstopos "Notwendigkeit ausländischer Arbeitnehmer", der, wie von Thomas Niehr nachgewiesen, die Debatte in der Frühphase der Anwerbung von Menschen aus Süd- und Südosteuropa dominierte (s. 4.3).

Anhand der hier skizzierten Gruppenkonstellation lässt sich festhalten, dass das national definierte Kollektivsubjekt der Deutschen, vertreten durch die Kommission, die Rolle des interessiert Handelnden einnimmt, Migranten hingegen als diejenigen, **über** die gesprochen wird, ohne dass **mit** ihnen (gleichberechtigt) gesprochen würde, gelten. Hierin korrespondieren Zusammensetzung der Kommission und Inhalt des Vorworts. Nichtsdestoweniger bleibt vor dem Hintergrund des Verlaufs des Migrationsdiskurses in Deutschland festzuhalten, dass der Status der Bundesrepublik als Einwanderungsland anerkannt wird.

4.5.2 Programm der NPD

Mit den Auszügen aus dem Programm der Nationaldemokratischen Partei Deutschlands[13], das in seiner aktuellen Version 1996 verabschiedet wurde, sollen die migrationspolitischen Prämissen einer erklärtermaßen national orientierten Partei analysiert und schließlich soweit wie möglich zu Rita Süssmuths Vorwort zum Bericht der Zuwanderungskommission ins Verhältnis gesetzt werden.

Institutioneller Rahmen

Das aktuelle Programm der NPD wurde 1996 verabschiedet und löste das Programm in der Version von 1985 ab. Da das Programm auf einem Bundesparteitag beschlossen und seither nicht revidiert wurde, lassen sich ihm die zum Zeitpunkt der Betrachtung gültigen ideologischen Grundlagen und politischen Ziele der Partei entnehmen. Dem Programm ist eine Einleitung vorangestellt, daran schließen sich 15 thematisch spezifische Abschnitte. Die Einleitung umreißt die ideologischen Prämissen der Partei und korrespondiert, wie sich zeigen wird, mit dem 8. Abschnitt unter der Überschrift "Deutschland muss wieder deutsch werden".

Einleitung

Die Konzepte und Positionen der Nachkriegszeit haben ausgedient. Die Vereinigung der bisherigen Teilstaaten BRD und DDR, der Zusammenbruch des kommunistischen Systems, die Wanderungsbewegungen nach und in Europa, die Wandlung von der Industrie- zur Dienstleistungsgesellschaft und die wachsenden Zweifel
5 am herrschenden Materialismus haben neue Fragestellungen hervorgerufen. Die bedürfen neuer Antworten. Die tragenden Schichten in Politik und Gesellschaft versuchen mit allen Mitteln, die alten Wege weiterzugehen. Die Veränderungen werden, wenn überhaupt wahrgenommen, lediglich als Störungen des Weltbildes empfunden. Mit wachsender Verständnislosigkeit staunen die etablierten Kräfte darüber,
10 daß sie das Vertrauen des Volkes verlieren. Zunehmend wird als einziger Lösungsansatz die "multikulturelle Gesellschaft" gesehen, die durch Austausch des Volkes die tragenden Schichten an der Macht halten soll.
Im Gegensatz dazu strebt die Nationaldemokratische Partei Deutschlands den Austausch der Mächtigen an, um dem deutschen Volk im Rahmen der europäischen
15 Völkerfamilie eine Zukunft zu geben. Wir Nationaldemokraten stehen mit aller Konsequenz gegen die verstaubten Ideologien vergangener Jahrhunderte, gegen Aufklärungsutopien und gegen multiethnische Exzesse, denen derzeitig das deutsche Volk ausgesetzt ist. Wir stehen mit einem lebensrichtigen Menschenbild gegen Fremdherrschaft und Fremdbestimmung, gegen Überfremdung, Ausbeutung und
20 Unterdrückung, für deutsche Freiheit, für Freiheit der Völker, für eine soziale Neuordnung in Deutschland, die unserem Menschenbild entspricht.

---

13 http://partei.npd.de/medien/pdf/Parteiprogramm.pdf

Zur Struktur der Einleitung

Anhand der Einleitung wird der ideologische Kernbestand der NPD ersichtlich. Hierzu gehört spätestens in dieser Version auch die ablehnende Thematisierung von Migration, die nun im Unterschied zu den Versionen von 1973 und 1985 das gesamte Programm prägt.
In den Zeilen 1-6 wird eine Bestandsaufnahme der veränderten gesellschaftlichen Situation seit den 1980er Jahren vorgenommen und das Fazit gezogen, dass diese veränderte Situation neue Antworten erfordere. Hieran schließt sich in den Zeilen 6-12 eine Einschätzung der – nach Ansicht der NPD unzulänglichen – Lösungsansätze der gesellschaftlichen Eliten an. In den Zeilen 12-21 werden Grundsätze und Ziele der NPD als Gegenentwurf zum Versagen der Eliten vorgestellt.

Der Wir-Sie-Diskurs

Bereits die Struktur der Einleitung lässt erkennen, wie die NPD die Rollen der Eigen- und Fremdgruppen verteilt: Während die NPD in der Formulierung *Wir Nationaldemokraten* (Z. 15) explizit die Partei als Wir-Gruppe identifiziert, fungieren *die tragenden Schichten in Politik und Gesellschaft* (Z. 6) bzw. *die etablierten Kräfte* (Z. 9), die durch den Gebrauch des bestimmten Artikels homogenisiert werden, als Gegner. Weniger eindeutig ist innerhalb dieser Konstellation die Rolle von MigrantInnen zu bestimmen. Die Bedeutung des Themas Migration innerhalb der NPD-Programmatik lässt sich daran ersehen, dass die *"multikulturelle Gesellschaft"* (Z. 11)– wohlgemerkt in Anführungszeichen, welche Distanz markieren – als *einziger Lösungsansatz* (Z. 10f.) des politisch-gesellschaftlichen Establishments gilt. Allerdings werden keine Zuschreibungen vorgenommen, um MigrantInnen zu diffamieren. Ähnlich differenziert ist die Rolle des *deutschen Volks* (Z. 14) zu betrachten. Zwar versteht sich die NPD als Anwältin seiner Interessen, allerdings attestiert sie dieser Gruppe implizit Handlungsunfähigkeit (und somit Hilfsbedürftigkeit), indem ihr eine passive Rolle zugeschrieben wird, heißt es doch, *das deutsche Volk* sei *multiethnische[n] Exzessen ausgesetzt* (Z. 17).

Die sprachliche Inszenierung von Wandel

Die Inszenierung von Wandel setzt mit der Charakterisierung der gesellschaftlichen Umbrüche der vergangenen Jahrzehnte ein, da diese die Nachkriegskonstellation aufgehoben haben. Das gesellschaftliche Establishment wird jedoch mit Metaphern des Stillstands charakterisiert, indem ihm vorgeworfen wird, an *alten Wege[n]* (Z. 7) und *verstaubten Ideologien vergangener Jahrhunderte* (Z. 16) festzuhalten. Bereits zu Beginn des Absatzes zu Grundsätzen und Zielen der

NPD behaupten die Nationaldemokraten einen *Gegensatz* (Z. 13). Die Oppositionsrolle der NPD wird dadurch manifestiert, dass dem unterstellten *Austausch des Volkes* (Z. 11) durch das bundesdeutsche Establishment das nationaldemokratische Streben nach einem *Austausch der Mächtigen* (Z. 13f.) entgegengesetzt wird, um *dem deutschen Volk im Rahmen der europäischen Völkerfamilie eine Zukunft zu geben* (Z. 14f.). Dadurch wird das gesellschaftliche Establishment mit der Vergangenheit und der (von jener geprägten) Gegenwart, die NPD hingegen mit den zukünftigen Zielen assoziiert. In der Definition ihrer Ziele gilt der NPD die biologisch homogene Nation, also das (deutsche) Volk im ethnischen Sinne, als Ideal. In Verbindung mit dem Ideal der Freiheit (einem klassischen Hochwertwort im politischen Sprachgebrauch, s. 2.1.3) ergibt sich die Freiheit zur Unterwerfung unter das ethnisch definierte Kollektiv: für *deutsche Freiheit, für Freiheit der Völker* (Z. 20). Pejorativ verwandt werden hingegen jegliche Komposita, die das Morphem *fremd-* enthalten, indem sich die NPD *gegen Fremdherrschaft und Fremdbestimmung, gegen Überfremdung*, zudem auch – mit völkischer Stoßrichtung – gegen *Ausbeutung und Unterdrückung* (Z. 19f.) richtet. Den Absolutheitsanspruch ihrer Ideologie untermauert die NPD durch die Charakterisierung ihres Menschenbilds mittels des Neologismus *lebensrichtig* (Z. 18).

8. Deutschland muss wieder deutsch werden

Im Zusammenspiel von Großkapital, Regierung und Gewerkschaften wurden Millionen von Ausländern wie Sklaven der Neuzeit nach Deutschland geholt. Diese Politik wird durch eine menschen- und völkerverachtende Integration fortgesetzt.
Ausländer und Deutsche werden gleichermaßen ihrer Heimat entfremdet und ent-
5 wurzelt, ihnen droht der Verlust ihrer Identität, der bis zur Zerstörung der Familien führt. In zahlreichen Städten bilden sich Ausländerghettos, in denen die deutsche Restbevölkerung zur Minderheit im eigenen Land wird. Das Leben in diesen Wohnvierteln, ihre schulische Versorgung und das soziale Umfeld werden unerträglich. Deutsche und Angehörige fremder Völker stehen sich dort immer feindse-
10 liger gegenüber. Durch diese Entwicklung wird der innere Friede zunehmend gefährdet.
Ein grundlegender politischer Wandel muß die menschenfeindliche Integrationspolitik beenden sowie die deutsche Volkssubstanz erhalten. Das Recht aller Menschen auf eine lebenswerte Zukunft, das Recht der Völker auf Selbstbestimmung, auf
15 kulturelle und nationale Identität, haben Vorrang vor bedingungslosem, einseitigem und kurzsichtigem Gewinnstreben. Den Angehörigen anderer Völker, die hier einen Arbeitsplatz auf Zeit innehaben, muß die Möglichkeit gegeben werden, ihre kulturelle und nationale Identität zu wahren. Dadurch ist ihnen auch die Rückkehr in ihre Heimatländer zu erleichtern.
20 Wir Nationaldemokraten fordern die ersatzlose Streichung des sogenannten "Asylparagraphen" Art. 16 a Grundgesetz. Das weltweit einzigartige Asylrecht der Bundesrepublik Deutschland hat nicht nur zu einem Mißbrauch in unvorstellbarem Ausmaß geführt, sondern auch zu einer Belastung der Staatsausgaben in Milliar-

denhöhe. Anzustreben ist statt dessen eine weltweite Regelung, wonach bei politi-
25 scher Verfolgung Asyl in einem Nachbarstaat gewährt wird, in Problemfällen auch
in entfernteren Ländern des gleichen oder eines ähnlichen Kulturgebietes. Diese
Lösung ist die menschlichere, da dann die Bindung des Einzelnen wie der Familien
an ihre Heimat besser gewahrt bleibt.

Zur Struktur des Abschnitts

Abschnitt 8 des Parteiprogramms betrifft ausschließlich das Thema Migration. In den Zeilen 1-11 wird die Migrationspolitik der Bundesrepublik wie bereits in der Einleitung einer kritischen Bestandsaufnahme unterzogen. In den Zeilen 12-19 stellt die NPD ihre eigene Konzeption einer (Anti-) Migrationspolitik dagegen, bevor sie abschließend die konkrete politische Forderung nach Abschaffung des Grundrechts auf Asyl formuliert und begründet (Z. 20-28).

Der Wir-Sie-Diskurs

Analog zur Einleitung werden als Wir-Gruppe *Wir Nationaldemokraten* (Z. 20) definiert. Ihr werden primär die gesellschaftlichen Eliten der Bundesrepublik – in diesem Fall konkret: *Großkapital, Regierung und Gewerkschaften* (Z. 1) – gegenüber gestellt, da sie für die nach Ansicht der NPD verheerende Migrations- und Integrationspolitik nach dem Zweiten Weltkrieg verantwortlich sind. Bemerkenswert an diesem Abschnitt ist jedoch, dass *Ausländer und Deutsche gleichermaßen* (Z. 4) als Opfer dieser Politik betrachtet werden. Hierbei wird der Vergleich zwischen *Millionen von Ausländern* und *Sklaven* (Z. 1f.) eingeführt. Dieser Vergleich lässt sich insofern einer Kritik unterziehen, als die angesprochenen MigrantInnen im Unterschied zu historischen Gruppen von Sklaven freiwillig in die Bundesrepublik Deutschland eingewandert waren. Indem das neologistische Kompositum *völkerverachtend* in der Charakterisierung von *Integration* (Z. 3) gekoppelt wird an das konventionelle Kompositum *menschen[-]verachtend*, wird eine enge Beziehung zwischen Individuum und biologischem und/oder kulturellem Kollektiv hergestellt. Als Schreckensszenario par excellence gilt die *Zerstörung der Familien*, zu der der *Verlust der Identität* (Z. 5) nach Ansicht der NPD führt. Die biologischen Implikationen der NPD-Konzeption verdeutlicht das metaphorische Partizip *entwurzelt* (Z. 4f.). Insofern verfolgt die NPD in diesem Abschnitt konsequent ihren universal völkischen Anspruch, dem zufolge alle *Völker* ein *Recht auf [...] Selbstbestimmung* (Z. 14) haben. Damit wird in letzter Konsequenz auch die Verantwortung für die diagnostizierte Feindseligkeit zwischen autochthonen Deutschen und Migranten sowie die zunehmende Gefährdung des inneren Friedens (Z. 6) der bundesdeutschen Migrationspolitik zugeschrieben.

Die sprachliche Inszenierung von Wandel

Der Abschnitt wurde zum Teil im Wortlaut aus der vorangegangenen Version des Programms aus dem Jahre 1985 übernommen. Dieser Umstand deutet auf ideologische Kontinuität innerhalb der Partei hin. Hingegen konstatiert und propagiert die Überschrift *Deutschland muß wieder deutsch werden* Diskontinuität innerhalb der bundesdeutschen Gesellschaft. Während durch das Modalverb *muß* die Forderung bezüglich des zukünftigen Charakters Deutschlands eingeleitet wird, indiziert das Temporaladverb *wieder*, dass es sich bei der gewünschten Veränderung um eine Restauration vergangener Verhältnisse handelt, die Zukunft also (gegen den gegenwärtigen status quo) auf die Vergangenheit bezogen ist. Allein der erste Satz ist im Präteritum formuliert und bezieht sich auf den Zeitraum, der die Abkehr von dem ersehnten Zustand status quo ante eines 'deutschen Deutschland' markiert. Im Präsens wird in der Folge zur Charakterisierung der aktuellen Situation ein Horrorszenario entfaltet. In Zeile 12 wird explizit ein politischer Wandel gefordert, im Anschluss werden dessen Grundlagen umrissen. Der zweimalige Gebrauch des Modalverbs *muß* (Z. 12, 14) in diesem Absatz unterstreicht die Dringlichkeit der Anliegen der NPD. Dabei werden *deutsche Volkssubstanz* (Z. 13) gegen *menschenfeindliche Integrationspolitik* (Z. 13f.) sowie *lebenswerte Zukunft, das Recht der Völker auf Selbstbestimmung, auf kulturelle und nationale Identität* (Z. 14f.) gegen *Gewinnstreben* in Stellung gebracht. Indem *bedingungslosem, einseitigem und kurzsichtigem Gewinnstreben* (Z. 15f.) eine Absage erteilt wird, stellt die NPD die Legitimität eines zentralen Argumentationstopos des Migrationsdiskurses, nämlich des Verweises auf die Notwendigkeit ausländischer Arbeitnehmer, wie er sich auch im Vorwort zum Bericht der Zuwanderungskommission findet, infrage. Die explizite Forderung nach Abschaffung des (ohnehin faktisch abgeschafften) Artikels 16a GG zum Abschluss des Abschnitts wird schließlich durch eine hyperbolische Formulierung – *Mißbrauch in unvorstellbarem Ausmaß* (Z. 22f.) – gestützt. Neben der bereits mehrfach nachgewiesenen ethnisch-biologischen Argumentation, auf der die Ablehnung von Migration basiert, bedient sich die NPD durch den Verweis auf die *Belastung der Staatsausgaben in Milliardenhöhe* (Z. 23f.) in diesem Absatz selbst eines ökonomisch orientierten Argumentationstopos. So lässt sich hinsichtlich des angestrebten Wandels feststellen, dass das vermeintlich verdammenswerte Gewinnstreben der NPD legitim erscheint, sofern es dem ethnisch-biologischen Kollektiv zugute kommt.

4.5.3 Zusammenfassung

Sowohl im Vorwort zum Bericht der Zuwanderungskommission wie in den Auszügen aus dem Programm der NPD lässt sich die Bedeutung der sprachlichen Inszenierung von Wandel erkennen, da sich daran politische Konflikte entzünden. Voraussetzung hierfür ist die Konstruktion von Gruppen, die verschiedene Interessen verfolgen. In beiden Quellen erscheint die Wir-Gruppe im engeren Sinne (also die Kommission einerseits und die NPD andererseits) als Vertreterin deutscher Interessen. Während jedoch im Falle der Kommission die Wir-Gruppe kontextuell erweitert wird, so dass sie die Bundesrepublik Deutschland repräsentiert, markiert die NPD jeweils die Differenz selbst zu allen anderen StaatsbürgerInnen, da diese als (vorsätzlich falsch handelnde oder bevormundete) VertreterInnen der Bundesrepublik Deutschland – die nicht dem nationaldemokratischen Ideal des ethnisch definierten deutschen Volks entspricht – gelten. Die Diskursfragmente weisen zudem Ähnlichkeiten hinsichtlich ihrer temporalen Struktur auf, insofern jeweils vornehmlich im Perfekt auf vergangene gesellschaftliche Prozesse und politische Entscheidungen in der Bundesrepublik Bezug genommen wird. Während jedoch der somit diagnostizierte Wandel von einem ethnisch definierten Volk hin zu einer eher staatsbürgerlich orientierten Einwanderungsgesellschaft im Kommissionsbericht affirmiert wird, bezieht sich die NPD (zumindest implizit durch die Zwischenüberschrift) positiv auf jene Zeit, die der forcierten Arbeitsmigration nach Deutschland seit Ende der 1950er Jahre vorangegangen war. Entsprechend zielen die Vorschläge im Kommissionsbericht darauf ab, den Wandel politisch zu stützen, während der NPD daran gelegen ist, die Entwicklung im Sinne einer kulturell und biologisch homogenen Nation rückgängig zu machen.

Anhand der ausgewählten Textausschnitte lässt sich auch die Bedeutung der Schlagwörter innerhalb des Migrationsdiskurses ersehen (s. 2.6). Während im Vorwort zum Bericht der Zuwanderungskommission ausschließlich positiv auf *Integration* Bezug genommen wird (Z. 19, 26), lehnt die NPD *Integration* sowie die *multikulturelle Gesellschaft* explizit, *Assimilation* implizit ab. Stattdessen propagiert die Partei, gemäß einer Überschrift in ihrem Aktionsprogramm, eine ethnisch homogene Nation als Teil einer "Welt der tausend Völker" (vgl. Carius 2007a).

Die Beispielanalysen verdeutlichen, wie diskursanalytische Prämissen, in diesem Fall bezogen auf den bundesdeutschen Migrationsdiskurs, mit detaillierten Fragestellungen (zur Verarbeitung von Veränderungen im Migrationsdiskurs) verbunden und in die Analyse konkreter Texte überführt werden können. Aus der Fragestellung ergibt sich neben der Berücksichtigung des institutionellen Rahmens und der Struktur der Texte die Fokussierung bestimmter sprachlicher Mittel (insbesondere des Gebrauchs von Personalpronomina und des Ausdrucks von Temporalität), die, rückgebunden an das Hintergrundwissen über den Gesamtdiskurs, Rückschlüsse auf dessen Entwicklung und/oder den diskursiven Stellenwert der analysierten Texte erlauben.

LITERATURVERZEICHNIS

Nachschlagewerke

Diekmannshenke, Hans-Joachim (1994): Die Schlagwörter der Radikalen der Reformationszeit (1520-1536). Spuren utopischen Bewußtseins. Frankfurt am Main u.a.
Duden (1994): Das Große Wörterbuch der deutschen Sprache in acht Bänden, hg. von Günther Dosdrowski. 2., völlig neu bearb. u. stark erw. Aufl., Mannheim u.a.
Felbick, Dieter (2003): Schlagwörter der Nachkriegszeit 1945-1949. Berlin, New York.
Herberg, Dieter; Steffens, Doris; Tellenbach, Elke (1997): Schlüsselwörter der Wendezeit. Wörter-Buch zum öffentlichen Sprachgebrauch 1989/90. Berlin, New York.
Honecker, Patrick (2004): Vorreformatorische Schlagwörter. Spiegel politischer, religiöser und sozialer Konflikte in der frühen Neuzeit. Volltext als Online-Ressource zugänglich auf der Homepage der Deutschen Bibliothek Leipzig; www.ddb.de
Ladendorf, Otto (1906): Historisches Schlagwörterbuch. Straßburg, Berlin.
Niehr, Thomas (1993): Schlagwörter im politisch-kulturellen Kontext. Zum öffentlichen Diskurs in der BRD von 1966-1974. Wiesbaden.
Schmitz-Berning, Cornelia (2000): Vokabular des Nationalsozialismus. Berlin, New York.
Schottmann, Christian (1997): Politische Schlagwörter in Deutschland 1929-1934. Stuttgart.
Stötzel, Georg; Eitz, Thorsten (2002) (Hrsg.): Zeitgeschichtliches Wörterbuch der deutschen Gegenwartssprache. Hildesheim.
Strauß, Gerhard; Haß, Ulrike; Harras, Gisela (1989): Brisante Wörter von "Agitation" bis "Zeitgeist". Ein Lexikon zum öffentlichen Sprachgebrauch. Berlin, New York.
Wolter, Beatrice (2000): Deutsche Schlagwörter zur Zeit des dreißigjährigen Krieges. Frankfurt am Main u.a.

Sekundärliteratur

Bachem, Rolf; Battke, Kathleen (1991): Strukturen und Funktionen der Metapher Unser gemeinsames Haus Europa im aktuellen politischen Diskurs. In: Liedtke, Frank, Wengeler, Martin; Böke, Karin (1991) (Hrsg.): Begriffe besetzen. Strategien des Sprachgebrauchs in der Politik. Opladen, S. 295-307.
Ballnuss, Petra (1996): Leitbegriffe und Strategien der Begriffsbesetzung in den Grundsatzprogrammen von CDU und SPD. In: Diekmannshenke, Hajo; Klein, Josef (Hrsg): Wörter in der Politik. Analysen zur Lexemverwendung in der politischen Kommunikation. Opladen, S. 29-76.
Betz, Werner (1977): Verändert Sprache die Welt? Semantik, Politik und Manipulation. Zürich.
Böke, Karin; Liedtke, Frank; Wengeler, Martin (1996): Politische Leitvokabeln der Adenauer-Ära. Berlin, New York.
Böke, Karin (1996): Flüchtlinge und Vertriebene ziwschen dem Recht auf die alte Heimat und der Eingliederung in die neue Heimat. Leitvokabeln der Flüchtlingspolitik. In: Dies.; Liedtke, Frank; Wengeler, Martin (1996): Politische Leitvokabeln der Adenauer-Ära. Berlin, New York, S. 131-210.
Böke, Karin (1997): Die "Invasion" aus den "Armenhäusern Europas". Metaphern im Einwanderungsdiskurs. In: Jung, Matthias; Wengeler, Martin; Dies. (Hrsg.): Die Sprache des Migrationsdiskurses. Das Reden über "Ausländer" in Medien, Politik und Alltag. Opladen, S.164-193.

Böke, Karin (2002): Wenn ein "Strom" zur "Flut" wird. Diskurslinguistische Metaphernanalyse am Beispiel der Gastarbeiter- und Asyldiskussion in Deutschland und Österreich. In: Panagl, Oswald; Stürmer, Horst (Hrsg.): Politische Konzepte und verbale Strategien. Brisante Wörter, Begriffsfelder, Sprachbilder. Frankfurt am Main u.a., S. 265-286.

Brinker, Klaus; Sager, Sven F. (2006): Linguistische Gesprächsanalyse. Eine Euinführung. 4. durchges. u. erg. Aufl. Berlin.

Burkhardt, Armin (1993): Der Einfluß der Medien auf das parlamentarische Sprechen. In: Biere, Bernd Ulrich, Henne, Helmut (Hrsg.): Sprache in den Medien nach 1945. Tübingen.

Burkhardt, Armin (1995): Zwischen Diskussions- und Schaufensterparlamentarismus. Zur Diagnose und Kritik parlamentarischer Kommunikation – am Beispiel von Zwischenfragen und Kurzdialogen. In: Dörner, Andreas; Vogt, Ludgera (Hrsg.): Sprache des Parlaments und Semiotik der Demokratie. Studien zur politischen Kommunikation in der Moderne. Berlin, New York, S. 73-106.

Burkhardt, Armin (1996): Politolinguistik. Versuch einer Ortsbestimmung. In: Klein, Josef; Dieckmannshenke, Hajo (Hrsg.): Sprachstrategien und Dialogblockaden. Linguistische und politikwissenschaftliche Studien zur politischen Kommunikation. Berlin, New York, S. 75-100.

Burkhardt, Armin (1998a): Integration und Distanzierung. Zu einigen typischen Sprachphänomenen im modernen Parlamentarismus. In: Reiher, Ruth; Kramer, Undine (Hrsg.): Sprache als Mittel von Integration und Distanzierung. Frankfurt am Main u.a., S. 195-236.

Burkhardt, Armin (1998b): Deutsche Sprachgeschichte und politische Geschichte. In: Sprachgeschichte. Ein Handbuch zur Geschichte der deutschen Sprache und ihrer Erforschung, hg. von Werner Besch et al. 2., bearb. u. erw. Aufl., Berlin, New York, 1. Halbbd., S. 98-122.

Burkhardt, Armin; Pape, Kornelia (2000) (Hrsg.): Sprache des deutschen Parlamentarismus. Studien zu 150 Jahren Parlamentarischer Kommunikation. Wiesbaden.

Burkhardt, Armin (2003): Das Parlament und seine Sprache. Studien zur Theorie und Geschichte parlamentarischer Kommunikation. Tübingen.

Busch, Albert (2005): Sprachschichten: Demokratischer Wortschatz zwischen Experten und Laien. In: Kilian, Jörg (Hrsg.): Sprache und Politik. Deutsch im demokratischen Staat (= Thema Deutsch. Band 6). Mannheim, S. 141-160.

Busse, Dietrich (1987): Historische Semantik. Stuttgart.

Busse, Dietrich (1992): Recht als Text. Linguistische Untersuchungen zur Arbeit mit Sprache in einer gesellschaftlichen Institution. Tübingen.

Busse, Dietrich (1993): Juristische Semantik. Grundfragen der juristischen Interpretationstheorie in sprachwissenschaftlicher Sicht. Berlin.

Busse, Dietrich (1994): "Hailig Reich", "Teutsch Nacion", "Tutsche Lande". Zur Geschichte kollektiver Selbstbezeichnungen in frühneuhochdeutschen Urkundentexten. In: Busse, Dietrich; Hermanns, Fritz; Teubert, Wolfgang (Hrsg.): Begriffsgeschichte und Diskursgeschichte. Methodenfragen und Forschungsergebnisse der historischen Semantik. Opladen, S. 268-298.

Busse Dietrich (1997): Das Eigene und das Fremde. Zu Funktion und Wirkung einer diskurssemantischen Grundfigur. In: Jung, Matthias; Wengeler, Martin; Böke, Karin (Hrsg.): Die Sprache des Migrationsdiskurses. Das Reden über "Ausländer" in Medien, Politik und Alltag. Opladen, S. 17-35.

Busse, Dietrich; Teubert, Wolfgang (1994): Ist Diskurs ein sprachwissenschaftliches Objekt? Zur Methodenfrage der historischen Semantik. In: Busse, Dietrich; Hermanns, Fritz;

Teubert, Wolfgang (Hrsg.): Begriffsgeschichte und Diskursgeschichte. Methodenfragen und Forschungsergebnisse der historischen Semantik. Opladen, S.10-28.

Carius, Björn (2004): Im "berechtigten Eigeninteresse". Die Konstruktion nationaler Identität im Bericht der Unabhängigen Kommission "Zuwanderung" (2001) und in der daran anschließenden Printmedien-Berichterstattung. In: Jäger, Siegfried, Januschek, Franz (Hrsg.): Gefühlte Geschichte und Kämpfe um Identität. Münster, S. 105-131.

Carius, Björn (2007a): Die NPD und ihre Welt der tausend Völker. Anmerkungen zum Nationenverständnis einer rechtsextremen Partei in Deutschland. In: Pappert, Steffen (Hrsg.): Die (Un-)Ordnung des Diskurses. Leipzig, S. 85-97.

Carius, Björn (2007b): Die Volksparteien und die NPD. Vergleich programmatischer Aussagen 1965 – 2005. In: Flam, Helena (Hrsg.): Migranten in Deutschland. Statistiken – Fakten – Diskurse. Konstanz, S. 258-281.

Çelik, Semra (2006): Grenzen und Grenzgänger. Diskursive Positionierungen im Kontext türkischer Einwanderung. Münster.

Diaz-Bone, Rainer (2006). Kritische Diskursanalyse: Zur Ausarbeitung einer problembezogenen Diskursanalyse im Anschluss an Foucault. Siegfried Jäger im Gespräch mit Rainer Diaz-Bone [89 Absätze]. Forum Qualitative Sozialforschung / Forum: Qualitative Social Research [On-line Journal], 7(3), Art. 21. Verfügbar über: http://www.qualitative-research.net/fqs-texte/3-06/06-3-21-d.htm [Zugriff: 02.09.2008].

Dieckmann, Walther (1975): Sprache in der Politik. Einführung in die Pragmatik und Semantik der politischen Sprache. 2. Aufl., Heidelberg.

Dieckmann, Walther (1985): Wie redet man "zum Fenster hinaus"? Zur Realisierung des Adressatenbezugs in öffentlich-dialogischer Kommunikation am Beispiel eines Redebeitrags Brandts. In: Sucharowski, Wolfgang (Hrsg.): Gesprächsforschung im Vergleich. Analysen zu Bonner Runde nach der Hessenwahl 1982. Tübingen, S. 54-76.

Diekmannshenke, Hajo; Klein, Josef (1996) (Hrsg): Wörter in der Politik. Analysen zur Lexemverwendung in der politischen Kommunikation. Opladen.

Diekmannshenke, Hajo; Meißner, Iris (2001) (Hrsg.): Politische Kommunikation im historischen Wandel. Tübingen.

Dijk, Teun A. van (1981): Studies in the Pragmatics of Discourse. Den Haag, Berlin.

Dijk, Teun A. van (1990): Social cognition and discourse. In: Giles, Howard; Robinson, William Peter (Hrsg.): Handbook of language and social psychology, New York, 163-186.

Dörner, Andreas (2001): Politainment. Politik in der medialen Erlebnisgesellschaft. Frankfurt am Main.

Fix, Ulla (2000): Aspekte der Intertextualität. In: Text- und Gesprächslinguistik. Ein internationales Handbuch zeitgenössischer Forschung, hg. von Klaus Brinker et al. Berlin, New York, 1. Halbbd., S. 449-457.

Fix, Ulla; Poethe, Hannelore; Yos, Gabriele (2003): Textlinguistik und Stilistik für Einsteiger. Ein Lehr- und Arbeitsbuch. Unter Mitarbeit von Ruth Geier. 3. Aufl., Frankfurt am Main u.a.

Forster, Iris (2005): Lexikalische Verführer – euphemistischer Wortschatz und Wortgebrauch in der politischen Sprache. In: Kilian, Jörg (Hrsg.): Sprache und Politik. Deutsch im demokratischen Staat. Mannheim, S. 195-209.

Foucault, Michel (1977): Überwachen und Strafen. Überwachen und Strafen. Die Geburt des Gefängnisses. Übers. von Walter Seitter. Frankfurt am Main.

Foucault, Michel (1983): Der Wille zum Wissen. Sexualität und Wahrheit I. Frankfurt a.M.

Fraas, Claudia (1996): Gebrauchswandel und Bedeutungsvarianz in Textnetzen. Die Konzepte "Identität" und "Deutsche" im Diskurs der deutschen Einheit. Tübingen.

Fuhs, Klaus (1987): Sind Grundwerte Leerformeln? Bedeutungen und parteispezifische Verwendungen politischer Grundwerte-Lexeme in der Bundesrepublik Deutschland. Frankfurt am Main.
Girnth, Heiko (1993): Einstellung und Einstellungsbekundung in der politischen Rede. Eine sprachwissenschaftliche Untersuchung der Rede Philipp Jenningers vom 10. November 1988. Frankfurt am Main, Berlin, Bern u.a.
Girnth, Heiko (1996): Texte im politischen Diskurs. Ein Vorschlag zur diskursorientierten Beschreibung von Textsorten. In: Muttersprache 106, H.1, S. 66-80.
Girnth, Heiko (2001): "Soziale Gerechtigkeit" – Bedeutung und Funktion eines Symbolwortes. In: Muttersprache 111, H. 3, S. 193-204.
Girnth, Heiko (2002): Sprache und Sprachverwendung in der Politik. Eine Einführung in die linguistische Analyse öffentlich-politischer Kommunikation. Tübingen.
Grünert, Horst (1983): Politische Geschichte und Sprachgeschichte. Überlegungen zum Zusammenhang von Politik und Sprachgebrauch in Geschichte und Gegenwart. In: Sprache und Literatur in Wissenschaft und Unterricht 14, H. 52, S. 43-58.
Haß, Ulrike (1991): Das Besetzen von Begriffen. Kommunikative Strategien und Gegenstrategien in der Umweltdiskussion. In: Liedtke, Frank; Wengeler, Martin; Böke, Karin (Hrsg.): Begriffe besetzen. Strategien des Sprachgebrauchs in der Politik. Opladen, S. 330-337.
Heinemann, Margot; Heinemann, Wolfgang (2002): Grundlagen der Textlinguistik. Interaktion – Text – Diskurs. Tübingen.
Helbig, Jörg: Intertextualität und Markierung. Untersuchungen zur Systematik und Funktion der Signalisierung von Intertextualität. Heidelberg 1996.
Heringer, Hans Jürgen (1990a): "Ich gebe Ihnen mein Ehrenwort". Politik, Sprache, Moral. München.
Heringer, Hans Jürgen (1990b): Jenninger und die kommunikative Moral. In: Sprache und Literatur in Wissenschaft und Unterricht 21, H. 65, S. 40-48.
Herrmanns, Fritz (1989): Deontische Tautologien. Ein linguistischer Beitrag zur Interpretation des Godesberger Programms (1959) der Sozialdemokratischen Partei Deutschlands. In: Klein, Josef (Hrsg.): Politische Semantik. Bedeutungsanalytische und sprachkritische Beiträge zur politischen Sprachverwendung. Opladen, S. 69-149.
Hoffmann, Ludger, Schwitalla, Johannes (1989): Äußerungskritik. Oder: Warum Philipp Jenninger zurücktreten mußte. In: Sprachreport 1, S. 5-9.
Holly, Werner; Kühn, Peter; Püschel, Ulrich (1986): Politische Fernsehdiskussionen. Zur medienspezifischen Inszenierung von Propaganda als Diskussion. Tübingen.
Holly, Werner; Kühn, Peter; Püschel, Ulrich (1989) (Hrsg.): Redeshows. Fernsehdiskussionen in der Diskussion. Tübingen.
Holly, Werner (1990): Politikersprache. Inszenierungen und Rollenkonflikte im informellen Sprachhandeln eines Bundestagsabgeordneten. Berlin, New York.
Holly, Werner (1996): Die sozialdemokratischen Bundeskanzler an das Volk. Die Ansprachen von Brandt und Schmidt zum Jahreswechsel. In: Böke, Karin; Jung, Matthias; Wengeler, Martin (Hrsg.): Öffentlicher Sprachgebrauch. Praktische, theoretische und historische Perspektiven. Opladen, S. 315-329.
Holthuis, Susanne (1993): Intertextualität: Aspekte einer rezeptionsorientierten Konzeption. Tübingen.
Jäger, Margarete (1996): Fatale Effekte. Die Kritik am Patriarchat im Einwanderungsdiskurs. Duisburg.
Jäger, Siegfried (1992): BrandSätze. Rassismus im Alltag. Duisburg.

Jäger, Siegfried (1996): Kulturkontakt – Kulturkonflikt? In: Jäger, Margret; Jäger, Siegfried (Hrsg.): Baustellen. Beiträge zur Diskursgeschichte deutscher Gegenwart. Duisburg, S.170-194.
Jäger, Siegfried (2001): Diskurs und Wissen. Theoretische und methodische Aspekte einer Kritischen Diskurs- und Dispositivanalyse. In: Keller, Reiner et al. (Hrsg.): Handbuch sozialwissenschaftliche Diskursanalyse. Bd. 1: Theorien und Methoden. Opladen, S. 81-112.
Jäger, Siegfried (1999): Kritische Diskursanalyse. 2., veränderte Auflage. Münster.
Jäger, Siegfried (2005): Diskurslinguistik ohne Diskurstheorie. In: DISS-Journal 14, S. 13-15.
Jochum, Michael (1999): Der Bundespräsident als öffentlicher Redner. Zur Entstehung und Verbreitung der Reden Roman Herzogs. In: Kopperschmidt, Josef, Schanze, Helmut (Hrsg.): Fest und Festrhetorik. Zu Theorie, Geschichte und Praxis der Epideiktik. München, S. 141-147.
Johnstone, Barbara (2008): Discourse Analysis. 2. Aufl. Oxford.
Jung, Matthias (1996): Linguistische Diskursgeschichte. In: Böke, Karin; Jung, Matthias; Wengeler, Martin (Hrsg.): Öffentlicher Sprachgebrauch. Praktische, theoretische und historische Perspektiven. Opladen, S. 453-472.
Jung, Matthias; Wengeler, Martin; Böke, Karin (1997) (Hrsg.): Die Sprache des Migrationsdiskurses. Das Reden über "Ausländer" in Medien, Politik und Alltag. Opladen.
Jung, Matthias (1997b): Lexik und Sprachbewußtsein im Migrationsdiskurs. Methodik und Ergebnisse wortbezogener Untersuchungen. In: Ders.; Wengeler, Martin; Böke, Karin (Hrsg.): Die Sprache des Migrationsdiskurses. Das Reden über "Ausländer" in Medien, Politik und Alltag. Opladen, S. 194-213.
Jung, Matthias; Niehr, Thomas; Böke, Karin (2000): Ausländer und Migranten im Spiegel der Presse. Ein diskurshistorisches Wörterbuch zur Einwanderung seit 1945. Unter Mitarbeit von Nils Dorenbeck. Wiesbaden.
Jung, Matthias (2001): Diskurshistorische Analyse – eine linguistische Perspektive. In: Keller, Reiner u.a. (Hrsg.): Handbuch sozialwissenschaftliche Diskursanalyse. Bd. 1: Theorien und Methoden. Opladen, S. 29-51.
Kaempfert, Manfred (1990): Das Schlagwörterbuch. In: Wörterbücher. Ein internationales Handbuch zur Lexikographie, hg. von Frank Josef Hausmann et al. Berlin, New York, 2. Halbbd., S. 1199-1206.
Kammerer, Patrick (1995): Die veränderten Konstitutionsbedingungen politischer Rhetorik. Die Rolle der Redenschreiber, der Medien und zum vermeintlichen Ende öffentlicher Rede. In: Dyck, Joachim; Jens, Walter; Ueding, Gert (Hrsg.): Rhetorik. Ein internationales Jahrbuch. Nr. 14, Tübingen, S. 14-29.
Kamps, Klaus (1998): "Zur Politik, nach Bonn...". Politische Kommunikation in Fernsehnachrichten. In: Meckel, Miriam; Kamps, Klaus (Hrsg.): Fernsehnachrichten. Prozesse, Strukturen, Funktionen. Opladen, S. 33-48.
Kamps, Klaus (1999): Politik in Fernsehnachrichten. Struktur und Präsentation internationaler Ereignisse. Ein Vergleich. Baden-Baden: Nomos.
Keller, Reiner (2004): Diskursforschung. Eine Einführung für SozialwissenschaftlerInnen. Opladen.
Kienpointner, Manfred (1999): Metaphern in der politischen Rhetorik. In: Der Deutschunterricht, Nr. 5, S. 66-78.
Kilian, Jörg (2005) (Hrsg): Sprache und Politik. Deutsch im demokratischen Staat. Mannheim u.a.
Kinne, Michael, Schwitalla, Johannes (1994): Sprache im Nationalsozialismus. Heidelberg.

Klein, Josef (1989a) (Hrsg.): Politische Semantik. Bedeutungsanalytische und sprachkritische Beiträge zur politischen Sprachverwendung. Opladen.

Klein, Josef (1989b): Wortschatz, Wortkampf, Wortfelder in der Politik. In: Ders. (1989a) (Hrsg.): Politische Semantik. Bedeutungsanalytische und sprachkritische Beiträge zur politischen Sprachverwendung. Opladen, S. 3-50.

Klein, Josef (1991a): Politische Textsorten. In: Brinker, Klaus (Hrsg.): Aspekte der Textlinguistik. Hildesheim u.a., S. 245-278.

Klein, Josef (1991b): Kann man "Begriffe besetzen"? Zur linguistischen Differenzierung einer plakativen politischen Metapher. In: Liedtke, Frank; Wengeler, Martin; Böke, Karin (Hrsg.): Begriffe besetzen. Strategien des Sprachgebrauchs in der Politik. Opladen, S. 44-69.

Klein, Josef (1995): Politische Rhetorik. Eine Theorieskizze in Rhetorik-kritischer Absicht mit Analysen zu Reden von Goebbels, Herzog und Kohl. In: Sprache und Literatur in Wissenschaft und Unterricht 26, H. 75-76, S. 62-99.

Klein, Josef; Dieckmannshenke, Hajo (1996) (Hrsg.): Sprachstrategien und Dialogblockaden. Linguistische und politikwissenschaftliche Studien zur politischen Kommunikation. Berlin, New York.

Klein, Josef (1996b) Dialogblockaden: Dysfunktionale Wirkungen von Sprachstrategien auf dem Markt der politischen Kommunikation. In: Klein, Josef; Dieckmannshenke, Hajo (Hrsg.): Sprachstrategien und Dialogblockaden. Linguistische und politikwissenschaftliche Studien zur politischen Kommunikation. Berlin, New York, S. 3-29.

Klein, Josef (1998): Politische Kommunikation – Sprachwissenschaftliche Perspektiven. In: Jarren, Otfried; Sarcinelli, Ulrich; Saxer, Ulrich (Hrsg.): Politische Kommunikation in der demokratischen Gesellschaft. Opladen, S. 186-210.

Klein, Josef (2000a): Textsorten im Bereich politischer Institutionen. Text- und Gesprächslinguistik. Ein internationales Handbuch zeitgenössischer Forschung, hg. von Klaus Brinker et al.Berlin, New York, 1. Halbbd., S. 732-755.

Klein, Josef (2002): Weg und Bewegung. Metaphorische Konzepte im politischen Sprachgebrauch und ein frame-theoretischer Repräsentationsvorschlag. In: Panagl, Oswald; Stürmer, Horst (Hrsg.): Politische Konzepte und verbale Strategien. Brisante Wörter, Begriffsfelder, Sprachbilder. Frankfurt am Main u.a., S. 221-235.

Kopperschmidt, Josef (1989): Öffentliche Rede in Deutschland. Überlegungen zur politischen Rhetorik mit Blick auf zwei Gedenkreden im Deutschen Bundestag. In: Muttersprache 99, H. 3, S. 213-230.

Kopperschmidt, Josef (1999): Über die Unfähigkeit zu feiern. Allgemeine und spezifisch deutsche Schwierigkeiten mit der Gedenkrhetorik. In: Ders.; Schanze, Helmut (Hrsg.): Fest und Festrhetorik. Zu Theorie, Geschichte und Praxis der Epideiktik. München, S. 149-172.

Krebs, Birgit-Nicole (1993): Sprachhandlung und Sprachwirkung. Untersuchungen zur Rhetorik, Sprachkritik und zum Fall Jenninger. Berlin.

Kühn, Peter (1995): Mehrfachadressierung. Untersuchungen zur adressatenspezifischen Polyvalenz sprachlichen Handelns. Tübingen.

Kuhn, Fritz (1991): "Begriffe Besetzen" Anmerkungen zu einer Metapher aus der Welt der Machbarkeit. In: Liedtke, Frank; Wengeler, Martin; Böke, Karin (Hrsg.): Begriffe besetzen. Strategien des Sprachgebrauchs in der Politik. Opladen, S. 90-110.

Lakoff, George, Johnson, Mark (1980): Metaphors We Live By. Chicago, London.

Laschet, Armin, Malangré, Heinz (1989) (Hrsg.): Philipp Jenninger. Rede und Reaktion. Aachen.

Liedtke, Frank (1989): Sozialismus. Ein Reizwort. In: Sprache und Literatur in Wissenschaft und Unterricht 20, H. 64, S. 23-38.
Liedtke, Frank; Wengeler, Martin; Böke, Karin (1991) (Hrsg.): Begriffe besetzen. Strategien des Sprachgebrauchs in der Politik. Opladen.
Link, Jürgen (1986): Kleines Begriffslexikon. In: kultuRRevolution 11, S. 70-71.
Link, Jürgen (1997): Versuch über den Normalismus. Wie Normalität produziert wird. Opladen, Wiesbaden.
Linn, Astrid (1991): "...noch heute in Faszinosum...". Philipp Jenninger zum 9. November 1938 und die Folgen. Münster u.a.
Marcinkowski, Frank (1994): Politisierung und Entpolitisierung der Realität in unterschiedlichen Medienformaten. "A Difference that makes a Difference?". In: Jäckel, Michael; Winterhoff-Spurk, Peter (Hrsg.): Politik und Medien. Analysen zur Entwicklung der politischen Kommunikation. Berlin: VISTAS-Verlag, S. 35-53.
Matouschek, Bernd; Wodak, Ruth; Januschek, Franz (1995): Notwendige Maßnahmen gegen Fremde? Genese und Formen von rassistischen Diskursen der Differenz. Wien.
Musolff, Andreas (2004): Metaphor and Political Discourse. Analogical Reasoning in Debates about Europe. London.
Niehr, Thomas (2002): Kampf um Wörter? Sprachthematisierungen als strategische Argumente im politischen Meinungsstreit. In: Panagl, Oswald; Stürmer, Horst (Hrsg.): Politische Konzepte und verbale Strategien. Brisante Wörter, Begriffsfelder, Sprachbilder. Frankfurt am Main u.a., S. 85-104.
Niehr, Thomas (2004): Der Streit um Migration in der Bundesrepublik Deutschland, der Schweiz und Österreich. Eine vergleichende diskursgeschichtliche Untersuchung. Heidelberg.
Panagl, Oswald (1998) (Hrsg.): Fahnenwörter der Politik. Kontinuitäten und Brüche. Wien u.a.
Patzelt, Werner J. (1995): Politiker und ihre Sprache. In: Dörner, Andreas; Vogt, Ludgera (Hrsg.): Sprache des Parlaments und Semiotik der Demokratie. Studien zur politischen Kommunikation in der Moderne. Berlin, New York, S. 17-55.
Petter-Zimmer, Yvonne (1990): Politische Fernsehdiskussionen und ihre Adressaten. Tübingen.
Polenz, Peter von (1989): Verdünnte Sprachkultur. Das Jenninger-Syndrom in sprachkritischer Sicht. In: Deutsche Sprache 4, S. 289-316.
Schäffner, Christina (1993): Die europäische Architektur – Metaphern in der Einigung Europas in der deutschen, britischen und amerikanischen Presse. In: Grewenig, Adi (Hrsg.): Inszenierte Information. Politik und strategische Kommunikation in den Medien. Opladen, S. 13-30.
Schlosser, Horst Dieter (2000): Lexikon der Unwörter. o.O.
Schröter, Melani (2000): "Ich kann keinen Grund für Kleinmut und Resignation erkennen." Anspielungen auf Bewusstseinsinhalte, Unstrittigkeit und Verfahren der Ausgrenzung in Reden Helmut Kohls. In: Sprachreport 16, H.2, S. 13-19.
Schröter, Melani (2004): Ruck-Rede oder Rücklein-Lyrik. Wie 'rhetorisch' war die "Ruck- und Reformrede" Schröders vom 14. März 2003? In: Sprachreport 2/2004, S. 20-27.
Schröter, Melani (2006a): Adressatenorientierung in der öffentlichen politischen Rede von Bundeskanzlern 1951-2001. Eine qualitativ-pragmatische Korpusanalyse. Frankfurt am Main u.a.
Schröter, Melani (2006b): Freiheit und Vorfahrt für Wirtschaft und Bürger. Die Wahlkampfsprache der FDP 2005. In: aptum. Zeitschrift für Sprachkritik und Sprachkultur 1, S. 43-59.

Schröter, Melani (2008a): Verschweigen und Redeerwartungen im politischen Skandal am Beispiel des CDU-Parteispendenskandals 1999-2001. In: Steffen Pappert, Melani Schröter, Ulla Fix (Hrsg.): Verschlüsseln, Verbergen, Verdecken in öffentlicher und institutioneller Kommunikation. Berlin, S. 111-132.

Schröter, Melani (2008b): Vollmundige Rhetorik oder redundantes Ritual? Die Textsorte Tischreden bei Staatsbesuchen als Äußerungsform symbolischer Außenpolitik. In: Muttersprache 118, H. 4 (im Druck).

Simmler, Franz (1978): Die politische Rede im deutschen Bundestag. Bestimmung ihrer Textsorten und Redesorten. Göppingen.

Spieß, Constanze (2006): Solidarität – zwischen Freiwilligkeit und Institutionalisierung. Eine pragmalinguistische Analyse eines Hochwertwortes in den aktuellen Grundsatzprogrammen von CDU, CSU, SPD, Bündnis 90/Die Grünen , FDP und PDS. In: Muttersprache 116 (2), 147-161.

Stötzel, Georg; Wengeler, Martin (1995) (Hrsg.): Kontroverse Begriffe. Geschichte des öffentlichen Sprachgebrauchs in der Bundesrepublik Deutschland. Berlin, New York.

Strauß, Gerhard (1986): Der politische Wortschatz. Zur Kommunikations- und Textsortenspezifik. Tübingen.

Terkessidis, Mark (2000): Migranten. Hamburg.

Terkessidis, Mark (2004): Die Banalität des Rassismus. Migranten zweiter Generation entwickeln eine neue Perspektive. Bielefeld.

Tillmann, Alexander (1989): Ausgewählte Textsorten politischer Sprache. Eine linguistische Analyse parteilichen Sprechens. Göppingen.

Toman-Banke, Monika (1996): Die Wahlslogans der Bundestagswahlen 1949-1994. Wiesbaden.

Warnke, Ingo (1999): Wege zur Kultursprache. Die Polyfunktionalisierung des Deutschen im juridischen Diskurs (1200 - 1800). Berlin, New York.

Warnke, Ingo: (2002): Texte in Texten – Poststrukturalistischer Diskursbegriff und Textlinguistik. In: Adamzik, Kirsten (Hrsg.): Texte, Diskurse, Interaktionsrollen. Analysen zur Kommunikation im öffentlichen Raum. Tübingen, S. 1-17.

Warnke, Ingo (2004): Diskurslinguistik als Kulturwissenschaft. In: Erhart, Walter (Hrsg.): Grenzen der Germanistik. Rephilologisierung oder Erweiterung? Stuttgart, Weimar, S. 308-324.

Warnke, Ingo (2007) (Hrsg.) Diskurslinguistik nach Foucault : Theorie und Gegenstände. Berlin, New York.

Wengeler, Martin (1989): Remilitarisierung oder Verteidigungsbeitrag? Sprachthematisierung in den Diskussionen um die westdeutsche Wiederbewaffnung. Ein Beitrag zur Sprachgeschichte nach 1945. In: Sprache und Literatur in Wissenschaft und Unterricht 20, H. 64, S. 39-57.

Wengeler, Martin (1993): Asylantenflut im Einwanderungsland Deutschland. Brisante Wörter in der Asyldiskussion. In: Sprache und Literatur in Wissenschaft und Unterricht 24, H. 72, S. 2-30.

Wengeler, Martin (1995): Multikulturelle Gesellschaft oder Ausländer raus? Der sprachliche Umgang mit der Einwanderung seit 1945. In: Stötzel, Georg; Ders. (Hrsg.): Kontroverse Begriffe. Geschichte des öffentlichen Sprachgebrauchs in der Bundesrepublik Deutschland. Berlin, New York, S. 711-749.

Wengeler, Martin (1996): Sprachthematisierungen in argumentativer Funktion. Eine Typologie. In: Böke, Karin; Jung, Matthias; Wengeler, Martin (Hrsg.): Öffentlicher Sprachgebrauch. Praktische, theoretische und historische Perspektiven. Opladen, S. 413-430.

Wengeler, Martin (1997): Argumentation im Einwanderungsdiskurs. Ein Vergleich der Zeiträume 1970-1973 und 1980-1983. In: Jung, Matthias; Wengeler, Martin; Böke, Karin (Hrsg.): Die Sprache des Migrationsdiskurses. Das Reden über "Ausländer" in Medien, Politik und Alltag. Opladen, S. 121-149.

Wengeler, Martin (2003): Topos und Diskurs. Begründung einer argumentationsanalytischen Methode und ihre Anwendung auf den Migrationsdiskurs (1960-1985). Tübingen.

Wodak, Ruth (1990): "Wir sind alle unschuldige Täter!" : Diskurshistorische Studien zum Nachkriegsantisemitismus. Frankfurt am Main.

Wodak, Ruth (1996): Disorders of Discourse. London.

Wodak, Ruth et al.(1998): Zur diskursiven Konstruktion nationaler Identität. Frankfurt a.M.

Wodak, Ruth; Van Dijk, Teun (2000) (Hrsg.): Racism at the Top. Klagenfurt.

Wodak, Ruth; Meyer, Michael (2001) (Hrsg.): Methods of Critical Discourse Analysis. London u.a.

Wodak, Ruth, Pelnika, Anton (2003) (Hrsg.): Dreck am Stecken. Politik der Ausgrenzung. Wien.

Zimmermann, Hans Dieter (1969): Die politische Rede. Der Sprachgebrauch Bonner Politiker. Stuttgart, Berlin u.a.

Zöllner, Nicole (1997): Der Euphemismus im alltäglichen und politischen Sprachgebrauch des Englischen. Frankfurt am Main u.a.

Leipziger Skripten
Einführungs- und Übungsbücher aus dem Institut für Germanistik

Herausgegeben von Irmhild Barz, Ulla Fix
und Marianne Schröder

Band 1 Ulla Fix / Hannelore Poethe / Gabriele Yos: Textlinguistik und Stilistik für Einsteiger. Ein Lehr- und Arbeitsbuch. Unter Mitarbeit von Ruth Geier. 3., durchgesehene Auflage. 2003.

Band 2 Irmhild Barz / Marianne Schröder / Karin Hämmer / Hannelore Poethe: Wortbildung – praktisch und integrativ. Ein Arbeitsbuch. 4., überarbeitete Auflage. 2007.

Band 3 Tina Simon: Rezeptionstheorie. Einführungs- und Arbeitsbuch. 2003.

Band 4 Siegrun Lemke (Hrsg.): Sprechwissenschaft/Sprecherziehung. Ein Lehr- und Übungsbuch. Unter Mitarbeit von Dieter Graubner und Philine Lüssing. 2006.

Band 5 Melani Schröter / Björn Carius: Vom politischen Gebrauch der Sprache. Wort, Text, Diskurs. Eine Einführung. 2009.

www.peterlang.de

Melani Schröter

Adressatenorientierung in der öffentlichen politischen Rede von Bundeskanzlern 1951–2001

Eine qualitativ-pragmatische Korpusanalyse
Frankfurt am Main, Berlin, Bern, Bruxelles, New York, Oxford, Wien, 2006.
342 S., zahlr. Tab.
Leipziger Arbeiten zur Sprach- und Kommunikationsgeschichte.
Verantwortliche Herausgeberin: Ulla Fix. Bd. 14
ISBN 978-3-631-55016-8 · br. € 59.70*

Die Arbeit geht der Frage nach, welche Annahmen politische Redner über ihre Adressierten haben und wie sich diese Annahmen in der Textgestaltung niederschlagen. 114 Reden von Bundeskanzlern von 1951 bis 2001 werden anhand des Konzepts von Adressatenrollen auf Erscheinungsformen von Adressatenorientierung hin untersucht. Adressatenrollen erfassen die Aspekte, die für den Redner an den Adressierten relevant sind. Politische Redner vergegenwärtigen sich die Adressierten in vier Rollen: als Handelnde, als Träger von Bewusstseinsinhalten, als Wahrnehmende und als Teil von Gemeinschaft. Mit Hilfe einer qualitativen Korpusanalyse werden sprachliche Erscheinungsformen der Bezüge auf die verschiedenen Adressatenrollen aufgezeigt und mit Blick auf ihre Funktion in der politischen Rede analysiert.

Aus dem Inhalt: Kommunikationsbereich Politik · Sphären öffentlicher politischer Rede · Beziehungsgestaltung und Adressatenorientierung im Sprachgebrauch · Adressatenrollen als rednerseitige Annahmen über mögliche Adressierte · Die Adressierten als Handelnde, als Träger von Bewusstseinsinhalten, als Wahrnehmende, als Teil von Gemeinschaft · Pragmatische Analyse sprachlicher Erscheinungsformen der Bezüge auf Adressatenrollen

Frankfurt am Main · Berlin · Bern · Bruxelles · New York · Oxford · Wien
Auslieferung: Verlag Peter Lang AG
Moosstr. 1, CH-2542 Pieterlen
Telefax 0041 (0) 32/376 17 27

*inklusive der in Deutschland gültigen Mehrwertsteuer
Preisänderungen vorbehalten
Homepage http://www.peterlang.de